いまこそ学ぼう
マクロ経済学
INTRODUCTION TO MACROECONOMICS
［第2版］
細野 薫

日本評論社

はじめに

　2008年秋，テレビでは，連日，世界中の金融危機の様子を伝えています．アメリカの証券会社やヨーロッパの銀行の破たん，株価の暴落を示す電光掲示板，これに怒りをぶつけるアジアの人々，家を差し押さえられてテントで生活する人々，……こうしたニュースやワイドショーを見ていると，不安に駆られる人も少なくないでしょう．学生の皆さんであれば，自分たちの就職活動はうまくいくだろうかが気になるところだと思います．世界は大恐慌に陥り，日本も深刻な不況になるのではないか？　あるいは，疑問に思う人もいるかもしれません．日本で普通に生活している私たちが，なぜアメリカのウォール街の出来事に影響されるのだろうか？

1．より多くの人にマクロ経済学に興味をもってもらうために―本書の目的―

　本書は，たとえばこうした不安や疑問をもつ人々のために書かれた，マクロ経済学の入門書です．世界中の企業や消費者は，目に見えないところで，お互いに関係し合いながら活動をし，生活をしています．金融機関や政府も，こうした複雑な網の目のなかで行動しています．マクロ経済学は，この網の目を解きほぐし，世界の人々の暮らしがより安定し，貧しい人がより豊かになるよう考えるための学問です．

　ですから，多くの人々がマクロ経済学を学ぶことで，私たちの世界は，より住みやすくなるはずです．そのためには，多くの人にマクロ経済学に興味をもってもらいたい．これが，本書の目的です．

　どうすれば，多くの人がマクロ経済学に興味を持ってもらえるか．私は，マクロ経済学の現状を，できるだけ正直に伝えるところから始めようと考えました．私たちマクロ経済学者は，懸命に考えてきました．どうすれば，貧困や病

気に苦しむ国が健康で豊かになれるのか？　多くの失業や不安定な仕事を生みだす不況を防ぐために政府は何をすべきか？　金融危機を未然に防ぐための制度や，生じた場合に影響を最小限に食い止める政策とは？

　こうしたマクロ経済学者の試みにもかかわらず，2008年に金融危機は生じ，世界は不況に突入しつつあります．この文章を書いている2008年10月下旬時点において，危機がどこまで進展し，いつになれば経済が回復するのか，明るい見通しが持てる状況ではありません．評論家の中には，今回の金融危機が1930年代の大恐慌に匹敵するものだという人もいます．大恐慌時の1929年から1932年にかけて，アメリカでは工業生産が半分近くにまで減少し，失業率は25％に達しました．こうした現状をみて，マクロ経済学は役には立っていないのではないかと思う人もいるでしょう．私たちは，確かに，危機を未然に防ぐことはできませんでした．その点で，現在のマクロ経済学に限界があるのは確かです．しかし，マクロ経済学は，1930年代の大恐慌時の経験や日本の1990年代の長い不況の経験を含め，多くのことを学んできています．そうした知識が活かされれば，大恐慌は避けられるはずです．

　このように，マクロ経済学は，多くの知識を蓄積しつつありますが，他方で未解決の問題も山積されている，まだまだ発展途上の学問です．本書では，この現状をできるだけ正直に伝えようとしています．そのために，取り上げるテーマは，経済発展や景気循環といった伝統的なマクロ経済学の課題に加えて，金融危機や財政赤字の問題など，現在の世界経済，日本経済にとって重要で，かつ我々が現在進行形で懸命に取り組んでいるテーマが盛り込まれています．

　また，経済現象の背後にある人々の行動，さらにその背後にある経済の仕組みや制度について，力点をおいて説明するようにしています．本書を読むのに，経済学や数学の特別の知識は必要としません．むしろ大事なのは，人々が生きいきと生活しているさまを鮮明にイメージできる想像力です．経済成長の理論を学ぶとともに，途上国の人々の生活に思いをはせることは，理論の理解を深めるために不可欠なことです．また，金融政策を学ぶことは，単に金利の上げ下げの効果を学ぶだけではありません．現実の日本銀行は，多くの経済指標をつぶさに見ながら金利についての決定を行っており，また，景気・物価の現状や今後の金融政策の方向について多くの発表を行っています．こうした日本銀

行の多様な活動を含めて，金融政策の効果を学ぶことが大事なのです．本書は，できるだけこうしたイメージをふくらますことができるように説明しています．

現在では，マクロ経済学者の間で，現状認識に関して，以前見られたような深刻な対立（たとえば，「新古典派」対「ケインズ学派」）はほとんどなくなりました．とるべき政策についてマクロ経済学者の間で議論が対立することはありますが，現状認識に関しては，実証研究の蓄積もあり，多くの合意がなされています．実証研究とは，理論から得られる仮説を，現実のデータにあてはめてみて，理論の妥当性を検証する研究のことです．最近のマクロ経済学は，理論研究と実証研究を車の両輪として前進しています．そこで本書も，マクロ経済学と現実経済との関わりが明らかになるよう，多くの実証研究の蓄積をもとに記述しています．

2．本書の特色

本書は，これまでのマクロ経済学の教科書とはかなり変わった趣の教科書になりました．これには，いくつかの理由があります．

まず，これまでは，マクロ経済学の現状は大学院で教えるものとして，学部レベルの教科書とは内容的に切り離されていました．そうすることで，理解しやすくなるというメリットがあったのは確かです．しかし，結果として知的好奇心を刺激することが少なくなり，学生からマクロ経済学に対する興味を奪ってしまうというデメリットも大きかったと思います．本書では，現実の経済問題として大事な課題は，できるだけ最新のマクロ経済学に基づいて，そのエッセンスを伝えるように努めています．

それから，世界経済や日本経済の現状を伝えるために，多くのグラフを用いています．私自身がマクロ経済学の実証研究を中心に行っているという偏り（？）もあるかもしれませんが，少しでも理論と現実との橋渡しができればという希望によるものです．

逆に，学派（新古典派やケインズ学派など）や学説の説明は最小限に抑えています．マクロ経済学を発展的に学ぶ上で，学説史の理解は極めて重要ですが，入門書においては，かえってマクロ経済学者間の対立点だけが強調されてしまいかねないと危惧したからです．

結果として，本書は，これまでの教科書とはかなり違うものとなりましたが，決して奇をてらったわけではありません．むしろ，極めてオーソドックスな今のマクロ経済学を伝えようとしています．

3．学生は，本書をどのように活用すればよいか？

本書を読みこなすのに，たとえば高校の「政治経済」の知識は必要ありません．数学についても，「数学Ⅰ」を履修したことがあれば，（受験科目として選択しなかったために，多少忘れているところがあったとしても）十分です．第3章の終りには，数学付録もつけているので，もし本文を読んでわからないことがあれば，付録で確認してみてください．

大事なことは，企業や人々がどのように行動しているかを常に念頭におきながら考えることです．マクロ経済学は，暗記の科目ではありません．たとえば，原油価格の上昇が物価と生産に及ぼす影響について学ぶときは，「原油価格が上がれば企業はどのように行動するだろうか？ 家計はガソリン価格の値上げにどう対応するだろうか？ 政府や日銀はどういう政策をとるだろうか？」こうしたことを考えながら，学ぶようにしてください．そうすることで，卒業してからも，本当の知識としてマクロ経済学が役立つようになるはずです．

各章には，練習問題がついています．本文を読めばすぐにわかるものから，自分で図書館やインターネットで調べないとわからないものまでありますが，いずれも，各章の理解に役立つものと思います．ぜひ，チャレンジしてください．

4．教師は，この教科書を使って，どのように教えればよいか？

この教科書は，主に経済学部ではじめてマクロ経済学を学ぶ学生向け，あるいは，全学部の基礎科目としての経済学を学ぶ学生向けに書かれた教科書です．

本書は，マクロ経済学を体系的に学べるよう，各テーマを配置しています．具体的には，以下のとおりです．

(1) マクロ経済学の課題と基本概念 （1章，2章）
(2) 経済成長 （3章，4章）
(3) 金融システムと貨幣 （5章，6章）

はじめに

(4) 開放マクロ経済学 （7章）
(5) 景気循環 （8章, 9章, 10章）
(6) マクロ経済政策 （11章, 12章）

12章構成ですので, 4単位（週1回通年, あるいは週2回半期）の授業であれば, 各章に2, 3回を充てることで, ほぼすべての内容を網羅できると思います. ただ, コラムについては, すべてを取り上げるのは時間の制約上, 難しいかもしれませんので, 適宜, 取捨選択してください.

2単位（週1回半期）の授業の場合は, 以下の基礎的な章を選択するのがよいかと思います.

(1) マクロ経済学の課題と基本概念 （1章, 2章）
(2) 経済成長 （3章）
(3) 金融システムと貨幣 （5章, 6章）
(4) 景気循環 （8章）

謝辞

「マクロ経済学の現状を, できるだけ現実経済をイメージできるよう伝える」という, 本書の試みが, どこまで成功したかは, 読者の皆様の判断に委ねるしかありません. 正直, 多岐に広がりつつあるマクロ経済学を, 私自身, どこまでフォローできているか, 心もとないところです. それでも, 多くの人々に支えられて, なんとか教科書としてまとめることができました.

とりわけ, マクロ経済学の魅力を教えていただいた浅子和美先生（一橋大学）, 共同研究者でもある櫻川昌哉（慶應義塾大学）, 鶴光太郎（経済産業研究所）, 村瀬英彰（名古屋市立大学）, 宮川努（学習院大学）, 渡辺努（一橋大学）の各先生からは, 多くのことを学びました. 慶應大学マクロ経済学研究会, 統計研究会金融班, 経済産業研究所金融・産業ネットワーク研究会, 金融政策研究会など, 多くの研究会で知的刺激を受け, また研究発表の機会を得たことが, 本書執筆のよりどころになっています. 高橋陽子（日本学術振興会）, 川上淳之（学習院大学）の両氏には, 一部図表の作成, 更新を手伝っていただきました. 記して感謝いたします.

本書は, 『経済セミナー』の2006年4月号から2007年2/3月号まで連載した

ものを，大幅に加筆修正してできたものですが，その過程で，日本評論社の斎藤博氏からは，多大なる激励とアドバイスをいただきました．

最後になりますが，本書執筆のために全面的なバックアップをしてくれた家族に感謝したいと思います．

この試みがきっかけとなり，多くの人が，マクロ経済学をもっと学んでみたいと思っていただければ，私にとっては望外の喜びです．

2008年10月　晴天の横浜にて

細野　薫

第2版にあたって

初版の出版から8年が経ちました．この間，グローバル金融危機の進展や欧州債務危機など，世界経済や日本経済は何度も大きなショックに見舞われました．また，これに対応するための経済政策も，「非伝統的金融政策」と呼ばれるような，従来とは異なる手法が次々と用いられています．さらに，テクノロジーの面ではIT化がより広がりをもって進展し，マクロの経済成長にとっても，IT化や，それと補完的な無形資産（技術知識，ブランド，ソフトウェア，人的資本など）の役割がますます重要になっています．そして，こうした現実世界の進展と歩調を合わせるように，マクロ経済学も大きく進化しています．例えば，不動産価格や株価などの金融資産の急激な上昇と下落が金融システムや実体経済に深刻な影響をもたらすことは，グローバル金融危機で改めて認識されましたが，これに伴い，近年では，バブルの研究が急速に進められています．

そこで，第2版にあたっては最近の現実経済とマクロ経済学の進展をできるだけ反映するよう，大幅な改定をしました．図表のアップデートはもちろんですが，内容の追加，改訂も随所で行っています．以下，主な改定のポイントを紹介します．

はじめに

　まず，グローバル金融危機の初版出版時点（2008年11月）以降の進展を踏まえ，第5章COLUMN 2「サブプライム・ローン危機からグローバル危機へ」を書き換えています．また，欧州債務危機など，繰り返される債務危機や金融危機について，第12章で新たなCOLUMNを設けて解説しています．

　次に，IT化と無形資産の重要性の高まりを反映し，第4章で，「ITの進展と無形資産」，「知識による経済成長の理論」という二つのCOLUMNを追加しました．前者で無形資産の現状を見たうえで，後者では，特に知識の生産が行われるメカニズムやその経済成長への影響について，内生的経済成長理論の成果も取り入れつつ解説しています．無形資産投資については，第8章でもより詳しく現状を見るためのCOLUMNを追加しました．

　また，量的緩和政策などの「非伝統的金融政策」の仕組みについて，第6章で新たに節を設けて解説しています．さらに第11章で，流動性の罠における非伝統的金融政策の効果について，理論的な説明を大幅に拡充しています．第11章では，金融政策の波及経路に関する最近の実証分析の進展を踏まえた節も新たに設けました．これらは，日本はもちろん，主要な先進国の現在の金融政策を理解する上で有益な拡充だと思います．

　最後に，最近のマクロ経済学の進展を反映して最も大幅な改定を行ったのが，第11章「資産価格と金融政策」です．まず前半では，バブルの発生条件やその影響を詳細に解説しました．バブルがなぜ生じ，実体経済や金融システムにどのような影響を及ぼすのかを理解することは，現実のマクロ経済を理解する上で，極めて重要です．続いて後半では，非伝統的金融政策の効果や波及経路について詳述し，さらに，グローバル金融危機後に金融政策の新たな課題として浮上した論点，「金融政策は資産価格とリスク・プレミアムの安定を目指すべきか」について，COLUMNを設けて議論しています．もう一つ新設したCOLUMNでは，非伝統的金融政策の波及経路の重要なポイントである長期金利の決定について解説しています．

　「マクロ経済学の現状を，できるだけ現実経済をイメージできるよう伝える」という初版の思いは，第2版でも変わりません．今回の改訂は，この思いを貫くためのものだともいえます．ただ，最近のマクロ経済学の進展をどの程度フォローできているのか，心もとないのも初版と同じです．

本書の図表のアップデートにあたっては，小林佑実氏（元学習院大学）の協力を得ました．また，日本評論社の斎藤博氏からは，初版に引き続き，貴重なアドバイスをいただきました．ここに記して感謝します．

2016年4月

細野 薫

目　次

はじめに　iii

第1章　マクロ経済学の課題と視点 ―――――― 1

1　貧しい国と豊かな国　1
2　発展と停滞　3
3　好況と不況，インフレとデフレ　5
4　経済政策の効果と弊害　8
5　世界経済との関わり　11
6　マクロ経済学の視点　12
COLUMN ●「見えざる手」「見えざる心」「強奪する手」――マクロ経済学を始めるための良書――　14
練習問題　15

第2章　所得と物価を測る ―――――― 17

1　経済の循環　17
2　生産と所得　19
3　付加価値とは？　19
4　GDPとは？　21
5　最終財への支出としてのGDP　23
6　実質GDPとGDPデフレータ　25
7　国民総所得（GNI）　26
8　消費者物価指数　29
9　実質金利と金融政策　33
COLUMN ● GDPに関するQ&A　35
練習問題　36

xi

第3章　経済成長のメカニズム ―――――― 37

1　労働生産性とは？　37
2　労働生産性をどう分析するか？　38
3　投資は経済成長をもたらすか？　40
4　投資は所得水準を高めるか？　43
5　全要素生産性とは何か？　45
6　全要素生産性と経済成長　47
COLUMN1●ソローの経済成長モデル　50
COLUMN2●金利と経済成長率　53
練習問題　54
数学付録　56
　1．生産関数　56／2．企業の利潤最大化　58／3．分配率　60
　4．時間の表し方　61

第4章　何が生産性を決めるのか ―――――― 65

1　研究開発と技術知識　65
2　産業のダイナミックな変化と資源の効率的な配分　68
3　教育と労働者の質　70
4　泥棒と賄賂（レント・シーキング）　72
5　所有権と社会的基盤　74
6　歴史と政治体制　76
COLUMN1●資源の効率的配分と経済全体の生産性　79
COLUMN2●人的資本と労働生産性　82
COLUMN3●ITの進展と無形資産　83
COLUMN4●知識による経済成長の理論　84
練習問題　88

第5章　金融システムの機能 ―――――― 91

1　金融システムとは　91
2　金融システムの三つの機能　93
3　金融危機　99

目　次

  4　金融システムと経済成長　100
  5　貯蓄・投資と資金の流れ　103
  6　金融市場と利子率　106
    COLUMN1●モラル・ハザードの例　108
    COLUMN2●サブプライム・ローン危機からグローバル金融危機へ　111
    COLUMN3●資金調達とコーポレート・ガバナンス　112
  　練習問題　113

第6章　貨幣の役割と金融政策 ───── 115

  1　貨幣とは何か？　115
  2　人々は，なぜ貨幣を持つのか？　116
  3　なぜ通貨の発行は中央銀行だけに認められているのか？　117
  4　「貨幣」の範囲はどこまでなのか？　119
  5　貨幣の量をどう測るか？　120
  6　マネーストックはどのようにして増えるのか？　121
  7　信用創造と貨幣乗数　123
  8　マネーストックと物価　127
  9　中央銀行と金融政策　133
  10　短期金利をターゲットにした金融政策の運営　135
  11　非伝統的金融政策　137
    COLUMN1●貨幣乗数の求め方　138
    COLUMN2●通貨は国境を越える　139
  　練習問題　140

第7章　貿易と資本移動のマクロ経済学 ───── 141

  1　貿易と資本移動　141
  2　名目為替レートと実質為替レート　145
  3　為替レートの決定要因　148
    A．長期：購買力平価　148
    B．短期：カバーなし金利平価　150
    C．為替レートのオーバーシュート　153
  4　純輸出等はどのように決まるのか？　155
  5　変動相場制と固定相場制　156

6　資本逃避と通貨危機　　157
　　COLUMN1●実質金利と実質為替レートの決定メカニズム　　159
　　COLUMN2●グローバル・インバランス　　162
　　練習問題　164

第8章　消費と投資 ─────────────────────── 167

A　消費　167
1　ある人の人生設計　　167
2　個人の予算制約　　169
3　減税の効果はあるか？　　169
4　恒常所得仮説・ライフサイクル仮説　　172
　　恒常所得仮説　172／ライフサイクル仮説　174
5　金利と主観的割引率が消費に及ぼす影響　　175
6　不確実性と消費　　176
7　借入制約と消費　　177

B　投資　178
8　あなたが会社の社長だったら　　178
9　望ましい資本ストック　　180
　　資本コスト　181／資本の限界生産力　181／望ましい資本ストック　182
10　投資の調整コスト　　184
11　株価と投資　　185
12　借入制約と投資　　187
13　不確実性と投資　　188
　　COLUMN1●今日100万円もらうのと，1年後に105万円もらうのとでは，どちらが得か？　　189
　　COLUMN2●金利が5％の場合，今日100万円もらうのと，2年後に110万円もらうのとでは，どちらが得か？　　189
　　COLUMN3●配当と株価　　190
　　COLUMN4●無形資産投資　　190
　　練習問題　192

第9章　景気循環のメカニズム ─────────────────── 193

1　景気循環の特徴　　193

目　次

2　景気循環の理論——ショックと波及過程—— 198
　　供給ショックと需要ショック　198／技術ショックの波及過程　199
　　金融政策ショックの波及過程　200
3　総需要と総供給　200
4　総需要曲線はなぜ右下がりか？　201
　　IS曲線　201／金融政策ルール（MP曲線）　202／総需要曲線　204
5　総供給曲線　204
　5.1　長期総供給曲線はなぜ垂直か？　204
　5.2　短期総供給曲線はなぜ右上がりなのか？　206
　　　　不完全情報　206／不完全競争と粘着的価格　208
6　物価と実質GDPはどのように決まるか？　213
　COLUMN1● IS-LM分析　214
　COLUMN2●粘着的賃金と短期総供給曲線　217
　COLUMN3●不完全競争下の価格設定：マークアップ・プライシング　217
　練習問題　220

第10章　景気循環と失業　221

A　景気循環のメカニズム　221
1　需要ショックとは？　221
　　金融政策ショック　221／政府支出ショック　223／純輸出ショック　224
2　需要ショックが物価と生産に及ぼす影響　225
3　供給ショックとは？　226
　　生産性ショック　226／原油価格ショック　227
4　供給ショックが物価と生産に及ぼす影響　227
　　永続的な供給ショックの効果　227／一時的な供給ショックの効果　228
5　総需要・総供給を超えて　229

B　労働市場　231
1　失業率とは？　231
2　失業と就業の実態　232
3　失業率の変動　236
4　自然失業率の要因　237
5　循環的失業率とフィリップス曲線　238
　COLUMN1●開放経済における財政金融政策の効果　240
　COLUMN2●リアル・ビジネス・サイクル論　244

練習問題　246

第11章　資産価格と金融政策 ——————————— 247

A　資産価格　247
1　資産価格の決まり方　247
　　ファンダメンタルズ　247／バブル　249
2　バブルと金融システム　251
3　バブルと実体経済　253

B　金融政策　254
4　インフレとデフレの社会的損失　254
　　インフレの社会的損失　254／流動性の罠とデフレの社会的損失　256
5　金融政策の目的　258
　　物価と生産のトレード・オフ　258
6　金融政策ルール　260
　　ルールとしての経済政策　260／テイラー・ルール　261
7　コミットメント　262
　　供給ショックとコミットメント　263／流動性の罠とコミットメント　264
8　金融政策の波及経路　266
　　企業・家計のバランスシート経路　266／銀行のバランスシート経路　268
　　COLUMN1●金融政策は資産価格とリスク・プレミアムの安定を目指すべきか　270
　　COLUMN2●中央銀行のコミットメントと長期金利　271
練習問題　272

第12章　財政赤字の効率性と持続可能性 ——————————— 275

1　日本の財政状況　275
2　政府の予算制約　278
3　リカードの等価定理　281
4　税によるひずみとタックス・スムージング　281
5　財政赤字削減の非ケインズ効果　283
6　国債の持続可能性　285
7　財政赤字の社会的コスト　287
　　持続可能な場合　287／維持不可能な場合　287

目　次

8　おわりに　288
　COLUMN1●税によるひずみと厚生損失　289
　COLUMN2●政府債務が持続可能かどうかの検証　291
　COLUMN3●今回は違う？　293
　練習問題　295

練習問題・略解　297
索　引　303

第1章 マクロ経済学の課題と視点

　マクロ経済学とは，いったいどのような学問なのでしょうか？　本書を始めるにあたり，まずはマクロ経済学が取り組んでいる課題を紹介することにしましょう．初めてマクロ経済学に触れられる読者は，マクロ経済学が取り扱う問題があまりに多くて，驚かれるかもしれません．これには，理由があります．一つは，マクロ経済学が，現実の経済問題を解決すべく発展してきた学問なので，現実の経済問題が多様化するにつれて，マクロ経済学が取り扱う範囲も拡大してきました．もう一つの重要な理由は，一見多様に見える経済問題でも，統一的なアプローチで理解することが可能だからです．今回は，マクロ経済学が解くべき様々な疑問を紹介するだけで，解答は用意していません．なかには，未だに明快な解答が得られていない疑問もあります．これから，読者と一緒に考えていきたいと思いますので，一つでも二つでも，興味を持っていただける課題があれば，幸いです．それでは早速，マクロ経済学の『予告編』をご覧ください．

1　貧しい国と豊かな国

　世界には，アメリカや日本のような豊かな国もあれば，アフリカのサハラ砂漠以南の国々のような貧しい国もあります．図1は，2011年時点の，世界の国々の一人当たりの平均的な所得を貧しい国から順にならべたものです．アメリカを100とした指数で示されていますが，これを見ると，最も低いコンゴ民主共和国は0.68なのに対し，最も高いカタールは292.45で，400倍以上の格差

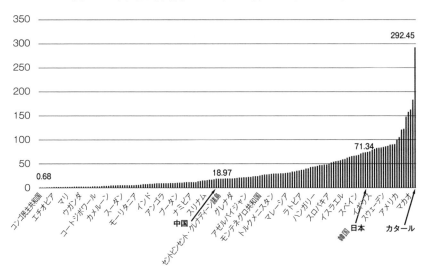

図1 ●一人当たり実質GDP（2011年，アメリカ＝100）

（出典）*Penn World Table 8.0*, Center for International Comparisons at the University of Pennsylvania.
（注）Feenstra, Robert C., Robert Inklaar and Marcel P. Timmer（2013），"The Next Generation of the Penn World Table"を参照のこと．

があります．アジアの国々を見ると，日本は71，お隣の韓国は65であるのに対し，最近発展が著しい中国は18.9と依然低い水準にあります．

現在，世界の約10人に一人が（正確には2015年時点で9.6%）1日1.9ドル以下の極貧生活を送っています．世界銀行の推計によれば，2011年時点で，1日1.9ドル以下で生活している貧しい人々が世界全体で7億200万人いますが，その大半は，サハラ砂漠以南のアフリカと南アジアの国々に住んでいます．同じ人間なのに，生まれた国が違うだけで，これだけ所得に違いがあるのは，一体なぜでしょう？

もちろん，人々の豊かさは，所得だけで測れるものではありませんから，所得が低いからといって，貧しい生活だと言い切ることはできません．また，一国のなかでも，所得の格差は存在しています．しかし現実には，一人当たり所得（正確には，**一人当たりGDP**といいます）の高い国と低い国を比較すると，高い国の人々は健康で豊かな生活をしているのに対し，低い国では，たとえば，乳幼児の死亡率が高い，HIVなどの感染症にかかる人々の割合が高い，栄養

図2 ●各国の一人当たり実質GDPの推移（1960年＝100）

（出典）図1と同じ．

摂取量が不十分である，学校に行かずに働く子供たちの割合が多いなど，健康，文化面でも問題を抱えていることが多いのです．

どうしてこうした格差が生じるのでしょう？　一体どうすれば，貧しい国に生まれた人々が，健康で豊かな生活を送れるようになるのでしょう？　マクロ経済学の最も重要な課題は，こうした経済的格差が生じる原因を探り，どうすれば人々が豊かになれるのか，そのためにどういう政策が必要かを考えることにあります．

2　発展と停滞

貧しい国，そのなかでも特に貧困層の人々を減らすためには，経済が成長する必要があります．つまり，一人当たり所得が持続的に増えていかなければなりません．そこで，マクロ経済学のもう一つの課題は，**経済成長**のメカニズムを探ることにあります．

図2は，1950年から2011年までの一人当たり所得の推移を，いくつかの国について示しています．いずれの国も，1960年を100とする指数で表しています．なお，中国は1952年，ザンビアは1955年からです．

　まずは日本を見てみましょう．1960年に比較して，わずか8年後の1968年には，一人当たり所得が2倍になりました．この時期はいわゆる**高度成長**の時期で，平均すると毎年9.3％で増加していたことになります．その後，1970年代には，原油価格の急騰（オイル・ショック）などにより一人当たり所得が低下する年もありましたが，1971年には1960年の3倍，1978年には4倍，1988年には5倍にまで上昇しました．28年間で所得が5倍になったということは，親の世代に比べて，子供の世代は5倍も所得が高いということです．1960年代の高度成長期ほどではないにしても，1970年代，80年代を通じて，日本の所得は比較的順調に伸びてきたといえるでしょう．ところが，1990年代に入ると，日本の所得は伸び悩むようになりました．1990年から2010年の一人当たり所得の平均成長率はわずか1.3％で，この期間は「**失われた20年**」と呼ばれるようになりました．なぜこうした長期にわたる停滞が生じたのでしょうか？　80年代後半に，株価や地価が高騰し（**バブルの発生**），90年代に入ってそれらが急落したこと（**バブルの崩壊**）が原因なのでしょうか？　あるいは，それに伴って，銀行の経営が悪化したことが経済の重荷になったのでしょうか？　おカネを扱う銀行の経営と，モノやサービスの生産を行う企業活動との関わりは？

　次に，豊かな国アメリカの場合はどうでしょう．1960年と比較してみると，28年後の1988年に，一人当たり所得が2倍になりました．アメリカでは，日本のような高度成長はありませんでしたが，それでも，着実に増加してきているのがわかります．日本とは対照的に，特に，90年代に入って成長率が加速しました．この背景には，**IT（情報通信技術）革命**があると言われていますが，それでは，なぜ日本ではうまくITが経済成長につながらなかったのでしょう？技術革新を経済成長につなげる経済の仕組みとは？

　所得が持続的に増えるというのは，どこの国，時期でも一様に見られる現象ではありません．たとえば中国を見ると，1950年代，60年代はほとんど成長しておらず，1970年代，80年代も緩やかな成長率にとどまっていたのが，1990年代以降，急速に成長していることがわかります．90年代の中国に一体何が起こ

ったのか？

　最後に，アフリカのサハラ砂漠以南に位置する国，ザンビアを見てみましょう．1970年代から1995年頃までの期間，趨勢的に一人当たり所得が減少していたことがわかります．その後一人当たり所得は増加に転じましたが，それでも2011年には，1960年にくらべて一人当たり所得が3割強低下してしまいました．孫は祖父母の世代の約7割の所得しか得られないのです．

　なぜ，ある国は所得の持続的な増加が可能であり，別の国では所得が増えない，あるいは減少さえしてしまうのでしょう？　そもそも人類の歴史のなかで，所得が長期にわたって増えるという経験は，ほとんどありませんでした．ヨーロッパでは，産業革命以前の一人当たり所得はほとんど増えていませんでした．ですから，成長が起こること自体，奇跡なのかもしれません．そうした奇跡はなぜ起こりうるのか？

　貧しい国が早く成長すれば，世界の所得格差は縮小していくでしょうが，逆に豊かな国が早く成長すれば，所得格差は拡大してしまいます．経済の成長，発展を促す制度，政策を探ることが，マクロ経済学の重要な課題の一つとなっています．

　貧しい国において，経済発展の妨げとなっている要因としては，たとえば，高い**人口増加率**，低い**教育水準**や**貯蓄率**（所得のうち，貯蓄に回す割合）などが考えられるかもしれません．しかし，逆に所得水準の低さが，高い人口増加率や低い教育水準，貯蓄率の要因となっている可能性もあります．そうだとすれば，いわば貧しい国は，**貧困の罠**に陥っているのかもしれません．貧困の罠から抜け出すための政策，制度とはどういったものなのか？　とても難しい問題ですが，それだけに重要な課題です．

3　好況と不況，インフレとデフレ

　10年，20年といった長期のタイム・スパンで見れば成長している経済でも，数年単位で見ると，**好況**の時期と**不況**の時期があります．たまたま，好況の時期に大学を卒業する学生は，スムーズに就職が決まることが多いのですが，卒業年が不況の時期に重なってしまうと，思うように就職が決まらないことが多

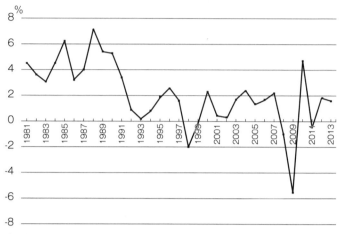

図3 ●日本の実質GDP成長率

（出典）内閣府経済社会総合研究所『国民経済計算年報』

くなります．こうした経済の短期的な変動（**景気循環**あるいは**景気変動**といいます）を見るために，まず，所得の伸びから見ていきましょう．

図3は，日本の1981年以降の所得の成長率（前年に比べて，国全体の所得，すなわちGDPが何％増加したか．正確には，物価変動の要因を取り除いた**実質GDPの成長率**）を描いたものです．これによると，高度成長後に限って見ても，たとえば1988年から90年のように5％を超える高い成長率を示した好況期と，1998年のように成長率がマイナスになった不況期があることがわかります．2013年から2015年にかけて，再び景気は回復傾向にありました．

好況期には，ボーナスや給与が増え，企業の生産活動も活発になり，求人も多くなります．また，モノの値段も上がりがちです．他方，不況期には，ボーナスが減り，リストラによって職を失う人も多くなります．また，モノの値段も下がる傾向にあります．

モノの値段の変動を見るために，さまざまなモノ・サービスを平均した総合的な**物価**の動きを見てみましょう．図4は，1981年以降の物価（正確には，GDPデフレータと呼びます）の変化率を示しています．これによると，1990年代後半以降2013年頃まで，物価は下落傾向にあったことがわかります．これを**デフレ**（正確には，**デフレーション**）といいます．物価が下落するのは，こ

図4 ●日本の物価（GDPデフレータ）上昇率

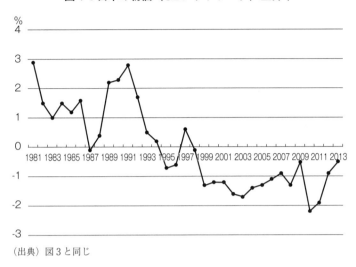

（出典）図3と同じ

図5 ●日本の失業率

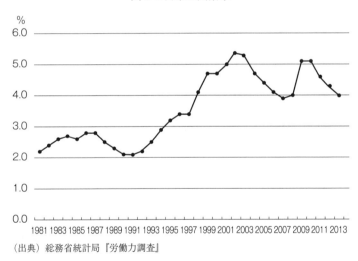

（出典）総務省統計局『労働力調査』

れまでよりも安くモノが買えるので，いい面もあるのですが，そうした時期には，給料も下がることが多く，必ずしもいい面だけではありません．また，お金を借りている企業や家計にとっては，返済額が決まっているにもかかわらず，収益や所得が減ってしまうので，負担が重くなってしまいます．逆に，1970年

代は，物価の上昇が頻繁に起こりました．これは，**インフレ**（正確には，**インフレーション**）と呼ばれています．

次に，学生への影響も大きい，**労働市場**の動向を見てみましょう．働く意欲のある人たちが，常に職を見つけることができるとは限りません．図5は，働く意欲のある人たちのなかで，職が無い人たちの割合（**失業率**と呼びます）を示したものです．1980年代には，2％台で推移していたものが，1990年代に入り急上昇し，2002年には5.4％にまで増加しました．しかしその後，景気が回復するにつれ徐々に低下しました．最近（2015年10月時点）では，失業者数は217万人，失業率は3.1％となっています．そういえば，2016年3月に卒業する私のゼミの学生たちは，2009年頃に卒業した元学生と比べると，希望の職種で内定をもらった人たちが多かったようです．

こうした景気変動によって，幸運な人，不運な人が生まれます．また，我々の生活も不安定なものになってしまいます．会社が倒産したり，リストラで解雇されたようなケースはもちろん，ボーナスが大幅に減れば，住宅ローンを抱えている家計は大変苦しい生活を余儀なくされるでしょう．そもそも，景気変動はなぜ生じるのでしょう？　政府は，経済政策を活用することで，所得の変動をならし，安定化させることができるのでしょうか？　これもまた，マクロ経済学が取り組んできた重要な課題の一つです．

4　経済政策の効果と弊害

伝統的には，不況になれば，政府は**減税**をしたり，**公共工事**などの支出を増やせばよいと考えられてきました．たとえば，公共工事を増やすと，工事を受注した建設会社は売り上げが増え，その会社の従業員の給与も増える，そうすれば，建設会社の従業員はこれまで以上にモノを買うので，その近隣のスーパーなども売り上げが増える，という連鎖が続くことで不況から脱出できる，と考えられたのです．こうして経済活動が活発になれば，税収も増えるので，**財政赤字**もそれほど深刻にはならないだろう，という期待もありました．

実際，日本では，90年代の不況において，政府は幾度となく経済対策を実施し，その都度，公共投資を拡大してきました．その結果，特に地方において，

第1章 マクロ経済学の課題と視点

図6 ●日本の一般政府の債務残高（対GDP比）

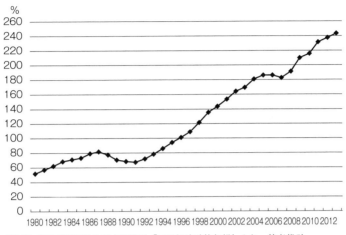

（出典）内閣府経済社会総合研究所『国民経済計算年報』より，筆者推計

景気がさらに落ち込むのを防ぐ効果はありましたが，それ以上に弊害が目立ってきました．特に，無駄な公共事業や財政赤字の拡大は，深刻な問題となっています．財政赤字の問題は，将来，**増税**を行うにせよ，年金などの支出を削減するにせよ，将来の世代，つまり，今の学生たちの負担となって重くのしかかってきます．若い人ほど，この問題に無関心ではいられないのではないでしょうか．

図6は，国，地方，および年金などの社会保障基金（3者あわせて，「一般政府」と呼びます）の債務残高を，日本の総所得（GDP）に対する比率で示したものです．1991年時点で，債務残高が317兆円，その対GDP比は67%でしたが，90年代以降増加の一途をたどり，2013年末には，債務残高が1167兆円，対GDP比は243%に膨れ上がりました．この背景には少子高齢化による公的年金や医療費の増大もあるのですが，こうした膨大な政府の借金は，経済に悪い影響を与えないのでしょうか？　借金があれば，それだけ政府は金利を払わないといけませんが，借金が雪だるま式に増えて，財政が破綻してしまうことはないのでしょうか？　経済を安定化させることの効果と，将来にわたる負担を比較考量したときに，どうした政策をとるべきか？

財政政策（税や政府の支出に関する政策）だけではなく，**日本銀行**（一般的

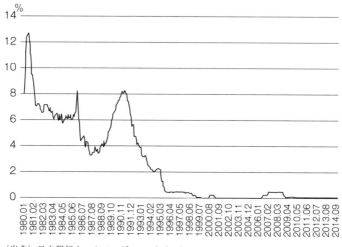

図7 ●日本の短期金利（コールレート）

（出典）日本銀行ホームページ www.boj.or.jp

には，**中央銀行**と呼ばれます）が行う**金融政策**も，景気や物価の変動を安定化させるための重要な役割を期待されています．金融政策とは，一国全体に出回るおカネの量や，金利をコントロールすることによって，経済を安定化させようとする政策です．たとえば不況になれば，日本銀行は，おカネの量を増やしたり，金利を下げることによって，経済活動を活発にしようとします．90年代の不況とデフレに対処するため，日本銀行は91年以降，金利を漸次引き下げました．図7は，金融機関どうしで短期間の貸し借りを行うときの金利（**コールレート**と呼びます）の推移を示していますが，1999年2月から現在（2015年12月）までのほとんどの期間で，金利がほぼ0％となっています．日本銀行は金利をほぼ0％にし，また最近ではおカネを大量に増やそうとしているのです．金利が低くなると，おカネを借りる人は助かりますが，預金者にとっては，銀行におカネを預けてもほとんど増えないので，うれしくありません．また，業績のいい会社も悪い会社も，同じように低い金利で借りることができるので，いい会社がどんどん伸びていき，悪い会社は淘汰される，ということも起こりにくくなります．こうした超低金利政策やおカネを大量に増やそうとする政策をいつまで継続すべきなのか，政治家やマスコミを巻き込み，大きな論争が巻

き起こっています．

5　世界経済との関わり

　現在では，例外なくすべての国が，外国との経済的関わりをもって経済活動を営んでいます．特に最近では，**グローバリゼーション**と呼ばれるように，モノ，カネ，ヒト，情報すべての面で，国境を越えた往来が盛んになってきました．日本は，所得のうち約2割は海外にモノやサービスを売って稼いでおり（**輸出**），同じく所得のうち約2割は海外のモノやサービスの購入に当てています（**輸入**）．国境を越えたおカネの流れも活発に行われており，2014年末に，日本は約945兆円の**対外金融資産**を保有し，外国は約578兆円の日本の金融資産を保有しています．IT技術の発展で，情報や技術の交流も以前と比較できないほど活発になってきました．国際的な交流は，国内には無かった新しい製品，技術，知識をもたらし，経済発展に寄与してきましたが，他方で，グローバリゼーションによって，所得格差が開いたのではないか，などの懸念の声も上がっています．貿易や資金移動はなぜ起こるのでしょう？　その結果，経済成長や所得にはどのような影響が及ぶのでしょう？

　国境を越えた取引では，円やドルといった，二国間の通貨を交換する必要があります．この交換比率のことを**為替レート**と呼びますが，毎日のニュースでお馴染みのように，為替レートは日々刻々変化しています．図8は，円の対ドル為替レートの推移を示していますが，1975年には1ドル＝300円程度であったものが，1995年には，1ドル＝80円台にまで円の価値が上昇しました．その後，円の価値は再び下落し，近年では，おおよそ1ドル＝110円～120円程度で推移しています．円の価値が上昇すれば，海外のものを安く買えるようになるので，輸入には好都合ですが，逆に海外の人にとって見れば，日本製品が高くなってしまうので，輸出企業は打撃を受けます．こうした為替レートの変動は，なぜ起こるのでしょう？

　こうした問題は，特に**開放マクロ経済学**と呼ばれる分野で活発に研究されています．

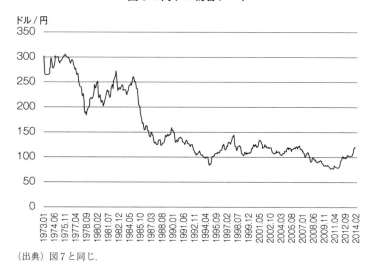

図8 ●円ドル為替レート

(出典) 図7と同じ.

6 マクロ経済学の視点

　貧困の問題から財政赤字や為替レートまで，あまりに範囲が広すぎて，一体マクロ経済学とはどのような分野なのか，当惑されたかもしれませんが，冒頭に述べたように，これらの問題は，マクロ経済学の基本的な枠組みで分析することが可能です．次章から順次詳しく述べていきますが，ここでは，基本的な視点を紹介しておきましょう．

　経済学の基本的な視点は，需要と供給です．リンゴの値段はどのように決まるのかと言うと，農家がどれだけ多くのリンゴを生産し（**供給**），消費者がどれだけのリンゴを買いたいか（**需要**），それぞれの供給と需要が一致するように価格が決まる，というのは皆さんご存知でしょう．マクロ経済学でも同様です．人々の所得水準や物価水準がどのように決まるのかは，人々がどれだけたくさんのモノやサービスを生産することができ，それをどれだけ多く購入したいのか，によって決まります．為替レートも，円やドルをどれだけ購入したいか，売却したいか，という需要と供給で決まってきます．

　ただし，マクロ経済学では，経済全体の動きに関心があるので，需要と供給

第1章 マクロ経済学の課題と視点

と言っても，鶏と卵のように，一方が他方の原因となり，結果となっていることが少なくありません．また，みかんの値段が安くなればリンゴの需要が減るのと同様，モノ・サービス，労働，資金など，さまざまな市場が相互に関連しながら動いています．こうした場合，一つの市場だけを見ていては，間違った結論を導きかねません．そこで，マクロ経済学で特に大事な視点が二つ浮かび上がってきます．

一つは，**予算制約**の視点です．家計は，所得の範囲内でしか消費できません．もちろん，一時的に住宅ローンや消費者金融などで借金をすることはできますが，将来返さないといけないので，結局，生涯を通してみれば，所得の範囲内でしか消費できません．政府も同じで，一時的に，**国債**を発行して支出を拡大することはできますが，いずれ増税か歳出削減によって賄わざるをえません．日本では，銀行が株価や地価の下落で損失を被ったとき，しばらくの間は損失を覆い隠して，問題の処理を先送りしましたが，やがて，税金の投入によって損失を穴埋めせざるをえませんでした．誰も，借金や損失の負担をいつまでも先延ばしすることはできないのです．経済全体では，企業が生産した財やサービスの範囲内でしか支出することはできません．こうした予算の制約，あるいは経済全体では**資源の制約**のなかで，家計，企業，政府がどのように行動するのかを分析するのが，マクロ経済学の大事な視点です．

もう一つは，予想（経済学では，**期待**と呼びます）を重視する視点です．我々は，日々その日のことだけを考えて生活しているわけではなく，将来のことを考えて，貯蓄をしたり，借金をしています．もちろん，将来のことは不確実で，**リスク**を伴いますが，それでも，できるだけ間違いが少ないように予想を立てながら行動するのが普通です．たとえば，政府が今年一年限りの減税を実施したとしても，来年以降，増税が待っていると考えれば，家計は今年の減税分の多くを消費せずに，貯蓄に回すのではないでしょうか．金融政策では，単におカネの量を増やしたり，金利を下げたりするだけではなく，これから将来にわたってどのような金融政策をとっていくのかを人々にアナウンスし，理解してもらうこと（「**市場との対話**」と呼ばれることもあります）がますます重要視されていますが，これも，人々の期待に働きかけることで有効性を高めようとする政策の一つです．

マクロ経済学の発展は，予算制約と期待を考慮することで，複雑に絡み合う経済現象の糸を解きほぐすことができることを明らかにしてきました．次章以降，その成果を見ていくことにしましょう．

| COLUMN |

「見えざる手」「見えざる心」「強奪する手」――マクロ経済学を始めるための良書――
　近代経済学の基礎を確立したアダム・スミスは，市場経済においては，人々が利己的に行動しても，「神の見えざる手」によって社会に調和がもたらされると唱えました．「見えざる手」という用語は，市場経済が希少な資源を社会に配分するための有効な制度であることを雄弁に伝えています．ただ，「見えざる手」というのは，あまり文学的な響きではないですね．
　それでは，「見えざる心」というのはどうでしょう？　ラッセル・ロバーツは，小説『インビジブル　ハート――恋に落ちた経済学者――』（沢崎冬日訳，日本評論社，2003年）で，高校で経済学を教える主人公と文学者の女性との絶妙な会話を通して，市場経済の働きを鮮やかに伝えています．主人公と女性がお互いに寄せる心の内とともに，これまで見えなかった経済の仕組みが少しずつ明らかになっていく，とても楽しめる恋愛小説です．
　もちろん，企業の不祥事が相次いでいるように，市場経済が常にうまく機能するわけではありません．こうした場合，規制を強化するというのが一つの解決策でしょう．しかし，規制を実施するのは，政府で働く役人です．そして，役人の汚職などのスキャンダルもまた相次いでいます．ハーバード大学の経済学者シュライファーは，ビシュニーとの共著で，政府がいかにして人々の資産を収奪するかを，さまざまな証拠を挙げて明らかにし，市場経済の「見えざる手」と対照的に，政府を「略奪する手」と呼びました（A. Shleifer and R. Vishny, *The Grabbing Hand: Government Pathologies and Their Cures*, Harvard University Press, 1999）．
　「見えざる手」，「見えざる心」を持った健全な市場経済をいかに育て，人々の生活を「略奪する手」からいかに守るべきか？　これは，貧困や発展を扱うマクロ経済学や発展経済学にとって，最も重要なトピックスです．こうしたテーマに関心がある方には，ウィリアム・イースタリー著『エコノミスト　南の貧困と闘う』（東洋経済新報社，2003年）を推薦します．途上国の人々の生活を生き生きと伝えつつ，経済発展に関する最新の研究成果もわかりやすく解説してくれる良書です．

第1章　マクロ経済学の課題と視点

●練習問題

問1　A国は一人当たり所得が毎年8％で成長しており，B国は一人当たり所得が毎年1％で成長しています．現在，A国とB国の一人当たり所得が同じだとすると，10年後に，A国の一人当たり所得はB国の約何倍になっていますか．

問2　6ページの図3をみて，次の各文章が正しいかどうか，答えなさい．
(1) 2000年と2001年を比較すると，2001年のほうが，実質GDPは高い．
(2) 2008年と2009年を比較すると，2009年のほうが，実質GDPは高い．
(3) 1985年の実質GDPは1984年の実質GDPの約1.6倍になった．
(4) 1990年代の平均実質GDP成長率は，1980年代の平均実質GDP成長率よりも高い．

問3　日本はすでに十分豊かであり，経済成長は必要ないという意見があります．こうした意見について，賛成派，反対派それぞれの根拠を示したうえで，あなたの意見を述べなさい．

問4　最近の外国の経済動向のなかから，あなたの生活に関係していると思われるものを一つ選び，それがどのようにしてあなたの生活に影響しているのか，あなたの考えを述べなさい．

第2章 所得と物価を測る

　生活の豊かさは，環境や余暇などにも依存するので，所得だけで測れるものではありませんが，乳幼児死亡率，カロリー摂取量，失業率など，さまざまな生活水準を測る指標が，所得と密接に関係していることも事実です．そのため，一国の所得を正確に測ることが，マクロ経済学の第一歩となります．所得を正確に測ることができなければ，経済政策の評価や立案もままなりません．また，昔の所得と今の所得を比べる場合には，物価の違いも考慮する必要がありますから，物価を正確に測ることも大事です．最近では，金融政策が物価指数を目標に運営されるようになってきており，物価の正確な測定は，金融政策を運営する上でも重要性が増しています．

1　経済の循環

　「カネは天下のまわりもの」といいますが，図1は，経済の循環を模式的に図示したものです．左側には生産活動を行う**企業**が，右側には，消費を行う**家計**が描かれています．図の下段には，企業が家計から**労働**の提供を受け，その報酬に**賃金**を支払うことを描いています．また，企業は，生産設備などの購入のために資金が必要な場合は，**株式**を発行して，家計に株式を購入してもらい，資金の提供を受けます．家計は，その見返りとして，企業から**配当**を受け取ります．企業は銀行からおカネ（**資金**）を借りることもありますが，そのおカネは，家計が銀行に預金として預けたものなので，結局，家計から資金の提供を受けています．この場合，家計は銀行から預金金利を受け取りますが，その原

図1 ●経済の循環

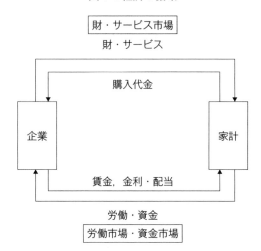

資は，企業が銀行に支払った借入金利なので，結局，企業が家計に**金利**を支払っていることになります．図1の下段では，単純化のために資金の仲介役である銀行を省略していますが，家計が企業に資金を提供して，見返りとして，金利や配当を受け取る姿を描いています．

　こうして，家計から労働や資金の提供を受けて財・サービスを生産する企業は，図1の上段に描かれているように，家計に製品を販売し，家計から販売代金を受け取ります．家計は，企業から受け取った所得，すなわち，賃金，金利，配当から，財やサービスを購入します．企業は，家計から受け取った購入代金から，賃金，金利，配当を支払います．

　このようにして，おカネやモノが一国の経済を時々刻々流れており，その過程で，生産活動が行われ，我々の所得が生み出され，支出がなされています．したがって，一国全体の所得を測る場合，産業でどれだけの生産が行われたのかを見る方法，賃金や配当・金利などの形でどれだけ分配されたかを見る方法，さらに，家計や企業がどれだけ財・サービスを購入したのかを見る方法の3通りがあります．これら3通りの測り方は，経済の循環を違う切り口で見るだけですから，どの測り方で見ても，所得の値は同じになります．

2 生産と所得

　一国全体で，生産活動に伴って生じた所得の合計を，**GDP**（国内総生産）と呼びます．たとえば，日本の2014年の GDP は，486兆9388億円でした……と言っても，ピンとこないと思います．日本の人口が約1億2700万人ですから，一人当たり約383万円となります……まだピンとこない？　たとえば，3人家族だと約1150万円，4人家族だと約1530万円になります．これは，平均的な家計より随分多いですよね．なぜかと言うと，GDP というのは，**付加価値**の合計で，付加価値には，サラリーマンの給与だけでなく，企業の利益なども含まれているからなのです．国民の所得を測るのに，企業の利益を含めるのには理由があります．上で述べたように，企業の利益は，配当の形で株主に分配されて，株主の所得になります．銀行から資金を借り入れている企業の場合は，利益のなかから銀行に支払った金利が銀行を通じて預金者の金利収入となります．さらに，利益の一部は内部留保として企業に留まることもありますが，内部留保も株主のものなので，企業が利益をあげれば，株主の所得が増えると考えられます．

3 付加価値とは？

　GDP 算出の基礎となる，付加価値について，詳しく見ていきましょう．例として，小麦粉を原材料として，パンを作るパン屋を考えます（図2）．ある年に，パン屋は1000万円の小麦粉を仕入れてパンを作り，3000万円の売り上げがありました．このパン屋には従業員が2人いて，パン屋は，**給料**として各従業員に600万円，合計で1200万円支払いました．すると，残りの800万円（売り上げ3000万－原材料1000万－給料1200万＝800万）がパン屋の**利益**となります．したがって，このパン作りで生まれた所得の合計は，従業員の給料1200万円と，パン屋の利益800万円を合わせた，2000万円です．これを，「付加価値」といいます．つまり，1000万円の小麦粉を3000万円のパンに変えることによって，2000万円の「価値」を付け加えたと考えるわけです．この単純な例だと，

図2 ●付加価値の例（パン製造）

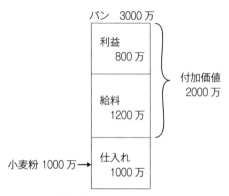

パン生産の付加価値は，売上の3000万円から小麦粉の仕入れ代金1000万円を引いた，2000万円となる．これは，従業員の給料1200万円と，企業の利益800万円の合計と等しい．

(1) 付加価値 = 売上－原材料費 = 給料＋利益

ということになります．

さて，現実は，もう少し複雑です．まず，パンを売るときには，消費税（一般的には，**間接税**と言います）を上乗せして売ります．消費税率が8％だと，パンの売上は，消費税を含めると，3240万円となります．（簡単化のため，小麦粉の仕入れには消費税がかからないものとします．）次に，このパン屋は，2年前にオーブンを200万円で買ったのですが，このオーブンの耐用年数は4年間です．したがって，2年後には，オーブンを買い換えないといけません．その購入費は，毎年ためておかなくてはいけません．これを，**減価償却費**といいます．ここでは，毎年の減価償却費を50万円だとします．したがって，パン屋の利益は，売上3240万円から，従業員の給料1200万円，消費税（間接税）240万円，減価償却費50万円を引いた，残りの1750万円となります．なお，減価償却費は，実際に企業が支払ったおカネではなく，将来の設備の更新に備えて，計算上，利益から引くものだということに注意してください．つまり，

(2) 付加価値 = 売上－原材料費 = 間接税＋給料＋減価償却費＋利益

第2章　所得と物価を測る

図3 ●GDPの例（小麦粉とパンの製造）

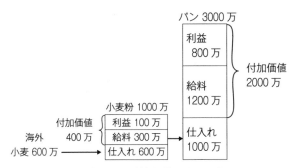

　GDPは，小麦粉生産による付加価値 400 万円と，パン生産による付加価値 2000 万円の合計で，2400 万円となる．これは，2社における従業員の給料の合計 1500 万円（300万＋1200万）と，2社の利益の合計 900 万円（100万＋800万）を足したものに等しい．さらに，最終消費財であるパンの消費額 3000 万円から小麦の輸入額 600 万円を引いた額とも等しい．

というのが，より現実的な付加価値の測り方になります．

4　GDPとは？

　GDP（国内総生産，Gross Domestic Products の略です．）とは，国内の企業が生み出す付加価値の合計です．たとえば，国内に，小麦から小麦粉を作る製粉会社と，小麦粉からパンを作るパン屋の2社があるとしましょう（図3）．製粉会社は，海外の農家から600万円で小麦を仕入れて小麦粉を生産し，パン屋に1000万円で小麦粉を売ったとします．つまり，製粉会社の付加価値は，400万円（1000万－600万＝400万）です．パン屋が，この1000万円の小麦粉を使って3000万円のパンを販売したとすると，付加価値は2000万円（3000万－1000万＝2000万円）です．したがってGDP，すなわち付加価値の合計は，2400万円となります．

(3)　GDP ＝ 付加価値の合計

　さて，製粉会社の付加価値400万円は，従業員の給料に300万円，企業の利益に100万円分配されたとします．また，パン屋の付加価値2000万円は，従業員

図4 ●日本のGDP（産業別付加価値）（2013年，単位：兆円）

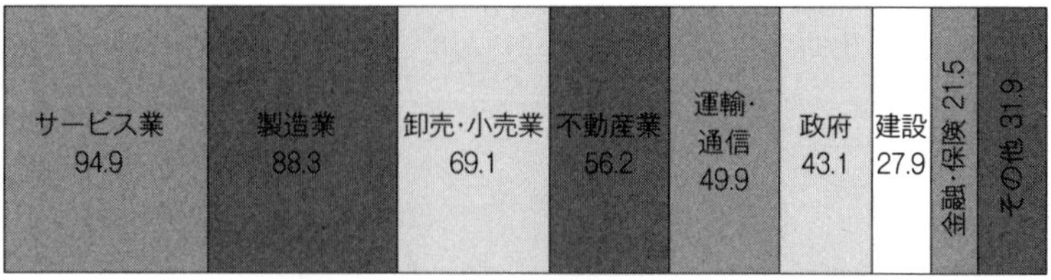

| サービス業 94.9 | 製造業 88.3 | 卸売・小売業 69.1 | 不動産業 56.2 | 運輸・通信 49.9 | 政府 43.1 | 建設 27.9 | 金融・保険 21.5 | その他 31.9 |

（出典）内閣府経済社会総合研究所「国民経済計算年報」
（注）1.「その他」は，農林水産業，鉱業，電気ガス水道，対家計民間非営利サービス，輸入税，統計上の不突合の合計．
2. 不動産業には，実際には不動産業を営んでいないけれども，自分の家を持っている場合には，あたかも自分が貸家業を営んで，自分に貸しているという計算上の擬制（「帰属家賃」といいます）が含まれる．

の給料に1200万円，会社の利益に800万円分配されたとします（説明の単純化のため，製粉会社，パン屋とも，間接税，減価償却費はゼロとします）．この場合，一国全体で，給料は1500万円，利益は900万円で，給料と利益を合わせると，GDPすなわち付加価値の合計2400万円と一致します．

(4) GDP = 付加価値の合計 = 給料の合計 + 利益の合計

つまり，国内で生み出された付加価値が，給料と利益に分配されて，国民の所得になっています．現実には，間接税や減価償却費があるので，

(5) GDP = 付加価値の合計
      = 間接税の合計 + 給料の合計 + 減価償却費の合計 + 利益の合計

となります．

図4は，2013年時点の日本のGDP（付加価値）を産業別に分類したものです．2013年のGDPは480兆円でしたが，このうち，もっとも多いのは，サービス業，次いで製造業で，それぞれ95兆円，88兆円あります．その次に多いのは卸・小売業の69兆円です．企業の生産活動によって生み出された付加価値は，労働者や株主に分配されます．図5は，2013年時点の日本のGDPを分配面で捉えたものです．これによると，GDPの5割弱にあたる248兆円が雇用者に賃金（「雇用者報酬」）として分配され，GDPの2割弱にあたる92兆円が企業の

図5 ●日本のGDP（分配）（2013年，単位：兆円）

（出典）図4に同じ．
（注）「純間接税等」は，間接税，補助金（控除項目），統計上の不突合の合計．

利益（「営業余剰・混合所得」[1]）となりました．残りは，減価償却費（「固定資本減耗」）や間接税などです．

5　最終財への支出としてのGDP

　企業が財やサービスを生産して販売すれば売上となりますが，家計などの購入者側から見れば，それは支出となります．実は，付加価値の合計であるGDPは，国内で生産された最終的な財・サービスに対する支出額の合計に一致します．この点を理解するために，もう一度，図3を見てみましょう．小麦粉とパンの生産に伴って生じた付加価値は，それぞれ400万円と2000万円で，合計2400万円でした．他方，**最終財**は，家計が**消費**したパンの3000万円です．小麦粉は，パンの生産に必要な材料であって，最終財ではありません．そうすると，付加価値の2400万円と，消費3000万円で，両者が一致しないように見えます．しかし，家計が消費した最終財であるパン3000万円のなかには，小麦として**輸入**した原材料600万円が含まれます．そこで，消費3000万円から，輸入600万円を引くことで，国内で生産された最終財への支出額2400万円が得られ，これが，GDP，すなわち付加価値の合計と一致するのです．この単純な例では，

(6)　GDP ＝ 付加価値の合計 ＝ 消費－輸入

---

[1]「営業余剰・混合所得」には，個人企業の事業主の労働報酬も含みます．

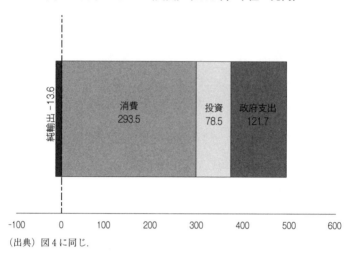

図6 ●日本のGDP（支出）（2013年，単位：兆円）

(出典) 図4に同じ．

となります．実際に最終財となるのは，消費財だけではなく，機械・設備や建物などの**投資財**もあります．また，政府が購入する道路などの**公共財**もあります．さらに，海外の家計や企業が購入する財，すなわち，日本から見れば**輸出財**もあります．したがって，正確には，

(7)　GDP ＝ 付加価値の合計 ＝ 消費＋投資＋政府支出＋輸出－輸入

となります．輸入品は，海外で生産されたものなので，国内で生産された最終財を算出するうえで，マイナス項目となっています．

図6は，2013年の日本のGDPを支出面から見たものです．合計額は，生産面や分配面で測ったものと同じ，480兆円です．内訳を見ると，消費が一番大きな支出項目で，GDPの約6割を占める294兆円となっています．ついで，政府支出がGDPの約1／4を占める122兆円，投資がGDPの2割弱を占める78兆円となっています．最後に，輸出から輸入を引いた純輸出はGDPの－3％に相当する－13兆円となっています．

なお，GDPの支出項目に政府支出が入っているので，読者は，政府が支出を増やせばそれだけGDPは増えると思われるかもしれません．しかし，政府支出が変化したときは，消費，投資など，他の支出項目も変化します．したが

って，政府が支出を増やしたときに，GDP がどう変化するかは，GDP の定義だけからはわかりません．政府支出が GDP を増やすかどうかは，理論的な分析が必要であり，それは後の章で解説していきたいと思います．

6　実質 GDP と GDP デフレータ

　ある家計の所得が，10年前には500万円だったのが，今では600万円に増えたとしましょう．この家計は，10年間で生活水準が20％向上したと言えるでしょうか？　もし，物価水準がこの10年間に変わっていなければ，そう結論付けて問題ないでしょう．しかし，もし物価がこの10年間に20％上昇していたらどうでしょう？　10年前に500万円で買えたものが，今や600万円かかってしまうことになりますから，得られた所得でどれだけのモノが買えるか，という実質的な所得を比較すると，10年前と今ではまったく変わらないことになります．逆に，もし物価がこの10年間に20％下落していたらどうでしょう？　10年前に500万円で買えたものが，今や400万円で買えるわけですから，600万円の所得で，10年前の1.5倍のモノが買えることになります．つまり，実質的な所得は，50％増加していることになります．

　このように，異なる時点の所得を比較する場合には，その間の物価水準の変化を考慮しないと，得られた所得でどれだけのモノが買えるか，という実質的な所得の比較にはなりません．国全体の所得，すなわち，GDP を異なる時点で比較する場合も，物価水準の違いを考慮する必要があります．そのために，ある時点（基準年といいます）の価格で固定して，財・サービスの生産額を評価することがあります．これを，**実質 GDP** と呼びます[2]．これに対して，毎年，その年の実際の価格で生産額を評価したものを，**名目 GDP** と呼びます．

　物価が上昇しているときは，名目 GDP ほど実質 GDP は増えません．逆に，物価が下落しているときは，名目 GDP よりも実質 GDP のほうが多く増えます．最近の日本の名目 GDP と実質 GDP（図7）の推移を見てみると，名目

　2）実際には，前年を基準年として，つまり，前年の価格を用いて実質 GDP が前年の何倍になったかを算出し，それらを毎年掛け合わせて，当該年の実質 GDP の値を算出しています．これを，連鎖方式と呼びます．

図7 ●日本の名目GDPと実質GDPの推移

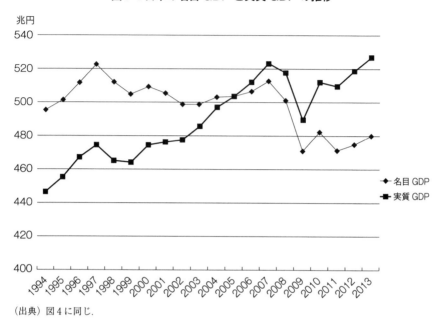

(出典) 図4に同じ．

GDPは，2000年の510兆円から2013年の480兆円に減少しましたが，実質GDPは，2000年の475兆円から2013年の527兆円と大きく増加しています．これは，この13年間に，物価が下落したこと，つまり，デフレが生じていたことによります．このように，名目GDPと実質GDPの比率を見ることで，物価の動向がわかります．この両者の比率を，**GDPデフレータ**といいます．

(8) GDPデフレータ ＝ 名目GDP ÷実質GDP ×100

7　国民総所得（GNI）

GDPは国内で発生した所得の合計ですが，国民（国内に居住している人）の所得の合計とは，少し異なります．国民の所得を計算するためには，たとえば，外国人が日本に来て働いて得た賃金のうち，外国に送金した額はGDPから差し引かないといけません．逆に，日本人が外国で得て日本に送金した賃金

は，GDPに足す必要があります．また，日本の家計や企業，金融機関などが外国の債券や株式に投資して得た利子や配当などの所得（財産所得と呼びます）も，GDPに足す必要があり，逆に，外国人（日本の居住者以外．企業や金融機関を含む）が日本の債券や株式に投資して得た財産所得はGDPから引く必要があります．このように，日本の居住者が外国で得て日本に送金した賃金や財産所得から，外国人が日本で得て外国に送金した賃金や財産所得を引いた額を，「海外からの所得の純受取」（あるいは所得収支）と呼びます．

　日本の居住者が得た所得の合計を「国民総所得（Gross National Income: GNI）」と呼びますが，その定義は，

(9)　国民総所得（GNI）＝ 国内総生産（GDP）＋海外からの所得の純受取

です（左辺，右辺ともにすべて名目値）．図8は日本の名目GDPと名目GNIの推移を示しています．これによると，日本では近年，名目GNIが名目GDPを上回っており，両者の差，すなわち，海外からの所得の純受取は増加傾向にあることがわかります．海外からの所得のほとんどが利子や配当などの財産所得です．

　(9)式は，名目値での国民総所得の定義ですが，実質値は少し異なります．実質の所得とは，どれだけの財・サービスを購入できるか（「購買力」と呼びます）を示すものです．このため，国内で生産した1単位の財を外国で販売し，その収入で外国の財を何単位購入できるかという数量（「交易条件」と呼びます）が変化すると，生産と所得は乖離します．交易条件は，輸出品の価格（輸出価格）を輸入品の価格（輸入価格）で割ったものです．

(10)　交易条件＝輸出価格÷輸入価格

やや極端な例ですが，例えば1ドル200円から100円になったとしましょう．このとき，1万円の価値が50ドルから100ドルに上昇するので，「円高」と言います．こうした円高が生じたとき，例えば1バレル（約159リットル）100ドルの原油は，2万円から1万円に値下がりするので，円に換算した輸入価格は低下します．他方，アメリカで1台1万ドルの自動車を販売していた日本のメーカーは，1台あたりの売り上げを円に換算すると，円高によって200万円から

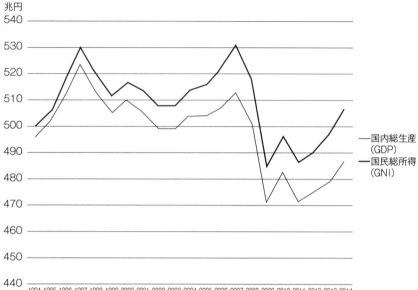

図8 ●日本の名目国内総生産（GDP）と名目国民総所得（GNI）（1994-2014年）

（出典）図4に同じ．

100万円に減少するので，輸出品の価格を例えば1万5千ドルに値上げします．（1台2万ドルまで上げると，円換算でみた1台あたりの売り上げはこれまでと同じになりますが，他の自動車メーカーとの競争に負けて販売数量が激減してしまうので，2万ドルまでは値上げしません．）このため，円換算した価格は1台200万円（1万ドル×200円／ドル）から150万円（1万5千ドル×100円／ドル）に下落します．このように円高になると，円換算した輸入価格も輸出価格も低下しますが，通常は輸入価格の下落率の方が大きいので，交易条件は改善する傾向が見られます．

　円高以外にも，輸入品の価格（たとえば原油価格）が下落したり，輸出品の価格が上昇するようなときには，交易条件が改善（国内財1単位と交換できる外国財の数量が増加）します．こうして交易条件が改善すると，その分だけ実質国民総所得は増えます．このように交易条件が改善している場合は，「交易利得」が発生していると言います．逆に，為替レートが円安になる，輸入品の

図9 ● 日本の交易利得の推移（2005年基準，1994-2014年）

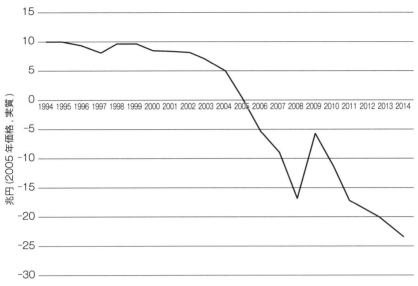

（出典）図4に同じ．
（注）基準年（2005年）の交易利得はゼロに基準化されている．

価格が上昇する，輸出品の価格が下落するようなときは，交易条件が悪化し，「交易損失」が発生します．

以上から，実質国民総所得（実質GNI）は，以下の定義になります．

(11) 実質国民総所得（実質GNI）
　　＝ 実質国内総生産（実質GDP）＋実質海外からの所得の純受取＋交易利得

図9は日本の交易利得の推移を示しています（基準年の2005年の交易利得はゼロに基準化されています）．これによると，たとえば2014年は交易損失が発生していますが，これは主に，円安や原油高によるものです．

8　消費者物価指数

一国で生産される財が一つしかなければ，物価を測ることは簡単です．たと

えば，リンゴだけが生産されていて，去年から今年にかけて，リンゴの価格が1個100円から1個150円に上昇した場合，リンゴの価格の上昇率は50％ですから，物価も50％上昇したと考えられます．ところが，財が2個以上ある場合には，少し複雑になります．表1の例だと，リンゴは100円から150円に50％上昇し，ミカンは80円から100円に25％上昇していますから，なんらかの方法で平均をとらなければいけません．GDPデフレータも，一種の物価指数ですが，もう少し直感的でわかりやすい指標として，**消費者物価指数**があります．

消費者物価指数は，ある決まった商品の組み合わせを買うのにかかる金額を計算することで，物価の動きをとらえようとするものです．表1の例だと，基準年である2010年の消費量，すなわちリンゴ1,000個，ミカン500個を買うのに，2010年では，

(12)　$100 \times 1{,}000 + 80 \times 500 = 140{,}000$

ですから，14万円かかっていましたが，2011年には，同じだけのリンゴとミカンを買うのに，

(13)　$150 \times 1{,}000 + 100 \times 500 = 200{,}000$

ですから，20万円かかることになります．この場合，消費者物価指数は，2010年を100とすると，2011年は，

(14)　$200{,}000 \div 140{,}000 \times 100 = 143$

となります．つまり，同じだけのモノを買うのに，14万円から20万円に43％増加しているわけですから，消費者物価指数を使って平均的な物価水準を計算すると，この1年間に物価は43％上昇したことになります．これは，リンゴの価格上昇率50％とミカンの価格上昇率25％の，ある種の平均値になっています．平均値といっても，単純に50％と25％を足して2で割るのではなく，消費者にとってより重要な財（つまり，より多くの金額を支出している財）に，より重み（ウェイトと呼びます）をつけて，平均しているのです[3]．

実際には，消費者物価指数を作成するために，毎月，およそ600品目の財・サービスの価格調査が行われ，基準年における家計の支出割合をウェイトに用

第2章 所得と物価を測る

表1 ●消費者物価指数の数値例

		2010年 (基準年)	2011年
リンゴ	価格	100円	150円
	数量	1000個	
ミカン	価格	80円	100円
	数量	500個	
リンゴを1000個、ミカンを500個買うのに必要な金額		140,000	200,000
消費者物価指数		100	143

いた加重平均値が消費者物価指数として公表されています．基準年は5年毎に更新されますが，2015年時点では，2010年が基準年となっています．

物価を測るのにGDPデフレータと消費者物価指数の2種類の指標があるというのは，混乱のもとですね．実際，最近では，日本銀行の金融政策を変更するに当たって，どちらの物価指数をもとにすべきか，政治家を巻き込んで論争が起こったぐらいです．そのため，両者の違いや特徴をよく理解しておくことが大事です．主な相違点と共通点をまとめておきましょう．

① GDPデフレータも消費者物価指数も，さまざまな財・サービスの一種の加重平均値であるが，ウェイトの取り方と平均の計算方法が異なる．消費者物価指数は，平均をとるときのウェイトが基準年の支出金額で固定されるのに対し，GDPデフレータは，ウェイトが変化する．したがって，新製品が急速に普及する場合などは，新製品の価格が消費者物価指数に反映されにくいことがある．

② 消費者物価指数は，家計が消費する財・サービスのみを対象としているのに対し，GDPデフレータは，GDPの対象をすべて含むので，消費財のみならず，投資財，政府の購入する財，輸出財，および輸入財を含む．輸入

---

3) 基準年における支出金額をみると，リンゴは10万円，ミカンは4万円となっています．つまり，$\frac{5}{7}$はリンゴに，$\frac{2}{7}$はミカンに支出しています．そこで，この比率で重み（ウェイト）をつけて平均的な物価上昇率を計算すると，

$$50\% \times \frac{5}{7} + 25\% \times \frac{2}{7} = 43\%$$

となります．これは，本文で示した計算方法と同じ物価上昇率です．

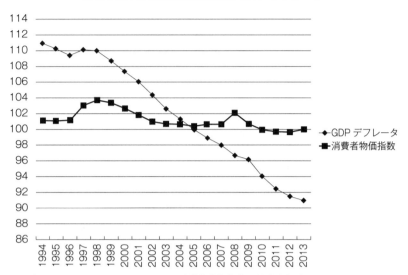

図10●日本の消費者物価指数とGDPデフレータ

(出典) GDPデフレータは図4と同じ．消費者物価指数は総務庁統計局ホームページ www.stat.go.jp より．

財については，GDPのマイナス項目なので，たとえば，原油などの輸入原材料価格が上昇して，それが国内の消費財や投資財などの価格に転嫁されなければ，GDPデフレータは下落する．

③消費者物価指数もGDPデフレータも，土地や株は対象になっていないので，地価や株価の変動は反映しない．

④消費者物価指数は毎月公表され，速報性があるが，GDPデフレータは3カ月に一度公表される．

図10は，最近の日本の消費者物価指数とGDPデフレータの推移を示したものです．いずれの指標で見ても，1999年から2012年までの間，物価が継続的に下落する傾向（**デフレ**）にあったことがわかります．また，両者を比較すると，GDPデフレータのほうが大幅に下落する傾向にありました．これは主に，IT（情報通信）関連のパソコンや通信機器などの投資財価格の下落がGDPデフレータを押し下げる要因となっていたからです．

9　実質金利と金融政策

　物価指数は，実質的な所得の比較に使われるだけではありません．金融政策運営の目安にも使われています．そこで，2015年の年初に，銀行から100万円の資金を金利10％で1年間借りた企業を考えましょう．この企業は，1年後には，元本と金利を合わせて110万円返済しなければなりません．もし，今後1年間に物価が上昇していれば，この企業の販売しているモノの値段も上昇しているでしょうから，返済は楽になります．逆に，全般的に物価が下落している状況では，企業は返済が苦しくなるでしょう．したがって，実質的な金利負担（**実質金利**と呼びます）は，物価の上昇率を引く必要があります．たとえば，2015年の物価上昇率が仮に2％であれば，

(15)　実質金利　＝　10％－2％　＝　8％

となります．実質金利と区別して，契約で決めた金利（この例では10％）を**名目金利**といいます．実際には，おカネを借りる契約を結んだときに，その後1年間の物価上昇率を正確に予想することはできません．あくまで予想に基づいて，実質金利を算出します．経済学では，予想のことを**期待**と呼びます．つまり，

(16)　実質金利　＝　名目金利－期待物価上昇率

となります．

　実質金利は，あるモノを1個借りたときに，そのものを何個返さないといけないかを示しています．たとえば，リンゴが1個100円だったとしましょう．100万円借りるということは，リンゴを1万個借りることに相当します．（期待）物価上昇率が2％だと，1年後のリンゴの値段は102円になっています．したがって，金利が10％で，110万円返すということは，1年後にリンゴを110万÷102＝1.08万個返すことに相当します．つまり，リンゴを1万個借りて，1.08万個返すわけですから，実質金利は8％になります．

　企業が資金を調達して事業の拡張に乗り出すかどうかを決断する場合や，家

図11●日本の名目金利（コールレート）と実質金利

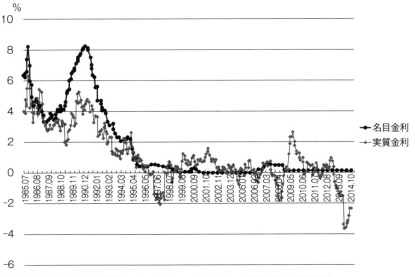

（出典）名目金利は日本銀行ホームページ www.boj.or.jp，実質金利は，著者推計．
（注）名目金利は，コールレート（無担保オーバーナイト）月中平均．
　　　実質金利＝コールレート－消費者物価指数（総合）対前年同月比上昇率．

計が住宅ローンを借りて住宅を購入するかどうかを決断する場合は，名目金利ではなく，実質金利を判断の目安に使います．したがって，日本銀行は常に物価上昇率をにらみながら，名目金利の妥当な水準を探って金融政策を運営しています．

　図11は，1985年7月から2014年12月までの名目金利（ここでは，銀行間で短期の貸借を行う場合の金利である**コールレート**をとっています）と，名目金利から消費者物価上昇率を引いた実質金利の推移を描いています．名目金利は，日本銀行の超金融緩和策によって，2001年3月以降ほぼゼロ％でしたが，この間にデフレが進行したために，実質金利はほとんどの期間プラスの水準で推移しました．

COLUMN

GDPに関するQ&A

Q1：最近，株の売買で儲けた人の話をよく聞きます．こうした利益も，付加価値に含まれますか？

A1：いいえ，株の売買益（売った値段から買った値段を引いたもの．**キャピタル・ゲイン**と呼びます）は，付加価値には含まれません．付加価値は，あくまで，生産活動で生み出した所得ですから，株や土地の売買益は付加価値には含めません．また，株や土地で損した場合（つまり，高く買って安く売った場合．**キャピタル・ロス**と呼びます）も，付加価値から引くようなことはしません．

Q2：パンを作っても，売れ残ってしまうと，それだけ付加価値は減ってしまいますか？

A2：今日売れ残っても，翌日また売る場合には，今日の在庫になります．その場合には，今日の売上にはなりませんが，今日生産したものなので，今日の付加価値に含まれます．他方，売れ残りを廃棄してしまう場合には，在庫としても残らないので，今期の付加価値には含まれません．

Q3：働いている人が実際に受け取る所得は，所得税や年金保険料を引いたものですが，これらは雇用者報酬から引かないのですか？

A3：所得税や住民税，年金保険料や健康保険料は，雇用者報酬からは引きません．家計が，いったん雇用者報酬として受け取った後，直接税や社会保障負担の形で政府に支払うという取り扱いをしています．逆に，年金などの社会保障給付を受け取っても，やはり雇用者報酬には含まれません．雇用者報酬は生産活動への見返りとして付加価値が一次的に分配されたものであるのに対し，直接税や社会保障は，二次的な再分配だとみなされています．

Q4：企業が他の企業を買収した場合も，投資に含まれますか？

A4：いいえ．GDP統計上の投資は，新たに生産された投資財を購入することですから，既存の企業を買収しても，GDP統計上の投資には含まれません．同じ理由で，企業が中古品の機械や土地を購入しても，GDP統計上，投資には含まれません．

Q5：日本の企業による海外生産は，日本のGDPに含まれますか？

A5：いいえ．日本のGDPは，日本国内での生産活動を対象としています．たとえば，トヨタがアメリカや中国で現地生産をしている場合，それぞれアメリカや中国のGDPに含まれますが，日本のGDPには含まれません．

●練習問題

問1 家計が企業に労働や資金を提供する対価として受け取るものを，三つ列挙しなさい．

問2 ある年に，次のⅰ）からⅲ）の一連の取引があったとき，この年のGDPと消費はそれぞれいくらになりますか．
 ⅰ）外国で生産した小麦を国内の製粉会社が7億円で購入．
 ⅱ）この製粉会社は小麦粉を生産し，12億円で国内のパン会社に小麦粉を販売した．
 ⅲ）このパン会社はパンを生産し，国内の消費者にパンを15億円販売した．

問3 2010年と2011年の，リンゴとミカンの価格と購入量が下表のとおりであったとします．2010年を基準年として，2010年の購入数量でバスケットを固定した場合，2011年のインフレ率（消費者物価指数の対前年比上昇率）は何％ですか．

		2010年（基準年）	2011年
リンゴ	価格（円） 数量（個）	60 1000	100 800
ミカン	価格（円） 数量（個）	80 500	100 600

問4 名目利子率が4％，期待インフレ率が−2％のとき，実質利子率は何％ですか？

第3章 経済成長のメカニズム

　アメリカのような豊かな国と，サハラ砂漠以南や南アジアの国のようなとても貧しい国があるのはなぜなのでしょう？　また，戦後の日本や最近の中国のように高度成長を続ける国もあれば，経済がむしろ縮小していく国もあるのはなぜなのでしょう？　3章と4章は，所得水準の決定要因と，所得が成長するメカニズムについて学びます．

1　労働生産性とは？

　豊かな国では，たくさんのモノ・サービスが生産されています．多くの生産を行うことで，多くの所得を得ているといえます．逆に，貧しい国では，生産されるモノ・サービスが少なく，少ない所得しか得られていません．つまり，一人当たり所得の違いは，主に，一人の人が働いたときに，どれだけ多くのモノ・サービスを作ることができるかに依存します．これを**労働生産性**といいます．生産されるモノ・サービスの量は，実質GDPで測れますから，労働生産性は，実質GDPを労働者数で割ったものです．

(1)　$\text{労働生産性} = \dfrac{\text{実質GDP}}{\text{労働者数}}$

一人当たり実質GDPは，

(2)　$\dfrac{\text{実質GDP}}{\text{総人口}} = \dfrac{\text{実質GDP}}{\text{労働者数}} \times \dfrac{\text{労働者数}}{\text{総人口}}$

ですから，厳密に言うと，右辺第1項の労働生産性以外に，総人口に占める労

図1 ● マクロ生産関数

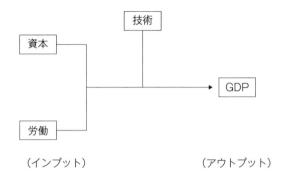

働者の割合にも依存します．たとえば，高齢化で総人口に占める労働者の数が減ると，労働生産性が変化しなくても，一人当たり実質GDPは低下します．また，失業率が高まる場合も，一人当たり平均所得は低下します．しかし，世界各国の間で比較すると，人口に占める労働者の割合の違いよりも，労働生産性の違いのほうが，はるかに大きいのです．また，一国の中でも，10年程度の長期間で見ると，労働生産性の変化が一人当たり所得の変化に大きな影響を及ぼしています．そこで，国による所得水準の違いや，所得が増加する経済成長のメカニズムを探るためには，労働生産性がどのように決まるかを考えることが重要になってきます．なお，上で定義した労働生産性は，**一人当たり労働生産性**と呼ばれるものですが，実質GDPを総労働時間（労働者数×平均労働時間）で割った，**時間当たり労働生産性**を算出することもあります．90年代の日本のように，休日の増加により平均労働時間が減ると，時間当たり労働生産性は変わらなくても，一人当たり労働生産性は低下するので，一人当たり所得も低下します．

2　労働生産性をどう分析するか？

　労働生産性を分析するためには，一国全体を一つの企業のように単純化して考えることが有効です．企業は，機械設備や建物（**資本**，あるいは，**資本ストック**と呼びます）と労働を使って，生産を行っています（図1）[1]．資本と労

第3章 経済成長のメカニズム

図2 ●生産関数の例

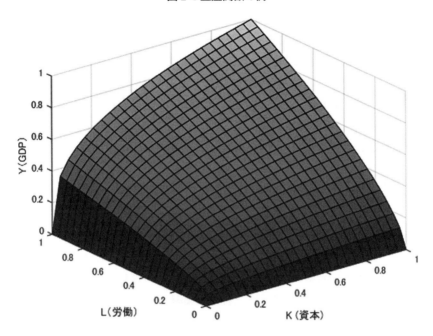

働を使って，どれだけの実質GDPを生産できるかは，その国の**技術水準**に依存します．そこで，資本の量をK，労働者数をL，技術水準あるいは効率性の指標をAとし，実質GDPをYとすると，これらの関係は，

(3)　$Y = A \cdot F(K, L)$

と書くことができます．これは，**インプット**（投入）である資本量Kと労働量Lと，効率性の水準Aが決まれば，**アウトプット**（産出）である生産額（実質GDP）Yが決まるという関係を示しています．Fは関数で，生産関数と呼ばれています．なお，AとFの間の点は，掛け算を示しています．生産関数については，数学付録1で，詳しく解説していますので，参考にしてください．図2は生産関数の例を表しています．

1）実際の企業は，原材料も使いますが，ここでは，売上から原材料を引いた付加価値（GDP）の生産を考えているので，原材料の投入は除いて考えます．

生産関数の形や性質は，生産技術によります．たとえば，資本量Kと労働量Lをともに2倍，3倍と増やしていけば，生産額Yもちょうど2倍，3倍と増えていくような生産技術は，**収穫一定**の生産技術と呼ばれます．資本量Kと労働量Lをともに2倍，3倍と増やしていくと，生産額Yが2倍以上，3倍以上と増えていく場合は，**収穫逓増**＜ていぞう＞の生産技術と呼ばれます．現実の生産技術は産業によって異なりますが，経済全体では，概ね収穫一定とみなしてもさしつかえないようです．生産技術が収穫一定の場合，上の式の両辺を労働量Lで割ることで，労働生産性を示す式が得られます．

$$(4) \quad \frac{Y}{L} = \frac{A}{L} \cdot F(K, L) = A \cdot F\left(\frac{K}{L}, 1\right)$$

二番目の等式は，収穫一定の技術では，資本量Kと労働量Lをともに$1/L$倍すれば，生産量も$1/L$倍になることを利用しています．(4)式は，労働生産性Y/Lが，効率性の水準Aと，資本と労働の比率（つまり，1人の労働者が利用できる機械・設備の量のことで，**資本装備率**と呼びます）K/Lによって決まることを示しています．

3　投資は経済成長をもたらすか？

　(4)式は，資本と労働の比率K/Lが高いほど，労働生産性Y/Lが高まることを示しています．労働者一人当たりの資本ストックが多いほど，つまり，労働者が多くの機械設備を利用できるほど，労働生産性も高くなり，その結果，一人当たり所得も高くなります．そこで，資本ストックを増やしていくことが，所得の増加につながると考えられます．では，資本ストックは，どうすれば増えるのでしょう？　それは，企業が設備投資を活発に行うことです．なぜなら，設備投資は新たに機械・設備を購入したり建物を建てたりすることですから，それによって，資本ストックである機械・設備や建物が増えていきます．もし資本ストックが磨り減っていかなければ，

(5)　本年末の資本ストック　＝　前年末の資本ストック＋本年の投資

第3章 経済成長のメカニズム

図3 ●投資/GDP比率(1990年－2010年平均)と一人当たり実質GDP成長率(1990年－2010年平均)

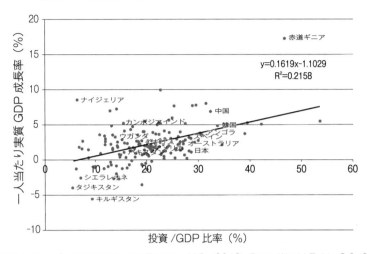

Feenstra, R. C., Inklaar, R. and Timmer, M.P. (2013), Penn World Table 8.0, Center for International Comparisons at the University of Pennsylvania のデータをもとに，著者作成．投資/GDP比率が1％ポイント増加すると，平均的にみて，一人当たり実質GDP成長率は0.16％ポイント増加すること，一人当たり実質GDP成長率のバラツキの22％を投資/GDP比率が説明できることを示している．

となります．実際には，資本ストックは，放っておくと少しずつ磨り減ったり壊れたりしていきます．そこで，資本ストックが毎年一定の割合(**減価償却率**あるいは**固定資本減耗率**と呼びます[2])で磨り減っていくと仮定すると，前年からは，(1－減価償却率)の割合だけの資本ストックが引き継がれるので，

(6) 本年末の資本ストック ＝ (1－減価償却率)×前年末の資本ストック
　　　　　　　　　　　　　＋本年の投資

となります．

このように，投資をたくさん行えば，資本ストックがどんどん積みあがっていくので，労働生産性，ひいては一人当たり所得も高まると予想されます．図3は，データがとれる世界167カ国について，横軸に1990年から2010年におけ

---

2) 実際の減価償却率の値は，資本ストックの種類にもよりますが，概ね，5％～20％程度です．

表1 ●資本の限界生産力逓減の例

ロボットの台数	0	1	2	3
自動車の生産台数	1	100	150	170
自動車の生産台数の増加量		99	50	20

自動車工場の作業員は1人のままで，組み立てロボットを1台ずつ増やしていったとき，年間の自動車の生産台数は増加していくが，その増加量は徐々に減っていく．

る投資の対GDP比率の平均値をとり，縦軸に同期間の一人当たり実質GDPの平均成長率をとって描いた散布図です．これによると，総じて，投資比率が高い国ほど一人当たり実質GDPの成長率も高い傾向にあるものの，両者の関係は，それほど強くないことがわかります．投資比率の違いは，一人当たり実質GDPのバラツキのおよそ1/5しか説明できません．どうして，強い関係が見られないのでしょう？

　通常，労働量Lを固定しておいて，資本量Kのみを増やすと，生産額Yも増えますが，徐々に生産増加効果は小さくなっていきます．たとえば，自動車工場で，作業員1名に対して，組み立てロボットを1台ずつ増やしたときの生産量の変化を考えてみましょう（表1）．まず，ロボットを0台から1台に増やすと，自動車の生産台数は飛躍的に増えるでしょう．たとえば1年間で，ロボットが0台のときは自動車を1台しか作れなかったものが，ロボットを1台備え付ければ，自動車を100台作れるようになったとします．この場合，ロボットを1台増やすことで，生産台数を99台増やすことができました．ロボットを1台から2台に増やすと，さらに自動車の生産台数は増えるでしょうが，作業員はロボットの操作やメンテナンスにも時間を取られるので，1台目ほど劇的な効果は得られないでしょう．たとえば，ロボットを1台から2台に増やすことで，自動車の生産台数が100台から150台に増えるとします．この場合，ロボットを追加的に1台増やすことで，生産台数は50台増えました．初めの1台目と比べると，増え方が少なくなっています．さらに，ロボットを2台から3台に増やしても，自動車の生産台数は，たとえば150台から170台に20台増えるに留まるでしょう．労働量を固定しておいて，資本量を1単位増やしたときに増える生産量を，**資本の限界生産力**と呼びます．ロボットの例は，資本量が多

図4 ● 資本ストックとGDPの関係（労働量が一定の場合）

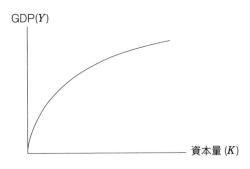

くなるほど，資本の限界生産力，すなわち，生産に与える効果が徐々に小さくなることを示しています．このことを，資本の限界生産力が逓減＜ていげん＞すると言います．図4は，労働量が一定のときの，資本量と生産（実質GDP）との関係を示しています．資本量が増えれば増えるほど，生産は増えますが，その効果（図では，グラフの傾き）は徐々に小さくなっています．

実は，投資と一人当たり実質GDP成長率との間に，強い関係が見られないのは，資本の限界生産力が逓減するからだと考えられます．この点を理解するために，終戦直後の日本のように，機械設備や建物の多くが破壊され，労働者一人当たりの資本ストックが極めて少ない状況を考えてみましょう．このように資本ストックが少ない状況から出発すると，投資を活発に行って資本ストックを増やすことは，大いに生産を増大させる効果があります．実際，日本の戦後の高度成長は，「投資が投資を呼ぶ」と呼ばれたように，投資ブームのなかで実現しました．しかし，やがて資本ストックが豊富に存在するようになると，さらに投資を行って資本ストックを増やしても，生産を増大させる効果はごく僅かしか期待できません．なぜなら，資本の限界生産力は逓減するので，資本ストックが生産を増大させる効果が小さくなるからです．投資主導による成長戦略には限界があります．

4　投資は所得水準を高めるか？

図5は，図3と同じ世界167カ国について，横軸に1990年から2010年におけ

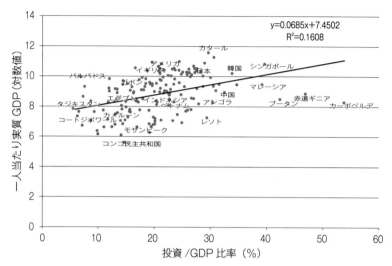

図5 ●投資/GDP比率（1990年-2010年平均）と2010年時点の一人当たり実質GDP（対数値）

図2と同じデータをもとに，著者作成．投資/GDP比率が1％ポイント増加すると，平均的にみて，一人当たり実質GDP水準（対数値）は約7％増加すること，一人当たり実質GDPのバラツキの16％を投資/GDP比率が説明できることを示している．

る投資の対GDP比率の平均値をとり，縦軸に2010年における一人当たり実質GDPの水準をとって描いた散布図です．これによると，概ね，投資比率が高い国ほど，一人当たり実質GDPの水準も高い傾向にあることがわかります．これは，投資が多いほど，資本ストックも多く蓄積されるので，図4に描かれているように，GDPの水準も高くなることが基本的な理由です（詳しくは，COLUMN 1参照）．ただし，両者の関係は，やはりそれほど強くないことがわかります．また，投資率と所得との関係については，注意すべきことがいくつかあります．

　第一に，企業が投資をする動機（**インセンティブ**）を考えなければいけません．企業は，投資をして事業を拡張しても，十分な収益が見込めるときに限って，投資を行います．それは，新製品の開発，新工程の導入，新しい顧客の開拓など，広い意味で技術水準が高く，資本の限界生産力が高い場合に限られます．したがって，投資率が高いと一人当たり所得も高いという関係は，高い技

術水準の国ほど，投資も活発に行われ，所得水準も高くなっているからだとも考えられます．逆に，途上国で見られるように，資本ストックが少なく，潜在的には資本の限界生産力が高い状況にもかかわらず，高率の税金，様々な介入や賄賂の要求，政権の転覆などによって，政府が企業から収益や資産の多くを取ってしまうような場合は，企業の投資意欲は阻害され，投資が抑制されてしまいます．

　第二に，投資のための資金を考えなければなりません．企業が投資をするためには資金が必要となりますが，その資金は，基本的には家計が**貯蓄**して貯めたものです．家計の貯蓄は，銀行などを通じて企業の投資にまわるか，あるいは，国債の購入という形で財政赤字の穴埋めに使われます．したがって，投資率を高めるためには，貯蓄率を高めるか，財政赤字を減らす必要があります．また，投資のために，外国から一時的に資金を借りることも可能です．これには，外国の企業が国内に工場や店舗を建てて経営する**直接投資**，外国の投資家や金融機関が国内の企業の株や債券を買う**証券投資**，外国銀行による国内企業向け**貸付**などがありますが，いずれも，一時的な国内の貯蓄不足を補う役割を果たしています．直接投資の場合は，外国の経営ノウハウや技術が導入される効果も期待できます．

　最後に，投資が所得水準の増大につながるからといって，投資が多ければ多いほどいいというわけではありません．家計は，得られた所得のうち，どれだけを現在の消費に回し，どれだけを将来のために取っておくかを考えて，貯蓄額を決定しています．つまり，貯蓄が多いということは，現在の消費を犠牲にしているということです．したがって，せっかく現在の消費を犠牲にして貯蓄したにもかかわらず，資本の限界生産力が低く，投資しても所得があまり増えなければ，そうした状況は必ずしも望ましいものとはいえません（COLUMN 2 参照）．

5　全要素生産性とは何か？

　投資による成長に限界があるとすれば，いずれ，経済成長はストップしてしまうのでしょうか？　現実には，豊富な資本ストックを持つ先進国も，持続的

な成長を実現しています．そこでもう一度，(4)式に戻ると，労働生産性は，資本／労働比率だけではなく，効率性の水準 A によって決まることがわかります．効率性の水準 A が高いほど，労働生産性も高くなり，一人当たり実質 GDP も高くなります．また，効率性の上昇率が高いほど，一人当たり実質 GDP の成長率も高くなります．

　ただ，そうは言っても，効率性というのはとらえどころのないもののように見えます．そこで，**効率性の上昇率**の測り方を考えましょう．(1)式は，インプット（投入）である労働と資本と，アウトプット（産出）である実質 GDP との関係を，一般的な生産関数の形で書き表していますが，ここで，労働量を固定しておいて，資本だけを1％増やすと，GDP は α（アルファと読みます）％増えると仮定します．α は，0と1の間の数です．例えば，効率性の水準が一定の場合，$\alpha = 0.3$ で，資本が1年間で10％増加すれば，労働が増えなくても，GDP は1年間に $0.3 \times 10 = 3$％増加します．また，資本量を固定しておいて，労働だけを1％増やすと，GDP は β（ベータと読みます）％増えると仮定します．β も0と1の間の数です．現実には，時間の推移とともに，資本や労働のどちらかだけが一定にとどまることはなく，ともに変化します．また，効率性の水準も変化すると考えられます．そこで，実質 GDP の変化は，資本の変化，労働の変化，効率性の変化の効果が合わさってもたらされたものだと考えます．つまり，実質 GDP の変化率を y，資本の変化率を k，労働の変化率を l，効率性の変化率を a（アルファベットのエー．α ではありません）で表すと，

(7)　　$y = a + \alpha \cdot k + \beta \cdot l$

となります．ここで，規模に対する収穫が一定の場合を考えてみましょう．この場合，効率性の水準が一定（つまり，効率性の変化率 $a=0$）で，たとえば，資本も労働も2倍になる（つまり，100％増える．$k=l=1$）と，GDP も2倍になる（100％増える．$y=1$）ので，上の式に，$a=0, k=l=y=1$ を代入すると，

(8)　　$1 = \alpha + \beta$

つまり，

(9) $\beta = 1-\alpha$

が得られます．(9)式を(7)式に代入すると，

(10) $y = a + \alpha \cdot k + (1-\alpha) \cdot l$

これを整理すると，

(11) $a = (y-l) - \alpha \cdot (k-l)$

となります．右辺第1項の $y-l$ は，GDPの変化率から労働の変化率を引いたものですから，労働生産性（Y/L）の変化率にほぼ等しくなります．これは，一般的に，分数の変化率は分子の変化率から分母の変化率を引いたのに近似的に等しくなるという性質から導けます．同様に，右辺第2項の $k-l$ は，資本の変化率から労働の変化率を引いたものですから，資本装備率（K/L）の変化率にほぼ等しくなります．労働生産性の変化率も，資本装備率の変化率も実際のデータから測定することができます．右辺第2項の α は，資本を1％増やしたときにGDPが何％増えるかを示す値でしたが，これは，競争的な市場では，GDPに占める企業利益（**資本所得**と呼びます）の割合と等しくなります（詳しくは，数学付録2，3を見てください．）．したがって，効率性の変化率 a は，(11)式に基づいて，現実のデータから測定することができます．こうして測定した効率性を，**全要素生産性**，あるいは，初めにこの測定方法を提唱した経済学者の名前をとって，**ソローの残差**と呼びます．「残差」と呼ぶのは，GDP成長率のうち，資本と労働で説明できない残りという意味です．また，(7)式に基づいて，GDP成長率を全要素生産性の伸び率（a），資本の寄与度（$\alpha \times k$），労働の寄与度（$(1-\alpha) \times l$）に分解する方法を，**成長会計**と呼びます．

6　全要素生産性と経済成長

　東京大学（当時）の林文夫氏[3]は，成長会計を用いて日本経済の全要素生産性を推計し，80年代（1980年〜1988年平均）から90年代（1991年〜2000年平均）にかけて，年率平均でみて，1.8％から0.2％へと激減していることを指摘

図6 ●日本の全要素生産性（対数値）の推移

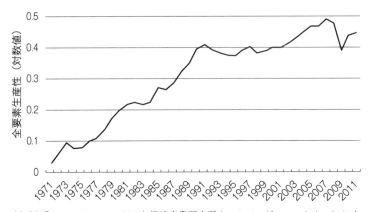

（出典）「JIPデータベース2014」経済産業研究所ホームページ www.rieti.go.jp による．
（注）政府部門と住宅（帰属家賃）を除く，市場ベース．1970年の全要素生産性（対数値）を0に基準化している．

し，「失われた10年」と呼ばれる90年代の日本経済における労働生産性の低下が，主に全要素生産性の低下で説明できることを示しました．

　林氏の研究をきっかけに，日本の多くの経済学者が，さまざまな方法で全要素生産性の計測を試みています．そのなかで，特に何人かの経済学者は，労働者の平均的な教育水準が労働生産性に影響を及ぼすと考え，この要因を差し引いた上で，全要素生産性を推計しました．他の経済学者は，新しい資本ほど新しい技術を取り入れているので，資本の年齢要因を差し引いて全要素生産性を推計しました．図6は，こうした労働や資本の質の変化も考慮した上で，全要素生産性を推計したものですが，これを見ても，1990年代になって明らかに減速していることがわかります．技術進歩率の低下が90年代の日本経済の停滞と

3）林文夫，2003．「構造改革なくして成長なし」岩田規久男・宮川努編『失われた10年の真因は何か』東洋経済新報社，1-16．本論文では，$a/(1-a)$ が80年代2.8％，90年代0.3％と報告されているので，ここでは，$a=0.36$ として各時期の全要素生産性の伸び率を計算した．なお，全要素生産性の低下と並んで，一人当たり労働時間の低下も，90年代に労働者一人当たり生産性が低下した重要な要因として指摘されている．Hayashi, F. and Prescott, E. C., 2002. The 1990s in Japan: A lost decade. *Review of Economic Dynamics* 5(1), 206-35 も参照のこと．

第3章 経済成長のメカニズム

密接に関係していることがわかります.

　成長会計と同様の手法は，一国の経済成長率を分析する場合だけではなく，各国間の所得格差を分析する場合にも適用できます．スタンフォード大学のホールとジョーンズ[4]は，(11)式に，各国間の教育水準の格差による労働の質の違いを追加して，1988年時点における127カ国の労働生産性の格差の要因を分析しました．彼らは，労働生産性が最も高いトップ5カ国と最も低いボトム5カ国を比較し，①労働生産性は31.7倍の格差があること，②この労働生産性格差のうち，資本/GDP比率の格差と教育水準格差による部分は，それぞれ約17%，23%にとどまること，③それに対し，全要素生産性の格差による部分は約60%もあることを見出しました．

　このように，一国の経済成長を考える上でも，世界各国における所得格差の問題を考える上でも，全要素生産性が極めて重要な要因であることがわかりました．しかし，それだけでは，経済成長のメカニズムを明らかにしたとはいえません．なぜなら，全要素生産性とは，労働生産性のうち，資本/GDP比率（および教育水準）では説明できない「残差」に過ぎないからです．90年代後半にアメリカはIT技術を利用して全要素生産性を上昇させましたが，一方，日本では90年代を通じて全要素生産性が停滞したのはなぜなのか？　所得の貧しい国は，先進国の技術を模倣することで全要素生産性を高めることができないのか？　全要素生産性を引き上げるためには，どのような政策・制度が望ましいのか？　実は，全要素生産性とは，単なる技術知識のみならず，所有権や財産権にかかわる法制度や政治体制にまで関連しています．これらの問題については，4章で詳しく説明しましょう．

---

4) Hall, R. E., and Jones, C. I., 1999. Why do some countries produce so much output per worker than others? *Quarterly Journal of Economics* 114(1), 83-116. 彼らは，労働生産性格差を，資本/GDP比率，一人当たり人的資本（教育水準で計測した労働の質），および全要素生産性の掛け算の形で分解し，資本/GDP比率は1.8倍，人的資本は2.2倍，全要素生産性は8.3倍の格差があるとしている．ここでは，それらを対数変換して，各要素の寄与率を求めた．

| COLUMN 1 |

ソローの経済成長モデル

投資と経済成長との関係を理論的に明らかにしたのが，**ソローの経済成長モデル**です．規模に対する収穫が一定で，図4で描かれるような，資本の限界生産性が逓減する生産関数を考えます．また，常に，GDPの一定割合が投資されると仮定します．この比率を，投資率と呼び，sで表すこととします．また，人口と労働者数はともに毎年nの割合で増えていくこととします．単純化のため，効率性の水準は一定で，効率性の変化率はゼロだとします．

今期をt年とし，今期の投資をI_t，今期の実質GDPをY_tとすると，

$$I_t = sY_t$$

です．したがって，今期末の資本ストックをK_t，前期末の資本ストックをK_{t-1}，減価償却率をδ（デルタと読みます）とすると，

(12) $\quad K_t = (1-\delta)K_{t-1} + I_t = (1-\delta)K_{t-1} + sY_t$

となります．今期の労働者数をL_t，前期の労働者数をL_{t-1}とすると，人口成長率がnですから，

(13) $\quad \dfrac{L_{t-1}}{L_t} = \dfrac{1}{1+n} \approx 1-n$

です．二つ目の近似式は，nが小さいときに成り立ちます．(12)式をL_tで割ると，

(14) $\quad \dfrac{K_t}{L_t} = (1-\delta)\dfrac{K_{t-1}}{L_t} + s\dfrac{Y_t}{L_t} = (1-\delta)\dfrac{K_{t-1}}{L_{t-1}}\dfrac{L_{t-1}}{L_t} + s\dfrac{Y_t}{L_t}$

です．以下，労働者一人当たりの変数を小文字で表すことにします．今期の一人当たり資本ストックは$k_t \equiv \dfrac{K_t}{L_t}$，前期の一人当たり資本ストックは$k_{t-1} \equiv \dfrac{K_{t-1}}{L_{t-1}}$，今期の一人当たり実質GDP（労働生産性）は$y_t \equiv \dfrac{Y_t}{L_t}$です（$\equiv$は定義式を表します）．(13)式を用いて，(14)式を小文字で表すと，

(15) $\quad k_t = (1-\delta)(1-n)k_{t-1} + sy_t$

と書き直せます．ここで，δ, nが十分小さければ，δnはほぼゼロですから，

(16) $\quad (1-\delta)(1-n) \approx 1-\delta-n$

となります（$\approx$は近似式を表します）．したがって，(15)式の両辺からk_{t-1}を引くと，

図7 ●ソローの経済成長モデル

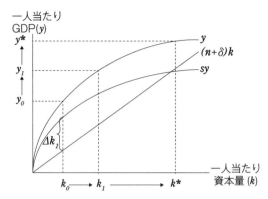

初期時点の一人当たり資本ストックが k_0 からスタートすると,次の期には,一人当たり資本ストックは Δk_1 だけ増えて, k_1 となる.これに伴い,一人当たりGDPも y_0 から y_1 に増加する.このようにして,一人当たり資本ストックと一人当たりGDPは増加を続け,やがて,一人当たり資本ストックが k^*,一人当たりGDPが y^* に到達すると,成長はストップし,定常状態となる.

(17)　　$k_t - k_{t-1} = sy_t - (n+\delta)k_{t-1}$

です.一人当たり資本ストックの増加は,投資による増加分から,人口増加と減価償却による減少分を引いた値になります.この関係を図示したのが,図7です.

　今,終戦直後の日本のように,一人当たり資本ストックが極めて少ない状況 (k_0) からスタートしたとしましょう.次の期には, Δk_1 だけ一人当たり資本ストックが増えるので,これに伴い,一人当たり実質 GDP も y_0 から y_1 に増えます.生産が増えると,その一定割合が投資されるので,さらに次の期には,一人当たり資本ストックが増えて,また一人当たり実質 GDP も増えます.このようにして,しばらくは,一人当たり資本ストックと一人当たり実質 GDP が増え続けるのですが,一人当たり資本ストックが k^* の水準まで到達すると,この成長プロセスは止まってしまいます.なぜなら,一人当たり資本ストックが k^* の水準では,投資による増加分が,減価償却と人口増加による減少分によってちょうど相殺されてしまうからです.こうした状態を,**定常状態**と呼びます.経済がいったん定常状態に到達すると,効率性の上昇が無い限り,一人当たり実質 GDP は y^* の水準で一定にとどまります.

　ソローの成長モデルを使って,投資率,人口成長率,効率性が変化すると,定常状態の一人当たり資本ストックや一人当たり実質 GDP がどう変化するかを分析す

図8●ソローモデルにおける投資率上昇の効果

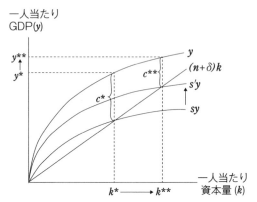

投資率が s から s' に上昇すると，定常状態の一人当たり資本ストックは，k^* から k^{**} に増加し，一人当たり実質GDPは，y^* から y^{**} に増加する．一人当たり消費は，c^* から c^{**} に変化する（この例では，一人当たり消費は減少する．）．

図9●ソローモデルにおける効率性上昇の効果

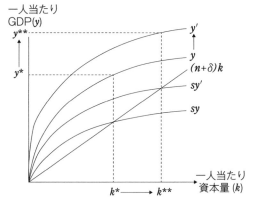

効率性の上昇により，生産関数が y から y' に上方シフトすると，定常状態の一人当たり資本ストックは，k^* から k^{**} に増加し，一人当たり実質GDPは，y^* から y^{**} に増加する．

ることができます．まず，投資率が高まると，図8で示すように，定常状態の一人当たり資本ストックと一人当たり実質GDPは増加します．図には示していませんが，人口成長率が高まると，定常状態の一人当たり所得は低下します．なぜなら，

人口成長率が高まると，一人当たりの資本ストックを維持するために必要な投資額が増えるので，投資率が一定なら，所得が低下せざるを得ないのです．最後に，効率性の水準が高まると，図9で示すように，生産関数が上方にシフト（移動）するので，定常状態の一人当たり資本ストックと一人当たり実質GDPは増加します．効率性水準の上昇は，より効率的な生産を可能にする直接的な効果と，資本ストックの増加による間接的な効果を通じて，一人当たり実質GDPを増加させるのです．

ソローの成長モデルは，資本の限界生産力が逓減する状況で，一人当たり実質GDPが持続的に成長するためには，不断の効率性の改善が不可欠なことを示しています．ここでは，単純化のために，効率性の水準は一定だと仮定しましたが，効率性の水準が一定のスピードで上昇していくと仮定すると，定常状態において，一人当たり資本ストックや一人当たり実質GDPが，効率性の上昇率と同じスピードで増加することを示すことができます．

COLUMN 2

金利と経済成長率

最近，日本の財政再建策をどう進めるべきかという議論のなかで，金利と経済成長率のどちらを高く予想するかが論争になりました．金利のほうが高いと予想する人たちは，国債の利払いが急速に増えていくので，増税や歳出削減を急がなくてはいけないと主張し，逆に経済成長率のほうが高いと予想する人たちは，自然に税収の増加も期待できるので，増税などは急がなくて良いと主張しました．そこで，金利と経済成長率との関係を，ソローの経済成長モデルを使って，考えてみましょう．

COLUMN 1で述べたように，投資率（海外からの借入がなければ，国内の貯蓄率に等しくなります）が高くなれば，定常状態の一人当たり所得は増えますが，一人当たり消費額は，一人当たり所得から一人当たり貯蓄を引いたものなので，必ずしも高くなるとは限りません．図8では，投資率が上昇することで，定常状態における一人当たり消費額が減少する例を描いています．一人当たり消費額が最も大きくなるのは，資本の限界生産力（生産関数の傾き）が，人口成長率と減価償却率の和（$n+\delta$）に等しいとき，すなわち，

(18)　資本の限界生産力 − 減価償却率 ＝ 人口成長率

です．左辺は，資本の限界生産力から減価償却率を引いたもので，1単位の資金を機械・設備などの資本ストックに投資したときの収益率となります．これは，市場が競争的で，リスクがなければ，同じく1単位の資金を金融資産に投資したときの収益率，すなわち，実質金利に等しくなります．ここでは効率性の上昇を考えていないので，右辺の人口成長率は，一人当たり所得が一定となる定常状態では，経済

成長率に等しくなります．したがって，上式は，一人当たり消費が最大となる状態では，

(19)　実質金利 ＝ 経済成長率

となることを示しています．この条件は，一定のスピードで効率性が上昇する場合にも成立するもので，これを**黄金律**（ゴールデン・ルール）と呼びます．黄金律を満たす投資率よりも現実の投資率が高いと，貯蓄による生産の増加（資本の限界生産力）が一人当たり資本ストックを維持するのに必要な額（人口成長率と減価償却率の和）を下回ってしまい，消費が減ってしまいます．これは，実質金利が実質GDP成長率を下回っている状態で，**動学的非効率性**と呼びます．「動学的」というのは，現在から将来にわたる問題であることをさしています．「非効率性」というのは，本来，貯蓄を減らすことで，資本の限界生産力が高まり，現在から将来にわたってより多くの消費が可能であるにもかかわらず，貯蓄・投資が過大になっているという意味です．

　将来が不確実で，資本が生み出す収益にリスクがある場合，資本の収益率は，国債などの安全資産の利子率を上回るので，単純に安全資産の実質利子率と実質GDP成長率とを比較することはできません．この場合，黄金律は，資本が生み出す収益（減価償却を引いた企業の利益．「純資本所得」と呼ぶ．）と投資が等しいという条件になることが知られています．他方，動学的に非効率な状態は，純資本所得が投資を下回っている状況です．先進国を対象とした実証研究[5]では，純資本所得は投資を上回っており，動学的非効率性は生じていないことが明らかになっていますが，かつてのソビエトのように，資本の限界生産力が低いにもかかわらず，強引に工業化を進めて投資を行っていた国では，動学的非効率性が生じていた可能性もあります．

●練習問題

問1　「資本の限界生産力逓減」について，簡潔に説明しなさい．

問2　前年度末の資本ストックが800，減価償却率（固定資本減耗率）が10％，本

---

5) Abel, A. B., Mankiw, N. G., Summers, L. H., and Zeckhauser, R. J., 1989. Assessing dynamic efficiency: Theory and evidence. *Review of Economic Studies* 56, 1-20.

第3章 経済成長のメカニズム

年度の投資が200だとする．本年度末の資本ストックはいくらになりますか．

問3 ある機械メーカーが，何人の労働者を雇用しようかと検討しています．次の表から，何人の労働者を雇用すれば利益が最も大きくなりますか．ただし，賃金は700万円，販売する機械の価格は10万円とします．

労働者数(人)	0	1	2	3	4	5
機械の生産台数(台)	0	80	150	210	260	300

問4 資本の増加率が5％，労働の増加率が2％，生産の増加率が4％，労働の分配率が70％のとき，全要素生産性の伸び率は何％になりますか．

■数学付録

1. 生産関数

　ここでは，生産関数について，説明します．まずは，たとえ話から始めましょう．

たとえ話1

　あなたは今，ある坂道を上っています．スタート時点と比べて，何メートル高いところまで上ったでしょう？　もちろんそれは，あなたが何メートル歩いたかによって異なります．たとえば，100メートル歩いて，5メートル高い地点にいるかもしれませんし，1500メートル歩いて，60メートル高い地点にいるかもしれません．このように，上った高さは，歩いた距離によって異なります．そこで歩いた距離をxメートル，上った高さをyメートルとすると，y（高さ）は，x（距離）によって決まるので，そのことを，

(1)　$y = F(x)$

と表すことにします．ここでFは，「関数」と呼ばれるものですが，関数とは，xにある値を入れれば，yの値が決まる，そのxとyの関係を示したものです．具体的には，たとえば傾きが一定の坂道であれば，

(2)　$y = a \cdot x$

となります．ここで，aは0.5や2といった数で，傾きがきついほど大きくなります．実際の坂道は，一直線ということはないので，たとえば図10のようになります．このように，どんな坂道かによって，関数やグラフの形は変わってきます．

たとえ話2

　あなたは今，標高何メートルの地点にいますか？　もし，富士山の頂上にい

図10●坂道を歩くときの距離（x）と高さ（y）の関係

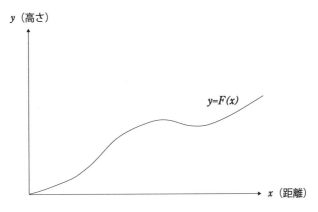

れば3776メートル，八ヶ岳のふもとにいれば2000メートル，由比が浜にいれば0メートル，というように，あなたが今どこにいるかによって標高は変わります．そこで，場所を経度と緯度を用いて表すことにすると，標高は，経度と緯度によって決まることがわかります．例えば，東京の銀座一丁目であれば，東経135度，北緯40度で，その標高は25メートル，といった具合です．

このように，標高が経度と緯度によって決まることを式で表してみましょう．経度を x 度，緯度を y 度，標高を z メートルとすると，z（標高）は，x（経度）と y（緯度）によって決まるので，このことを，

(3) $\quad z = F(x, y)$

と表すことにします．ここで，やはり F は関数で，x と y にある値を入れれば，z の値が決まるという関係を示しています．地図の等高線をもとに，地形の立体模型を作った経験のある人もいるかもしれません．(3)式のグラフは，そんなイメージのもの（3次元）になります．

生産関数

第3章本論でも述べたように，一国の生産量（実質GDP）はその国の効率性の水準，資本ストックの量，および労働者の数によって決まります．つまり，ある効率性の水準のもとでは，資本ストック量と労働者数によって生産量が決

まります．これは，経度と緯度によって標高が決まることと似ています．そこで，生産量（実質GDP）をY，効率性の水準をA，資本ストック量をK，労働者数をLとすると，これらの関係は，

(4) $\quad Y = A \cdot F(K, L)$

と表すことができるのです．(3)式と比べると，(4)式では，関数Fの前に効率性の水準を示す数Aが掛け算で入っています．これは，地形は（土砂崩れや埋め立てなどがない限り）変化しませんが，生産活動では，効率性の水準が高まって，同じだけの労働や資本でもよりたくさんの生産ができるようになる可能性を考慮するためです．

2．企業の利潤最大化

　山登りをしていて，頂上についたときは，見晴らしもよく，とても気持ちがいいものです．山道を登り始めたときは上り坂で，頂上につくと，上りでもなく下りでもなく，道はちょうど水平になっています．そしてさらに山道を進むと，今度は下り坂になります．では，企業が利益を最大にしているときは，どのような状況でしょうか？

　ロボットを借りて自動車を生産している企業を考えます．ロボット1台のレンタル料は5000万円，自動車の販売価格は100万円だとします．使用するロボットの台数と自動車の生産台数は42ページの表1のようになっているとしましょう．

　まず，ロボット0台の状況から考えましょう．あなたが会社の経営者だとして，1台ロボットを増やしますか？　ロボットを1台増やすと，レンタル料5000万円分だけ費用が増えます．他方，自動車の生産台数が99台増えるので，売上は99台×100万円＝9900万円増加します．売上の増加のほうがコストの増加を4400万円上回っているので，利潤はそれだけ増えます．したがって，あなたはロボットを1台増やそうとするでしょう．

　次に，ロボット1台から2台に増やすべきかどうか考えてみましょう．もう1台ロボットを増やすと，さらにレンタル料が5000万円増えます．他方，売上も50台×100万円＝5000万円増えるので，結局，利潤は増えません．つまりロ

ボットが1台のときと2台のときでは，利潤は変わりません．

さらに，ロボットを2台から3台に増やしたらどうなるでしょう？ 費用は5000万円増えますが，売上は20台×100万円＝2000万円しか増えないので，利潤は3000万円減ることになります．したがって，ロボット2台のときのほうが，ロボット3台の時よりも，利潤は大きいことがわかります．

まとめると，利潤が最も大きいのは，ロボットが1台か2台のときになります．山道を進むときとおなじように，はじめのうちは利潤が増えますが（上り），利潤が最大のところではそれ以上増えも減りもせず（水平），さらに進むと利潤が減っていること（下り）がわかると思います．

一般的に言うと，資本（ロボット）のレンタル料をR，生産物（自動車）の価格をP，資本の限界生産力（資本1単位増やした時に生産物が増える量）をZで表わすと，企業が利潤を最大化しているときには，

(5)　$P \cdot Z = R$

という条件が成り立ちます．あるいは，両辺をPで割ると，

(6)　$Z = \dfrac{R}{P}$

となります．(6)式の右辺はレンタル料を生産物価格で割ったもので，**実質レンタル料**と呼ばれます．(6)式は，資本の限界生産力が実質レンタル料に等しいことを示しています．

この例では，労働者を雇うことは考えていませんでした．しかし実際には，企業はロボットなどの資本だけではなく，労働者も雇って生産活動を行います．では，労働者を何人雇えば一番利潤が大きくなるでしょうか？ 先のロボットを労働者に置き換えて考えてみましょう．すると，労働者を一人雇うときの賃金をW，労働の限界生産力（労働者1人増やした時に生産物が増える量）をVで表わすと，利潤を最大化するためには，

(7)　$V = \dfrac{W}{P}$

という条件が成り立っていなければならないことがわかります．(7)式の右辺は，賃金を生産物価格で割ったもので，**実質賃金**と呼ばれます．つまり，(7)式は，

労働の限界生産力が実質賃金に等しいことを示しています．労働も資本も使う企業の場合には，(6)式と(7)式が両方成り立つように，資本と労働の量を決めています．

3. 分配率

労働分配率とは，名目 GDP のうち労働者が賃金として受け取る割合のことです．たとえば2013年の労働分配率は，雇用者報酬247.8兆円を名目 GDP 480.1兆円で割って，51.6％でした．

労働者が受け取る賃金の総額は，一人当たり賃金に，労働者数をかけたものです．また，名目 GDP は物価水準（GDP デフレータ）に実質 GDP を掛けたものでした．したがって，一人当たり賃金を W，労働者数を L，物価水準（GDP デフレータ）を P，実質 GDP を Y で表すと，

$$(8) \quad 労働分配率 = \frac{W \cdot L}{P \cdot Y} = \left(\frac{W}{P}\right) \cdot \left(\frac{L}{Y}\right)$$

と表すことができます．(8)式右辺の第一項は実質賃金を示しており，(7)式より，労働の限界生産力に等しくなります．(7)式を(8)式に代入して，

$$(9) \quad 労働分配率 = V \cdot \left(\frac{L}{Y}\right)$$

です．ここで，労働の限界生産力 V は，労働者を1人増やした時に生産量 Y が何単位増えるかを示すものです．例えば，労働者を3人増やして生産量が6増えるならば，労働の限界生産力は2です．一般的に，労働者を ΔL（デルタ・エルと読みます）人増やした時に生産量が ΔY（デルタ・ワイ）単位増えると，

$$(10) \quad V = \frac{\Delta Y}{\Delta L}$$

と表すことができます．(10)式を(9)式に代入すると，

$$(11) \quad 労働分配率 = \left(\frac{\Delta Y}{\Delta L}\right) \cdot \left(\frac{L}{Y}\right) = \frac{\left(\frac{\Delta Y}{Y}\right)}{\left(\frac{\Delta L}{L}\right)}$$

と書きかえることができます．二つめの等号は，分子，分母をそれぞれ $L \cdot Y$

で割って求めました．(11)式の右辺の分子は，生産量の増加量 ΔY をもとの生産量 Y で割ったものですから，生産量が何％増えたかを示しています．分母は，労働者の増加量 ΔL をもとの労働者数 L で割ったものなので，労働者が何％増えたかを示しています．したがって，(11)式の右辺は，労働者を1％増やしたときに，生産量が何％増えたかを示しています．これを，**生産の労働弾力性**と呼びます（本文中の β）．つまり，(11)式は生産の労働弾力性が労働分配率に等しいことを示しています．

同様に，**生産の資本弾力性**とは，資本を1％増やしたときに生産が何％増えるかを示したもので（本文中の α），これは，**資本の分配率**に等しくなります．

(12) $\quad$ 資本の分配率 $= \dfrac{\left(\dfrac{\Delta Y}{Y}\right)}{\left(\dfrac{\Delta K}{K}\right)}$

ここで，ΔK は資本の増加量を示しています．また，資本の分配率とは，GDPのうち資本を持っている人が機械のレンタル料，配当，金利などの形でどれだけの割合を受け取るかを示すものです．

なお，本文で述べたように，収穫一定の仮定のもとでは，

(13) $\quad$ 生産の資本弾力性＋生産の労働弾力性 ＝ 1

が成り立ち，また資本弾力性と労働弾力性はそれぞれ資本分配率，労働分配率に等しいので，

(14) $\quad$ 資本の分配率＋労働の分配率 ＝ 1

が成り立ちます．

4. 時間の表し方

（この節は，簡単な微分の知識がある読者を前提に書いています．微分の知識がない読者は，この節を読み飛ばしても，本書の他の箇所の理解に困ることはありません．）

経済成長や景気循環など，時間を通じて経済がどう推移していくかを理論で示すには，二通りの方法があります．一つは，2000年，2001年，……，あるい

は，2000年1月，2000年2月，……というように，整数で表す方法で，離散型と言います．COLUMN 1（ソローの経済成長モデル）では，t 年，$t-1$ 年というように，離散型で表していました．もう一つの方法は，時間が連続的に流れると考えて，時間を t 時点というように，実数で表す方法です．

それぞれの方法で，変数の伸び率がどう表現できるか，見てみましょう．離散型の場合，例えば t 期の生産を Y_t，$t-1$ 期の生産を Y_{t-1} で表すと，t 期の生産の伸び率 g_t は

(15) $\quad g_t = \dfrac{Y_t - Y_{t-1}}{Y_{t-1}}$

です．他方，連続型の場合，t 時点の生産を $Y(t)$ で表すと，t 時点の生産の伸び率 $g(t)$ は，

(16) $\quad g(t) = \dfrac{dY(t)}{dt} \Big/ Y(t)$

です．ここで，$\dfrac{dY(t)}{dt}$ は，$Y(t)$ を時間 t で微分していることを示します．二つの伸び率の表現を比べてみると，離散型(15)式の分子は，t 期と $t-1$ 期の生産の差ですが，この「期」を年から月，日，時，分，秒とどんどん縮めていくと，連続型(16)式の分子（時間での微分）に近づいていきます．分母は，離散型の場合 Y_{t-1} ですが，やはり「期」の期間を縮めていくと，Y_{t-1} は Y_t に近づくので，連続型の分母（$Y(t)$）に近づきます．

次に，ある変数が一定の伸び率で変化していくときに，t 期，あるいは t 時点におけるその変数の水準を求めてみましょう．生産の伸び率を g とすると，離散型の場合，$Y_t = (1+g)Y_{t-1}$，$Y_{t-1} = (1+g)Y_{t-2}$，$Y_{t-2} = (1+g)Y_{t-3}$……なので，$Y_t = (1+g)Y_{t-1} = (1+g)((1+g)Y_{t-2}) = (1+g)^2 Y_{t-2} = \ldots$ と順に代入していくと，

(17) $\quad Y_t = (1+g)^t Y_0$

となります．ここで，Y_0 は 0 期における生産です．他方，連続型の場合は，(16)式から $\dfrac{d \ln(Y(t))}{dt} = g$（ln は自然対数）なので，これを積分すると，

第3章 経済成長のメカニズム

$\ln(Y(t)) = gt + \ln(Y(0))$, つまり,

(18) $Y(t) = e^{gt} Y(0)$

が求まります.ここで,eは自然対数の底(2.7182…),$Y(0)$は時点0における生産です.(17)式と(18)式は,一見全く違うものに見えますが,実際はかなり近い値になります.たとえば,伸び率1%が100年間続いた場合,離散型では$(1+0.01)^{100} = 2.705$倍,連続型では$e^{0.01 \times 100} = 2.718$倍になります.

多くの経済理論モデルは,離散型と連続型のどちらでも表現でき,その分析結果も同じになります.たとえば,COLUMN 1(ソローの経済成長モデル)において,資本の推移を示す(12)式は,連続型では,

(19) $\dfrac{dK(t)}{dt} = sY(t) - \delta K(t)$

となります.また,一人当たり資本ストックの推移は,COLUMN 1(17)式と同様に(ただし,近似ではなく正確に),

(20) $\dfrac{dk(t)}{dt} = sy(t) - (n+\delta)k(t)$

となります.(20)式を導出する手順は,以下のとおりです.まず,(19)式の両辺を$L(t)$で割って,

(21) $\dfrac{dK(t)}{dt} \Big/ L(t) = sY(t)/L(t) - \delta K(t)/L(t) = sy(t) - \delta k(t)$

また,定義より,$K(t) = k(t)L(t)$なので,

(22) $\dfrac{dK(t)}{dt} = \dfrac{dk(t)}{dt}L(t) + \dfrac{dL(t)}{dt}k(t)$

(22)式の両辺を$L(t)$で割って,

(23) $\dfrac{dK(t)}{dt} \Big/ L(t) = \dfrac{dk(t)}{dt} + \left(\dfrac{dL(t)}{dt} \Big/ L(t)\right)k(t) = \dfrac{dk(t)}{dt} + nk(t)$

(23)式を(21)式に代入すると,(20)式が得られます.このあとの分析は,離散型でも連続型でも同じになります.離散型の場合,一部,近似を用いないといけないという短所もありますが,比較的理解しやすいという長所があるので,本書では,主に離散型を使うことにします.

第4章 何が生産性を決めるのか

3章では，国による所得の格差や経済成長の要因として，労働生産性の格差やその上昇が重要なこと，また，労働生産性の違いは，全要素生産性と呼ばれる，効率性あるいは技術水準の違いによる部分が大きいことを見ました．では一体，何が効率性（技術水準）を決めているのでしょうか？　効率性（技術水準）を高める政策・制度とはどのようなものなのでしょう？

1　研究開発と技術知識

コンピュータやインターネットなどの**IT（情報通信）技術**は，われわれの生活を一変させました．こうした技術進歩がいかに生活を豊かにし，経済成長に寄与してきたかは明らかでしょう．歴史を遡れば，18世紀のイギリスにおいて，蒸気機関や織機・紡績機が開発・改良され，産業革命が起こりました．これ以前は，多少生産が増えても，同時に人口も増えたため，一人当たり所得が長期間にわたって増加することはほとんどありませんでした．

現代の先進国では，企業や公的な研究機関において，基礎科学の分野から新製品・新製法の開発にいたるまで，さまざまな**研究開発**が行われています．日本では今日，約66万人の研究者が研究開発に従事し，GDPの3.75％が研究開発に支出されています（図1）．研究開発は，とりわけ先進国にとって，経済成長の鍵を握る重要な要因です．

技術知識は，通常の商品とは異なり，同時に何人もの人が利用することが可能です．また，特許権や著作権などの**知的所有権制度**がなければ，新しい技術

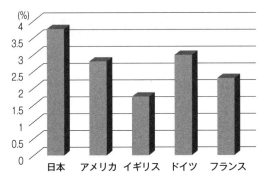

図1 ● 主要国における研究費（対GDP比率）

(注) 日本は2013年，アメリカ，イギリス，ドイツ，フランスは2012年．総務省統計局「平成26年度科学技術研究調査」による．原資料は，OECD "Main Science and Technology Indicators."

　知識を発見しても，他の人に模倣されてしまいます．知的所有権制度があっても，他の人の模倣を完全に阻止することは困難です．したがって，研究開発のコストをかけて新たな技術知識を発見しても，それをビジネスで利用して利益を上げることは，容易ではありません．この結果，民間の競争的な市場だけに任せておくと，研究開発を行おうという意欲が阻害されることがあります．さらに，一度発見した技術知識は，他の人も利用できるようになるという波及効果（**外部効果**と呼ばれます）があります[1]．技術知識は公園などの公共財に似た性質を持っているのです．

　そのため，特に基礎科学の分野では，政府や大学などの公的な研究機関が重要な役割を担っています．日本の研究費のうち，企業等による支出は約7割で，残りの3割は，非営利団体・公的機関および大学等が支出しています（平成26年科学技術研究調査）．また，民間企業による研究開発に政府の補助が出されることもしばしばあります．外部効果の高い研究開発に対する，これらの直接的，間接的な支援は，技術進歩，ひいては，経済成長に役立つものと考えられ

---

[1] 創造的破壊と呼ばれるように，新しい技術知識には，既存の技術知識を陳腐化してしまうという負の外部効果もありますが，現実には，正の外部効果が負の外部効果を上回っているようです．

ます．

　新たな技術知識の発見，開発は，世界経済の持続的な経済成長を可能にします．知識は，増えれば増えるほど新たな発見が困難になるというわけでは必ずしもありません．むしろ，より多くの知識が新たな発見を容易にすることさえあります．例えば，コンピュータや通信などのIT技術が発展することで，さまざまな新しいサービスや技術が生まれたように，技術知識の発見は好循環を生むことがあります．技術知識主導の経済成長には，大きな可能性があるといっていいでしょう．

　ただし，多くの途上国にとって，先端的な技術知識が果たす役割は限定的です．直接投資などを通じて，先進国で開発された新技術を途上国が簡単に利用できるとすれば，先進国との所得格差は比較的短期間に縮まるはずですが，現実には，それほど簡単に所得格差は縮小していません．途上国にとっては，先端技術にアクセスできないことが問題なのではなく，先端技術にアクセスできたとしても，それをうまく活用できないことが障害のひとつとなっているようです．途上国が先端技術を十分に活用できないのは，労働者の中に十分にそれを使いこなすだけの人材が不足しているためです．逆に，近年のインドがIT産業をてこに急成長したように，有能な人材さえそろっていれば，新しい技術を活用することが可能です．インドの場合，電話線などの古い技術が普及していなかったことが，光ファイバーなどの新しい技術の普及を容易にし，一足飛びの成長を可能にしたと言えるでしょう．労働者の質については，第3節で議論します．

　途上国が先進国の技術を活用できないもう一つの理由として，先進国で開発された技術が途上国になじまないことがあげられます．先進国では，どちらかというと資本が豊富にあり労働力が少ないので，ロボットなど，労働力を節約する技術の開発が活発に行われる傾向にあります．他方，途上国では，どちらかというと資本が不足がちで労働は豊富にあるので，労働節約型の技術を導入するメリットが小さいのです．

　いずれにしても，**技術移転**をいかにスムーズに行えるかが，途上国の経済発展を促す上で，極めて重要なことは間違いありません．

図2 ●産業別全要素生産性伸び率（2000年-2011年平均）

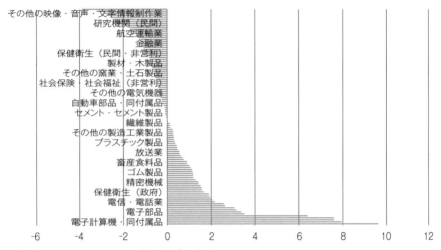

（出典）「JIPデータベース2014」経済産業研究所ホームページ　www.rieti.go.jp による．
（注）産業の平均がゼロになるように基準化されている．

2　産業のダイナミックな変化と資源の効率的な配分

　現実の経済には，さまざまな産業や企業が存在します．たとえば1990年代の日本では，電気機械産業などのIT関連分野や医薬品などの分野では著しい技術進歩がありましたが，土木，金融，個人向けサービスなどの分野では，技術は停滞しました．

　図2は，産業別の全要素生産性の伸び率を示しています．産業によって，大きなバラツキがあるのがわかります．一国の産業構造は，人々の嗜好の変化などに加えて，こうした産業ごとの生産性の変化の影響も受けます．日本全体の生産性は，これらさまざまな産業の生産性を平均したものです．したがって，生産性の高い産業が拡大して，生産性の低い産業が縮小すれば，経済全体の生産性は高まります．自由な**市場経済**では，こうした動きはスムーズに実現されるでしょう．生産性が高い産業ほど，高い賃金を払うことで多くの労働者を集めることができますし，資金を借りて設備投資を行うことも容易だからです．

図3 ●産業別の全要素生産性伸び率と実質産出伸び率（2000年-2011年平均）

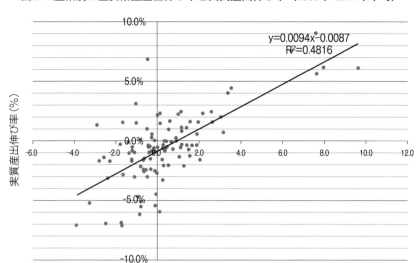

（出典）図2と同じ．

　しかし，政府による直接・間接の補助や規制があると，こうした変化はなかなか進みません．たとえば，建設業の生産性が低い場合でも，公共投資を増やせば，建設業の生産は増えてしまいます．また，金融システムが未発達であったり金融危機が起こると，銀行が収益性の高い企業・産業に資金を貸し出さなくなるので，企業や産業のダイナミックな変化が阻害されてしまいます．こうしたことが起こると，経済全体の生産性は停滞してしまいます．

　図3は，横軸に全要素生産性をとり，縦軸に生産の伸び率をとって，2000年代（2000-2011年）の産業ごとの点を図示したものです．これを見ると，全要素生産性の高い産業ほど生産の伸び率が高いという傾向が見られますが，相関は必ずしも高くありません．少子高齢化による需要の変化などに加えて，政府の規制・補助が産業のダイナミックな変化を妨げている面もあるようです．図3は産業間の生産性と生産の関係をみたものですが，より一般的には，労働や資本などの資源が企業間で効率的に配分されることが，経済全体の生産性の向上につながります（COLUMN 1 参照）．

3　教育と労働者の質

　高い教育や職業訓練を受けた労働者や仕事の経験をつんだ労働者は，そうでない労働者よりも，より高度の技術を活用し，効率的に仕事ができると考えられます．このように，労働者が教育，訓練，経験を通じて獲得する知識や熟練は，**人的資本**と呼ばれます．これに対して，機械設備や建物は，**物的資本**と呼ばれることがあります．労働者の知識・技能を「資本」と呼ぶのは，これらが時間を通じて蓄積され，生産に貢献する点で，物的資本と同様の役割を果たすからです．

　図4は，データのとれる世界115カ国について，2000年時点における15歳以上の女性の平均就学年数を横軸に，2011年時点における一人当たり実質GDP（対数値）の水準を縦軸にとったものです（男性でも同様の図が描けます）．これによると，両者には密接な関係があり，平均就学年数が1年長い国は，一人当たり実質GDPが約33％高い傾向にあることがわかります．こうした就学年数と所得水準との間に高い相関がある理由の一つは，就学年数が長いほど，人的資本が豊富なので（つまり，労働者の質が高いので），高度な技術を活用することができるということです[2]．

　人的資本には，技術知識と同様，波及効果があります．たとえば，高い教育を受けた人は，周囲の人を指導・訓練することができます．また，高い教育を受けた人どうしが集まることで，新しいアイディアや知識が生まれやすいという効果も期待できます．もし人的資本のもつ波及効果が十分に強ければ，人的資本の増加はさらなる人的資本や技術知識の増加をもたらすという好循環が生まれ，生産を永続的に増やす効果があるでしょう．そこで，図5は，図4とほぼ同じ110カ国について，2000年時点における15歳以上の女性の平均就学年数を横軸に，2000年から2011年の11年間における一人当たり実質GDPの平均成長率を縦軸にとったものです．平均就学年数が高いほど，その後の成長率も高くなる傾向が見られますが，残念ながら，両者の関係は，概して弱いものです．

　2）厳密に言うと，将来所得の増加が予想できるので人々が教育に熱心になるという効果（逆の因果関係）も反映していると考えられます．

図4 ● 2000年の15歳以上女性平均就学年数と2011年時点の一人当たり実質GDP（対数値）

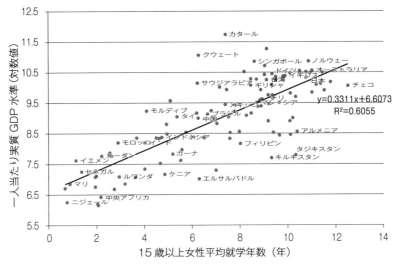

（出典）Barro-Lee Educational Attainment Dataset, Education Attainment for Aged 15 and Over、および Penn World Table 8.0, Center for International Comparisons at the University of Pennsylvania より、著者作成。
（注）Barro, R. J., and Lee, J. (2013), "A New Data Set of Educational Attainment in the World, 1950-2010," *Journal of Development Economics*: 104, 184-198. および Feenstra, R. C., Inklaar, R. and Timmer, M. P. (2013), "The Next Generation of the Penn World Table" *American Economic Review*: 105(10), 3150-3182参照。

　この結果は、人的資本のもつ波及効果はそれほど大きなものではなく、物的資本と同様、人的資本が生産に与える影響は徐々に小さくなること（**限界生産力の逓減**）を示唆しています。

　図4は、経済発展における教育の重要性を改めて示したものといえますが、ここでもやはり、物的資本に対する投資と同様の問題があります。つまり、人々が教育、特に中等教育（中学、高校）や高等教育（大学）を受けたいと思う**動機（インセンティブ）**を考えないといけません。人々は、教育を受けることによって、将来高い所得が得られるという期待が持てるときに、はじめて教育を受けたいと思うでしょう。なぜなら、教育を受けている間は働くことができない、つまり、その間の所得を犠牲にしているからです。論理が堂々巡りを

図5 ●2000年の15歳以上女性平均就学年数と一人当たり実質GDP成長率（2000-2011年）

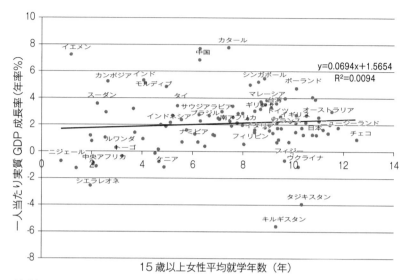

（出典）図4と同じ．
（注）図4と同じ．

しているように見えますが，将来の経済成長に確信が持てれば，人々は教育を受けたいと思うでしょうし，そうなれば，経済も成長していくでしょう．人々が将来をどのように予想するかによって，平均的な教育水準や所得が影響を受ける可能性があるのです．したがって，途上国にとって，教育への補助や公的教育の提供などの政府の支援策は必要ですが，それだけで国民の教育水準が高まるとは限りません．教育への支援策と併せて，以下に述べる**社会的基盤**を整備することで，人々が将来に確信を持てるようにすることが必要なのです．

4　泥棒と賄賂（レント・シーキング）

高度な教育を受け，才能にも恵まれた人々が，どのような活動を行うかも，人的資本と経済成長との関係に影響します．こうした人々の多くが，新技術の開発・導入などの生産活動に従事すれば，経済成長に貢献するでしょう．しか

し現実には，才能に恵まれた人々の多くが，たとえば，役人や政治家に働きかけて，自社あるいは自産業に有利な規制や保護をしてもらおうとしたり，逆に役人になって民間から便宜をはかってもらおうとしたり，濫りに訴訟を起こしたり，詐欺的な取引を考案・実行したりしています．これらの活動は，新たな富や付加価値を生み出す生産活動とは異なり，既存の富や付加価値を自分のものに横取りしようとするもので，**レント・シーキング**と呼ばれています．**レント**とは，既存の資産から得られる超過収益のことで，レント・シーキングはレントを追い求める活動という意味です．民間に対する規制や補助金は，役人や政治家が民間から便益を図ってもらった見返りに行われることがありますが，この場合，役人や政治家が，賄賂を求めてレント・シーキング活動を行い，企業は自らに有利な規制や補助を求めてレント・シーキング活動を行っています．賄賂だけでなく，政治家が，自らのファミリー・ビジネスに便宜を図る例は，世界中に見られます．なかには，ファミリー・ビジネスに利益をもたらすために政治家になる例もあるようです．

　高度な教育を受け，才能にも恵まれた人々のなかで，レント・シーキングに従事する人々の割合が高い経済では，持続的な成長は困難です．ハーバード大学のシュライファーたちは，大学生に占める工学部学生の割合が高い国ほど，その後の一人当たり実質GDP成長率が高く，逆に法学部学生の割合が高い国ほど，その後の一人当たり実質GDP成長率が低いことを見出しました[3]．工学部出身者は起業家などになり生産活動に従事するのに対し，法学部出身者は，弁護士などになりレント・シーキング活動に従事しやすいからだというのが彼らの解釈です．

　人々が生産活動に従事するか，レント・シーキング活動に従事するかは，どちらがより大きい個人的利益を生むかによります．社会的には，レント・シーキングは何も新たな価値を生み出さないので，新たな価値を生み出す生産活動のほうが便益が大きいのですが，個人的な利益は，社会的な便益とは必ずしも一致しません．たとえば，賄賂に弱い警察官が多い国では，泥棒をして，捕ま

---

3) Murphy, K.M., Shleifer, A., and Vishny, R.W.,1991. The allocation of talent: Implications for growth. *Quarterly Journal of Economics* 106(2), 503-530. 大学の学部別学生数の割合は1970年時点，一人当たり実質GDP成長率は1970-1985年平均．

えられそうになっても，賄賂を渡すことで，捕まえられずにすむかもしれません．こうした国では，まともに働いて稼ぐより，泥棒で稼ごうとする人が増えるでしょう．もちろん，泥棒は人の資産を取るだけで，新たな価値は何も生み出していません．それどころか，人々は泥棒に資産を取られないように，塀を高くしたり，見張りを置いたりしなければならなくなり，社会的には損失を被っています．逆に，賄賂を受け取らないクリーンで有能な警察官がいる国では，泥棒は儲からない職業なので，泥棒になろうという人は少なくなります．

5 所有権と社会的基盤

より多くの人々がレント・シーキングではなく生産活動に従事するようになるためには，どのような制度が必要なのでしょう？ このためには，レント・シーキングによる利益を減らし，個人的な利益と社会的な便益の乖離をなくすことが重要です．スタンフォード大学のホールとカリフォルニア大学バークレー校のジョーンズは，個人的な利益と社会の便益を一致させる制度・政策を**社会的基盤**と呼び，経済成長の重要な要素だと指摘しています．

社会的基盤とは，具体的にどのような制度なのでしょう？ まず，人々の財産がきちんと保護されること，つまり，**所有権の保護**が確立していることが重要です．上で述べた泥棒の例は極端ですが，実質的には泥棒と似たような行為によって，所有権が侵害されている例は枚挙に暇がありません．ソフトや音楽などの違法コピーや海賊版の販売は，知的所有権という所有権の侵害です．経営者が自社の製品や資産を家族や知人に安値で売ることは，会社，ひいては，株主に損害を与えていることになります．会計を粉飾し，株価を吊り上げることで株主から資金を調達しようとすることも，株主の資産を奪い取ることと同じです．銀行が土地を担保に取ってカネを貸した場合，借り手が返済できなくなると，銀行は土地を売却する権利を有するのですが，地上げ屋などがいて銀行による土地売却を邪魔することがあります．これは，銀行の権利が侵害されている例です．所有権の保護は，所有権にかかわる法制度はもちろん，賄賂に汚染されていない警察官，迅速で有能な裁判官，信頼に足る会計士などの人材に支えられてはじめて有効に機能します．

あからさまな違法行為を防ぐだけでなく，契約の履行が確保されるような**司法制度**も重要です．特に金融取引では，将来の返済を約束してもらっておカネを貸すわけですから，約束どおり返済をしてもらうことが重要なのは言うまでもありません．借り手が開き直って返済を渋ったときに，きちんと契約を履行させる強制力を裁判所が持っているかどうかが，金融取引が円滑に行われ，金融が発達する基盤となるのです．裁判所の力が弱く，借金を踏み倒す人が増え始めると，おカネを貸そうとする人も減るでしょうから，まじめに返すつもりの人も借りることができません．銀行が担保にとった土地を売却できない場合も，やはり金融の発達が阻害されます．途上国ではそもそも，農民が所有する土地の境界があいまいで，銀行が土地を担保にとれないために，農民への貸し出しが十分に行われないことも多いのです．こうした場合，せっかく斬新な技術やアイディアを持っている人も，資金を調達してビジネスを成功させることができなくなるでしょう．

　所有権は，個人・企業による収奪から財産を守ることだけを意味しません．それと同様，あるいはそれ以上に重要なことは，政府による収奪から民間の財産を守ることです．政府は，**超高率のインフレや課税**，**外国資産の没収**，**汚職**などによって，民間の資産を奪い取ることがあります．それは，個人の労働意欲や企業の投資意欲を阻害し，さらに，税金逃れのためのさまざまな活動を引き起こします．

　社会的基盤としては，所有権の保護のほかに，**政治的安定性**も重要です．政治が不安定になり政権が転覆すると，資産の収用が行われるリスクがあるからです．さらに，**自由貿易**の確保など，自由な経済活動を確保することも重要です．たとえば，貿易の開放度が低いほど，外国の技術知識を導入しにくいばかりでなく，関税や輸入割り当てや非関税障壁がレント・シーキング活動の収益を高めてしまうからです．

　南北朝鮮や東西ドイツは，もともと同じ国でしたが，分断によって，一方は**計画経済**で私有を認めない制度を選択し，他方は**市場経済**で私有を認める制度を選択しました．これらの国のその後の経済成長を比較すれば，所有権制度などの社会的基盤の違いが経済成長に及ぼす影響は明らかだと思われます．しかし，制度と経済成長との関係を数量的に分析しようとすると，いくつかの困難

に直面します．その一つは，所有権の保護の強さなどを正確に測ることは困難なことです．この点について，ホールとジョーンズは，世界127カ国について，社会的基盤の強さを近似する指標を作成しました．彼らはまず，①法秩序，②官僚機構の質，③汚職，④資産没収のリスク，⑤政府による契約履行拒否の5要素からなる政府の反レント・シーキング政策指標を作成しました[4]．また，貿易の開放度を示す指標として，貿易を開放してからの経過年数のデータも利用しています．ホールとジョーンズは，これらの指標を用いて，社会的基盤が強いほど，労働生産性が高くなる傾向にあり，社会的基盤の指標が各国間の労働生産性の違いのかなりの割合を説明できることを示しました．この結果は，社会的基盤が全要素生産性に重要な影響を及ぼしていることを示唆しています[5]．

6　歴史と政治体制

　国による社会的基盤の違いは何に起因しているのでしょうか？　ホールとジョーンズは，所有権の重要性は西欧が発見したものであり，西欧の影響を強く受けた国ほど，社会的基盤が強くなる傾向にあると主張しました．具体的には，西ヨーロッパ言語を母国語にしているかどうかという言語面での影響度合いと，赤道からの距離の遠さ（緯度）という地理的な類似性が社会的基盤に影響を与えたと考えたのです．後者については，緯度が高い地域ほど，西欧と気候や環境が類似しており，西欧人が移住しやすかったので，西欧の影響が強まったという考えに基づいています．実際，赤道に近い国ほど所得水準が低くなる傾向にあるので，この見方は一見もっともらしく見えます．しかし，マサチューセ

4）これらは，国際的投資家向けのリスク評価を専門にしている Political Risk Services 社が収集し，*International Country Risk Guide* に収録しているデータを基に作成されています．

5）ただし，彼らの結果には，所得水準の高い国ほど，社会的基盤も強固なものとなる傾向があるという逆の効果も含まれている可能性があるので，注意が必要です．この点については，Acemoglu, D., 2005. Constitutions, politics, and economics: A review essay on Persson and Tabellini's The Economic Effects of Constitutions. *Journal of Economic Literature* 53, 1025-1048 を参照してください．

ッツ工科大学のアセモグルたちは,西欧による影響は,植民地においてのみ強く見られるものであり,また,**植民地支配**が植民地の社会的基盤に及ぼした影響は一様ではなかったことを強調しています.アセモグルたちによれば,中央アメリカ,カリブ海諸国,南アジア,アフリカなど,マラリアや黄熱病などの伝染病が発生しやすく死亡率が高かった熱帯諸国と,アメリカ合衆国,カナダ,オーストラリア,ニュージーランドなど,疾病にかかりにくく死亡率が低かった温帯の諸国とでは,植民地支配の仕方が異なっていました.死亡率が高かった国では,ヨーロッパ人は移住できなかったので,原住民からできるだけ富を搾取しようとし,所有権の保護が弱く,政府による資産の没収が行われやすい社会的基盤を選択しました.他方,死亡率が低かった国では,ヨーロッパ人が移住できたので,彼ら自身が住む経済的環境をよくするために,所有権の保護が強く,政府による資産の没収が行われにくい社会的基盤を確立しました[6].また,アセモグルたちは,ヨーロッパ人が植民を始めた時点で経済が発達しておらず人口密度が低かった国のほうが移住しやすかったので,よりよい社会的基盤を確立したことも示しています[7].こうして,17世紀以降に築かれた社会的基盤が,現在にも影響を及ぼしているというのです.

　植民地支配の方法など,歴史的な経緯によって現在の社会的基盤が影響を受けているとしても,歴史がすべてを決めているわけではありません.所有権などの法制度は,政治的プロセスによって確立されるものなので,法制度を作り出す**政治体制**によって,社会的基盤の強さが異なることがあります.政治体制と社会的基盤,ひいては生産性との関係は,たとえば,独裁制のなかでも,経済的に成功した国もあれば,悲惨な状態の国もあるように,単純なものではありません.独裁制 vs. 民主制,大統領制 vs. 議院内閣制,多数決制 vs. 比例代表制など,政治体制と経済的成果との関わりについては,政治経済学の分野で活発な研究が行われています.

---

6) Acemoglu, D., Johnson, S., Robinson, J. A., 2001. The colonial origins of comparative development: An empirical investigation. *American Economic Review* 91(5), 1369-1401.

7) Acemoglu, D., Johnson, S., Robinson, J. A., 2002. Reversal of fortune: Geography and institutions in the making of the modern world income distribution. *Quarterly Journal of Economics* 117(4), 1231-1294 を参照してください.

図6 ●一人当たり所得に影響を及ぼす主な要因

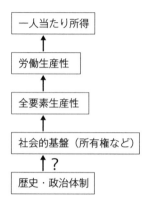

　第3，4章を通じて，国による所得格差や経済成長の問題について考えてきました．われわれはまず，一人当たり所得水準を向上させるためには，労働生産性を上昇させることが不可欠であること，次に，労働生産性を上昇させるためには，全要素生産性と呼ばれる経済の効率性を改善することが有益であること，さらに，経済の効率性を改善させるためには，所有権の確立や経済・貿易の自由化などの社会的基盤が重要であることを学びました（図6）．では，よい社会的基盤を作るために重要な政治体制はどのようなものか？　残念ながら，今のところ，この問いに対する答えを経済学者が十分に持ち合わせているわけではありません．生産性の要因を探るわれわれの探求は，これからも続きます．

COLUMN 1

資源の効率的配分と経済全体の生産性

このコラムでは，簡単な例を使って，企業間で資源が効率的に配分されることが経済全体の生産性の向上につながることを示します．

経済には，企業Aと企業Bの2企業だけが存在するとします．また，生産要素としては，資本だけを考えます．経済全体の資本量は，図7Aの横軸の幅OPで固定されているとします．企業Aの資本量K_Aは点Oを起点に右方向に測られており，その限界生産力が右下がりの曲線で示されています．右下がりに描いているのは，資本の限界生産力は逓減すると仮定しているからです．他方，企業Bの資本量K_Bは点Pを起点に左方向に測られており，その限界生産力が左下がりの曲線で示されています．左下がりなのは，やはり資本の限界生産力逓減の仮定を反映しています．企業Aと企業Bは生産性が異なるので，限界生産力曲線の高さも異なっています．

第3章数学付録(6)式で示したように，各企業は，資本の実質レンタル料と資本の限界生産力が等しくなるように，資本の需要量を決定します．では，企業Aと企業Bの資本の需要量の合計が経済全体の資本の量（供給量）OPと等しくなる均衡実質レンタル料はどの水準でしょうか？　それは，企業Aの限界生産力曲線と企業Bの限界生産力曲線が交わる点Eの高さです．なぜなら，このとき企業Aの資本の

図7A●生産量の合計がもっとも大きいケース

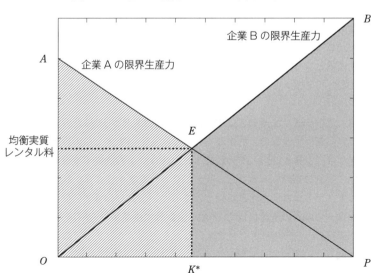

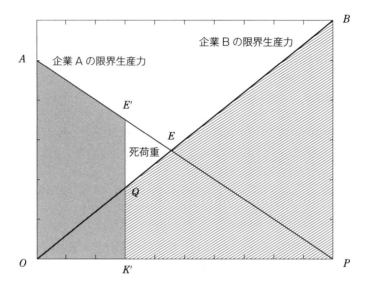

図7B●死荷重が発生するケース

需要量は OK^*, 企業Bの資本の需要量は PK^* で, 両者の合計は OP と等しくなるからです.

 このとき, 企業Aの生産量は, 限界生産力曲線の下の部分の面積 ($OAEK^*$) となります. なぜなら, 資本の限界生産力とは1単位資本を追加したときの生産の増加分なので, 資本がゼロから K^* まで増やした時の生産量の増加分は $OAEK^*$ となります. 資本がゼロのときの生産量はゼロだとすると, これは資本を OK^* 使った時の生産量となります. 同様に, 企業Bの生産量は限界生産力曲線の下の部分の面積 ($PBEK^*$) です. したがって, 両者の生産量の合計は, くさび形の斜線部 $OAEBP$ です.

 実は, この均衡, すなわち企業Aが OK^*, 企業Bが PK^* だけの資本を使用した場合に, 両者の生産量の合計が最も大きくなっています. この点を示したのが図7Bです. 今, 企業Aが何らかの理由(たとえば, 金融危機で資金を借りることができない, 政府の規制があるなど)で, OK' しか資本を使えない状況を考えてみます. 残りのすべての資本を企業Bが使うとすると, 企業Bの資本の使用量は PK' です. このとき, 企業Aの生産量は $OAE'K'$, 企業Bの生産量は $PBQK'$ なので, 両者の合計は斜線部分 $OAE'QBP$ となります. これを, 図7Aと比べてみると, 企業Aの生産量は減り, 企業Bの生産量は増えていますが, 両者の生産量の合計は, $E'QE$ の

図8 ●非効率な資源配分による製造業の生産性の低下
（効率的な配分が実現された場合＝1）

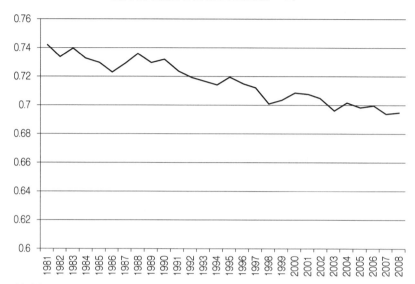

（出典）K. Hosono and M. Takizawa, "Misallocation and Establishment Dynamics," RIETI Discussion paper 15-E-011, 2015.

面積だけ減っています．これは，資本の配分が非効率になったために失われた生産量で，死荷重と呼ばれます．

図7Bでは，企業Aの資本の使用量が OK^* よりも減った場合を考えましたが，逆に企業Bの資本の使用量が PK^* よりも減った場合を考えても，やはり生産量の合計は図7Aの場合よりも減少し，死荷重が発生します．つまり，図7Aでの資本の配分（企業Aが OK^*，企業Bが PK^*）が，総生産量を最大にする配分です．経済全体では同じだけの生産要素（この例では資本）の量を使って，総生産量が最大になっているので，経済全体の生産性も図7Aが最大です．つまり，図7Bのような生産要素の配分から図7Aの生産要素の配分に移ることができれば，経済全体の生産性は向上します．

金融システムの安定・発展や規制緩和などは，労働や資本などの資源の配分を効率的にすることにより，経済全体の生産性を高めることに寄与すると考えられます．

では，実際にはどの程度の非効率な資源の配分が生じているのでしょうか？ 筆者は，東洋大学の滝澤美帆氏との共同研究で，日本の製造業の事業所レベルのデー

タを用い，一定の仮定のもとで，最も効率的な資源配分のもとでの生産量を1に基準化したときの現実の生産量を1981年から2008年までの各年について試算してみました（図8）．これによると，現実の製造業の生産量は最も効率的な資源配分のもとでの生産量のおよそ0.7から0.66程度（平均0.717）となっています．米国について同様の分析を行った研究[8]によると，米国の値は0.733（1977, 1987, 1997年の平均値）なので，日本よりも資源配分の効率性が高いことがわかります．こうした試算値に基づくと，日本が米国並みに資源配分の効率性を高めることができれば，生産性は6％ほど向上することになります．

COLUMN 2

人的資本と労働生産性

人的資本を考慮した生産関数を考えてみましょう．経済全体の人的資本量を H で表し，第3章と同様，物的資本の量を K，総労働時間を L，効率性水準を A，生産額（実質GDP）を Y で表すと，

(1) $Y = A \cdot F(K, H, L)$

と表せます．また，規模に対する収穫一定を仮定すると，労働生産性は，

(2) $\dfrac{Y}{L} = A \cdot F\left(\dfrac{K}{L}, \dfrac{H}{L}, 1\right)$

となりますから，労働生産性は，効率性水準 A，物的資本/労働比率（K/L），および，人的資本/労働比率（H/L）によって決定されることがわかります．人的資本/労働比率（H/L）は，労働者の平均的な人的資本を表しています．

ハーバード大学のマンキューたちは，所得のうち人的資本の蓄積に使われる割合の近似値として，生産年齢人口（15歳から64歳）のうち，中学・高校（secondary school）に通学する者の割合を用い，この指標を，投資率，人口成長率とあわせて用いると，労働者一人当たり産出量の国家間のばらつきの8割程度を説明できることを示しました[9]．

---

8) Hsieh, C., P. J. Klenow, 2009. Misallocation and Manufacturing TFP in China and India. *Quarterly Journal of Economics* 124(2): 1403-1448, 2009を参照してください．

9) Mankiw, N. G., Romer, D., and Weil, D., 1992. A contribution to the empirics of economic growth. *Quarterly Journal of Economics* 100, 225-251. なお，サンプルは1985年時点であり，産油国などは除かれている．

| COLUMN 3 |

ITの進展と無形資産

　1970年代以降の技術革新で最も大きなインパクトをもったのは，コンピュータやインターネットなどの情報通信技術（IT）です．実際，米国は1990年代以降，ITをてこに企業経営を効率化し，新しいサービス（オンラインショッピングやネットバンキングなど）を導入したことが，経済成長の大きな要因となりました．他方，日本では，情報通信機械やソフトウェアなどのIT技術自体は遅れをとらなかったものの，それらの利用が必ずしも経済成長にはつながりませんでした．ITが生産性を高めるためには，IT分野での技術進歩だけではなく，それらを利用するさまざまな産業で，IT分野への投資を増やし，またビジネスの仕方を変えなくてはいけません．企業における意思決定の迅速化や企業間取引関係の見直しなど，ITを利用してビジネスモデルを変革しないと生産性を上昇させることは困難です．ITの利用という面で，日本は大きな遅れをとったようです．特に，サービス業ではITが生産性の向上にほとんど寄与していませんでした[10]．この背景には，年功序列的な職場環境のもとで，高齢の労働者が重要な意思決定をしているために，新しい技術に対応した変革が遅れがちであったことや，80年代の成功体験からの脱却に時間がかかったことなどが影響したようです．また，銀行も政府も既存の大企業やそこで働いている正社員を守ろうとしたために，新しいアイディアを持った起業家が育たなかった面もあります．こうして，ITを利用して企業経営を効率化したり新しいサービスを生み出すことが米国ほどうまくいかなかったことが，「失われた20年」と呼ばれる1990年代から2000年代にかけての長期停滞の一因になりました．

　こうした現実を踏まえ，1990年代以降，先進諸国やアジア諸国などで「無形資産」を計測し，その経済成長における役割を明らかにする研究が盛んに行われるようになっています．無形資産とは，ソフトウェア，研究開発，ブランド，組織改編，従業員の教育訓練などです．これらは，通常企業のバランスシート（貸借対照表）や国の統計の資本ストックには計上されませんが，企業が費用をかけて蓄積し，企業収益の源泉となるものです．その意味で，物的資本や人的資本と同様に，資本ストックの一部とみなすことができます．

　日本の2010年時点の無形資産への投資額は42.3兆円，無形資産ストック額は177.6兆円と推定されています（いずれも2000年価格の実質値）[11]．

---

10) サービス産業の生産性については，森川正之（2014）『サービス産業の生産性分析―ミクロデータによる実証―』日本評論社を参照してください．
11) 経済産業研究所（RIETI）JIPデータベース2015.

COLUMN 4

知識による経済成長の理論

　本章でみたように，全要素生産性は技術，知識，教育，資源配分の効率性など様々な要因によって変化します．このCOLUMNでは，特に技術・知識に焦点を絞って，その蓄積がどのように経済成長に影響するかを，理論モデルを使って考えてみましょう．まず，第3章のCOLUMN 1で紹介したソローの経済成長モデルに技術進歩を取り入れます．次に，技術知識が新しく生まれる過程を理論モデルに取り込みます．前者は，技術知識をいわば「天からの恵み」として，理論の外から与えられるもの（外生変数）として考えるのに対し，後者では，技術知識の水準や伸び率が理論によって決定されるもの（内生変数）となっており，経済成長率が内生的に決定される，内生的成長モデルの一つです．

A．ソローの経済成長モデル

　労働 L_t と資本 K_t をインプットとし，産出 Y_t を生産する生産関数を考えます．ここで，添え字 t は期を示します．この生産関数は，収穫一定で，労働と資本に関して限界生産力が逓減します．具体的には，コブ・ダグラス型と呼ばれる，

(3) 　$Y_t = K_t^\alpha (A_t L_t)^{1-\alpha}, \quad 0 < \alpha < 1$

の生産関数を仮定します．ここで，A_t は技術知識の水準を示します（$A_t^{1-\alpha}$ が全要素生産性です）．例えば A_t が 2 倍になれば，労働量 L_t が一定でも，あたかも労働量が 2 倍になったのと同じだけ生産量が増えるので，$A_t L_t$ は「効率単位で測った労働」あるいは単に「効率労働」と呼ばれます．そこで，(3)式の両辺を $A_t L_t$ で割り，$\tilde{y}_t = \dfrac{Y_t}{A_t L_t}, \; \tilde{k}_t = \dfrac{K_t}{A_t L_t}$ と定義すると，(3)式は

(4) 　$\tilde{y}_t = \tilde{k}_t^\alpha$

と書き換えることができます．

　他方，資本ストックの蓄積は，貯蓄率を s で一定だと仮定すると，第3章のCOLUMN 1(12)式と同じく，

(5) 　$K_t = sY_t + (1-\delta)K_{t-1}$

です．ここで，技術進歩率 $\dfrac{A_t - A_{t-1}}{A_{t-1}}$，人口伸び率がともに一定だと仮定し，それぞれ g_A，n で表すこととします．このとき，減価償却率を δ とし，(5)式を効率労働

図9 ● 技術進歩を考慮したソローの経済成長モデル

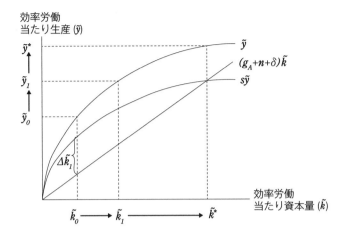

単位当たりの資本と生産に書き直すと,

(6)　$\tilde{k}_t - \tilde{k}_{t-1} = s\tilde{y}_t - (g_A + n + \delta)\tilde{k}_{t-1}$

と書くことができます．図9は,(4)式と(6)式を描いています．第3章図7と似ていますが,横軸,縦軸はそれぞれ,効率単位で測った資本と生産です．仮に経済が$\tilde{k}_0$からスタートすると,当初$\tilde{k}_t$は増加しますが,やがて$\tilde{k}^*$で増加が止まります．この定常状態では,$\tilde{y}_t$も$\tilde{y}^*$で一定になります．効率労働単位で測った資本や労働が一定ということは,効率労働$A_t L_t$で割る前の資本K_tや生産Y_tは効率労働の増加率$n + g_A$で増えていることを意味します．資本も生産も,さらに（貯蓄率が一定なので）消費もすべて同じ率で増えているので,この定常状態は,均斉成長(balanced growth)経路にあると言われます．均斉成長経路上では,一人当たり所得$\dfrac{Y_t}{L_t}$は技術進歩率g_Aで増えています．

B．知識の生産による経済成長モデル[12]

次に,世界で技術知識が生み出される過程を上のモデルに組み込んでみましょう．

---

12) Romer, P.M., 1990. Endogenous Technological Change. *Journal of Political Economy* 98, S71-S102.および Jones, C.I., 1995. R&D-Based Models of Economic Growth. *Journal of Political Economy* 103, 759-784.を参照してください．また,日本語による文献としては,チャールズ I. ジョーンズ（1999）『経済成長理論入門―新古典派から内生的成長理論へ―』日本経済新聞社も有益です．

新しく生み出される知識の量は，これまでに蓄積された知識の量と，新しい知識の発見のために研究開発に従事している人々の数によって決まると考えられます．まず，これまでの知識の蓄積は，新しい知識の発見に正負双方の影響をもたらします．人類が比較的簡単な知識から順に発見しているのだとしたら，既に多くの知識が発見されていれば，新たな知識の発見はより困難になります（負の外部効果）．他方，過去の知識が，新しい知識の発見を容易にすることもあります（正の外部効果）．例えば，基礎科学分野（新しい物理法則など）の発見が，多くの応用科学の発展を容易にする場合がこれに該当します．次に，知識の発見に従事している人の数が多ければ多いほど，新しい知識の発見は容易になると考えられます．ただし，大勢の人々が研究開発に従事すれば，同じテーマに複数の人が取り組むなど，努力の重複が生じるため，研究開発者の数が増えるほどには新しい知識量は増えないかもしれません．

以上を勘案すると，t期に存在する知識量をA_t，研究開発に従事する人の数を$L_{A,t}$で表すと，t期に新しく生み出される知識量$A_{t+1} - A_t$は，一般的には，A_tと$L_{A,t}$によって決まると考えられます．ここでは，以下の単純なケースを考えてみましょう．具体的には，

(7) $A_{t+1} - A_t = aL_{A,t}, \quad a > 0$

と仮定します．ここで，正の定数aは，一人の研究者がt期に知識を1単位生み出す確率です．右辺にA_tが現れないのは，この単純なケースでは，過去の知識が新しい知識の発見を困難にする効果（負の外部効果）と，過去の知識が新しい知識の発見を容易にする効果（正の外部効果）がちょうど打ち消しあっている状態を仮定していることによります．また，新しく生み出される知識量が$L_{A,t}$に比例しているのは，研究開発努力の重複がないと仮定していることを示しています．

生産活動に従事する労働者の数を$L_{Y,t}$，資本をK_t，産出をY_tで表すと，生産関数は

(8) $Y_t = K_t^\alpha (A_t L_{Y,t})^{1-\alpha}$

と表すことができます．(8)式は，労働と資本だけをインプットと考えれば収穫一定ですが，知識も生産要素と考えれば，収穫逓増です（労働と資本と知識をすべて2倍すれば，生産は2倍以上に増えます）．この点が，全要素生産性を外生変数とみなすソローの経済成長モデルとの違いです．

人口成長率はnで一定だと仮定します．総人口をL_tで表すと，人々は生産か研究開発のいずれかの活動に従事しているので，

(9) $L_t = L_{A,t} + L_{Y,t}$

です．

　K_t, Y_t, A_tがそれぞれ一定の成長率で成長する均斉成長上の経路を考えてみましょう（実際，ソローの経済成長モデルと同様に，この経済はやがて均斉成長の定常状態に達します）．まず，(9)式は，均斉成長上では，L_AとL_Yはいずれも人口成長率nと等しい伸び率で増え，両者の比率は一定になることを示しています．もしどちらかの伸び率がnよりも大きければ，いずれもう一方がゼロになってしまいますが，そんなことはあり得ません．(7)式の両辺をA_tで割ると，

(10) $\dfrac{A_{t+1} - A_t}{A_t} = a \dfrac{L_{A,t}}{A_t}$

です．(10)式の左辺は，知識の成長率を示しており，これをg_Aと置くことにすると，均斉成長上では，g_Aは時間を通じて一定です．他方，L_Aの成長率はnなので，(10)式右辺の分子はnの伸び率で増え，分母はg_Aの伸び率で増えることを示しています．したがって，右辺が時間を通じて一定であるためには，

(11) $g_A = n$

が成り立つ必要があります．技術知識A_tがg_Aの率で伸びれば，ソローの経済成長モデルと同じように，均斉成長経路上では，一人当たり所得もg_Aの率で増加します．ただし，ソローモデルでは，技術進歩は人口成長率などとは無関係に外生的に決まっていたのに対し，知識生産を内生化したこのモデルでは，(11)式が示しているように，技術進歩率が人口成長率に応じて変化します．

　(11)式は，人口成長率nが大きいほど，技術進歩率が高く，したがって一人当たり所得の伸び率も高いことを示しています．これは，人口成長率が高いほどより多くの研究者が知識の発見に従事し，その結果，技術知識が次々と生み出されることを反映しています．仮に世界の人口成長率がゼロになれば，やがて知識の伸び率，したがって一人当たり所得の伸び率は，ゼロになります．

　(7)式に代えて，過去の知識が新しい知識の発見を容易にする効果（正の外部効果）が強い場合，たとえば，

(12) $A_{t+1} - A_t = a L_{A,t} A_t$

を仮定すると，

(13) $\dfrac{A_{t+1} - A_t}{A_t} = a L_{A,t}$

となるので，左辺の技術進歩率g_Aは，右辺の研究開発に従事する人の数L_{At}が多いほど高くなります．また，仮に世界の人口成長率がゼロで，L_{At}が一定でも，技術進歩率g_Aは正となり，一人当たり所得は増え続けます．ただし，現実には，知識の外部効果はこれほど強くないと考えられています．

以上，知識の生産に関して，単純な例を見てきましたが，一般的には，世界の人口成長率が高いほど，過去の知識が新しい知識の発見を容易にする効果が強く，また，研究の重複の程度が少ないほど，一人当たり所得の伸び率は高くなります．

● 練習問題

問1　感染症の治療に役立つ薬を途上国の多くの人々が使えるようにするために，製薬会社は治療薬の販売価格を引き下げるべきだという意見があります．仮に政府が薬の価格を低く規制した場合の，社会にとってのメリットとデメリットを述べなさい．

問2　ある国（X国）の経済はA産業とB産業からなり，A産業の全要素生産性は2，B産業の全要素生産性は1です．昨年の両産業の付加価値は同じでしたが，今年はA産業の付加価値が6％伸びたのに対し，B産業の付加価値は0％の伸びでした．
(1)　昨年の経済全体での平均的な全要素生産性の水準を求めなさい．
(2)　今年の経済全体での平均的な全要素生産性の水準を求めなさい．
(3)　今年の経済全体での平均的な全要素生産性は，昨年に比べて何％伸びましたか？

問3　別の国（Y国）の経済も，A産業とB産業からなり，A産業の全要素生産性は2，B産業の全要素生産性は1です．昨年の両産業の付加価値は同じでしたが，今年はA産業の付加価値，B産業の付加価値ともに3％伸びました．今年の経済全体での平均的な全要素生産性は，昨年に比べて何％伸びましたか？　Y国の経済全体の全要素生産性の伸び率をX国と比較して，なぜ高い（あるいは低い）のか，その理由を述べなさい．

問4　社会的基盤の定義と，具体的な内容を述べなさい．

問5 国連では，一人当たりの国民総所得（GNIの3年平均）が一定（2015年では1035米ドル）以下などの基準に基づいて，「後発開発途上国」（Least Developed Countries: LDCs）を定義しています．後発開発途上国のなかから一つ選び，その政治・経済状況を調べ，貧困の原因と，貧困から脱却するための対策を考えなさい．

第5章 金融システムの機能

　銀行や株式市場は，おカネを経済の隅々にまで運ぶ，いわば血管のような働きをしています．血液がさらさらと流れれば健康な体でいられるように，こうした金融の仕組みがよく機能していると，経済は発展します．逆に，血液がどろどろで詰まってしまうと動脈硬化になるように，金融危機が起こっておカネが円滑に流れないと，経済は停滞してしまいます．今回は，金融の仕組みが果たしている役割について学びます．

1　金融システムとは

　住宅を買おうとする個人や，設備投資を行おうとする企業の多くは，自分が持っている資金だけでは足りません．一方，老後や病気に備えておカネを貯めておきたい個人もいます．金融システムとは，貯蓄をする人（**貯蓄家**）から**借り手**に資金を運ぶ仕組みのことです．資金を運ぶルートとしては，大きく分けて二通りあります．ひとつは，株式市場や債券市場など，貯蓄家から借り手に直接資金が流れるルートで，もうひとつは，銀行や投資信託など，貯蓄家と借り手の間に仲介者がいるルートです（図1）．

①**株式市場**

　毎日の株価ニュースで，東京証券取引所などの株式市場は馴染みの深いものだと思います．**株式**とは，企業の利益を配当として受け取ることのできる権利で，株式を売買しているのが株式市場です．株式市場では，普段は投資家どうしで株式の売買が行われており，株の売り注文と買い注文がちょうどつりあう

図1 ●金融システム

ように，株価が決まっています（これを，**流通市場**と呼びます）．個別企業の株価の平均が，日経平均やTOPIXと呼ばれる株価指数です．株式市場では，企業が新たに株式を発行して，広く投資家から資金を調達することもあります（**発行市場**と呼びます）．株式を発行して資金を調達した企業は，利益が出れば，それに応じて配当を株主に支払います．利益が見込める企業の株式は購入したい人が増えるので，株価は高くなります．

②債券市場

債券には，企業が発行する**社債**や，国が発行する**国債**などがあります．債券の発行市場において，企業や国は資金を調達するために社債や国債を発行し，投資家が購入します．また，債券の流通市場では投資家どうしが債券を売買しています．

債券を発行して資金を調達した企業や国は，あらかじめ決められた日（満期日）に，決められた額（元本と利息）を投資家に返済します．満期日以前の決められた日にも利息を支払うことを約束している債券もあります．債券の価格は，**金利**の動向に左右されます．満期日（及び利払いの日）に受け取る金額があらかじめ決まっている債券[1]の場合，金利が高いときは，安い値段で債券を買わないと，他の金融資産に比べて投資家は損をします．逆に，金利が低いときは，多少高い値段で債券を買っても損はしません．したがって，金利と債券

---

1) 受け取る金額があらかじめ決まっている債券とは，満期日に元本だけが支払われる債券（**割引債**）や，あらかじめ決まった額の利息と元本が支払われる債券（**固定金利の利付債**）のことで，受け取る利息額が金利に応じて変動する債券（**変動金利の利付債**）は除きます．

価格は，反対に動きます．

③銀行

銀行は預金者から預金を受け入れ，その資金を企業や家計に貸し出します．銀行は，借入を申し込みに来た企業や家計を審査して，金利，貸出額，担保（借り手が資金を返済できなかった場合に，代わりに差し出すもの．土地や預金などが担保となることが多い．）などの貸出条件を決めます．預金者は，銀行に普通預金などの預金をすると，いつでも引き出して現金に換えることができます．

④投資信託

投資信託とは，多くの人々から小口の資金を集め，それをまとめて，株式や債券などに運用し，収益がでれば資金を出した人々に分配する仕組みです．小額の資金しか持たない個人は，1人でさまざまな株や債券を購入することはできませんが，投資信託を利用することで，多種多様な株式や債券から収益を得ることができます．

2 金融システムの三つの機能

資金の移動には，単純にモノを運ぶ場合と異なり，貸したおカネが返ってこないリスクがあるなど，さまざまな問題が発生しがちです．金融システムは，こうした問題を処理し軽減することで，資金の移動が円滑に行われるように機能しています．

①リスク分散

銀行からお金を借りようとする企業は，1年後や5年後といった将来に返済することを約束して，お金を借ります．しかし実際には，1年後や5年後にこの企業が本当にお金を返してくれるかどうか，確実ではありません．つまり，銀行は，約束どおりに返済してくれない危険（**債務不履行のリスク**）を負っています．返済が滞ってしまった貸出などの債権は，**不良債権**と呼ばれます．配当や値上がり益を期待して株式を購入した投資家は，必ずしも期待どおり配当や値上がり益が得られるとは限りません．投資家は，株価変動などのリスクを負っています．

表1 ●分散投資の例

	A株	B株
気温高い	60	45
気温低い	40	55
平均	50	50

	①A株×2	②B株×2	③A株×1,B株×1
気温高い	120	90	105
気温低い	80	110	95
平均	100	100	100

①A株を2株，②B株を2株，③A株とB株を1株ずつだけを購入する，という三つの投資戦略を考える．いずれも，平均的な収益は100で同じであるが，リスクは異なる．③の投資戦略が最悪でも95なので，最もリスクが小さい．

　誰しも，できればより多くの収益を，できるだけ少ないリスクで得たいと思っています．金融取引は，現在から将来にわたる取引なので，必ずリスクを伴いますが，金融システムには，リスクをできるだけ少なくできる仕組みが備わっています．

　まず，株式投資の場合を例にとって説明しましょう（表1）．今，80万円を持っている投資家がいるとします．株式市場には，A株とB株が上場されていて，株価はともに40万円です．企業Aは，クーラーを作っている会社で，年間の平均気温が高ければ収益が高まり，1年後の株価は60万円になりますが，平均気温が低ければ，1年後の株価は40万円になるとします．他方，企業Bは暖房器具を作っている会社で，年間平均気温が低ければ収益が高まり，1年後の株価は55万円になりますが，平均気温が高ければ，1年後の株価は45万円になります．投資家には，①A株を2株購入，②B株を2株購入，③A株，B株を1株ずつ購入，という三つの選択肢があります．平均気温が高くなる確率と低くなる確率は，ともに1/2だとしましょう．このとき，いずれの選択肢も，1年後に持っている株を売却したときに得られる金額は，平均的には100万円です．しかし，リスクは選択肢によって異なります．選択肢①（A株を2株購入）の場合は，最悪80万円しか手に入れることができませんし，選択肢②（B株を2株購入）の場合は，最悪90万円しか手に入れることができません．しか

し，選択肢③（A 1株，B 1株購入）の場合，最悪でも95万円は手に入れることができます．つまり，選択肢③が最もリスクが低いといえます．できるだけ多くの株式を購入することで，リスクを軽減できるのです．これを，**リスク分散**と呼びます．株式市場は，投資家にリスク分散の機会を与えています．実際に，株式を購入しようとすると1株（あるいは1売買単位）当たり数十万円かかることが多いので，小額しか持たない個人が多くの株に分散して投資することは困難です．投資信託は，多くの個人から小額ずつ資金を集めて，株式や債券に分散投資する仕組みです．

　銀行も，預金者から集めた資金を，多数の借り手に貸し出すことで，リスクを分散しています．貸し出すときに，どの借り手が返済できなくなるか，完全に予想することは困難です．しかし，過去のデータなどから，多くの借り手に小額ずつ貸し出していれば，全体の何％程度が返済できなくなるかを予想することは可能ですから，債務不履行による損失はほぼ確定します．したがって，その分を初めから貸出金利に上乗せしておけば，銀行の収益は安定します．他方，少数の借り手に対し，一人当たり多額の資金を貸し出していると，そのなかの数人が返済困難になっただけで，たちまち銀行は大きな損失を被ってしまいます．たとえば，さいころを振ったときに「1」が出る確率は1/6ですが，実際に6回振ったときに，「1」が2回でることもあります．しかし，6万回振ったときに「1」が出る回数はほぼ1万回で，「1」が2万回も出ることはありません（これを，**大数の法則**と呼びます）．「1回さいころを振る」ことを「1人の人に貸し出す」ことに置き換え，「「1」が出る」というのを，「借り手が返済困難に陥る」と置き換えれば，より多くの借り手に小額ずつ資金を貸し出すことのメリットがわかると思います．

　多くの銘柄の株式を購入したり，多くの企業に貸し出しを行うことで，リスクのかなりの部分は分散できますが，それでも**分散できないリスク**もあります．例えば，日本経済全体が不況に陥った場合には，どの企業も多かれ少なかれ収益が悪化します．そうしたマクロ経済全体に共通のショックは分散化できません．分散化できるのは，各企業に固有のリスクのみです．90年代初頭の日本のように，不況や地価の下落などの深刻な共通ショックが発生すると，分散投資をしていた投資家も損失を被りますし，銀行も，多くの企業が借金の返済が困

難となるので，多額の不良債権を抱えることになります．

②情報生産

もしあなたが知らない人に，「おカネを10万円貸してくれ．1カ月後に2倍にして返すから．」と頼まれても，よほどのことがない限り，その人におカネを貸すことはないでしょう．1カ月の間にどこかに雲隠れしてしまうかもしれませんし，居場所はわかっていても，1カ月後にはお金を持っていなくて，返せないかもしれません．金融取引では，借り手の返済能力（**信用力**と呼びます）や収益力に関する十分な情報を貸し手が持っていないことがしばしばあります．これを**情報の非対称性**（借り手は自分のことをよく知っているが，貸し手は借り手のことを知らないという意味で，情報が対称的でないこと）と呼びます．

情報の非対称性が深刻な場合，いくら金利が高くても貸さないということ（**信用割当**と呼ばれます）があります．借り手の信用力がわからない場合，単に金利を引き上げても，問題は解決しません．それどころか，高い金利に応じる借り手は，むしろ債務不履行のリスクが高い人だけでしょう．なぜなら，きちんと返済する自信のある人は，あまり高い金利を支払うことは損だと思って借入の申し込みをしないのに対し，たぶん返せっこないと思っている人は，高い金利でもとにかくおカネを借りてしまえば得だと思っているからです（これは，**逆選択**と呼ばれます）．また，貸し手が借り手の行動を監視できない場合も，金利の引き上げは，問題をより深刻にします．借り手が借りたお金で実施したプロジェクトが失敗して，約束した額を返済できない場合，借り手に残った資産はすべて貸し手に持っていかれるので，借り手の資産はゼロになりますが，マイナスにはなりません（このことを**有限責任制**と呼びます）．他方，プロジェクトが成功した場合は，約束した額を返済した残りはすべて借り手のものになります．そこで，金利が高く，返済額が多くなるほど，借り手は失敗したときの損失よりも，成功したときの収益により強く関心をもつようになります．この結果，「いちかばちか」のリスクが高いプロジェクトを選択しようとするのです（これは，**モラル・ハザード**と呼ばれます．COLUMN 1 を参照してください）．

よく発達した金融システムでは，こうした情報の非対称性を克服し，貸し手

が借り手の情報を入手できる仕組みが備わっています．

　株式市場では，多くの人々が売買取引に参加します．人々は，公開されている現在の収益，資産，新製品などに関する情報に基づいて，企業の将来性を判断しています．ある人は，この企業は収益が増えるだろうと思い，その企業の株を買います．同じ企業であっても，別の人は，収益が減るだろうと思い，その企業の株を売ります．この結果，多くの人が将来にわたって高い収益が期待できると考える企業の株は人気が出て株価が上がり，逆に収益があまり期待できないと考えられる企業の株価は下がります．このように，公開情報を基に行った多くの人の判断の結果が，株価に集約されているのです．したがって，逆に株価を見ることで，人々が平均的にどのように将来収益を予想しているかがわかります．多くの人々が売買できる株式市場は，株価を通じて，企業収益に関する情報を発信しているとも言えます．そして，人々の予想が誤った情報に基づいて行われないように，企業の資産状況や収益状況を示す財務諸表に関する会計基準やディスクロージャー基準が定められており，これに反する行為（粉飾決算や情報の秘匿，内部情報による取引（**インサイダー取引**）など）に対して，厳しい処罰が行われているのです．

　社債などの債券市場においても，返済が確実な企業の債券は人気が出て，高値で売買されますし，逆に返済が行われない（債務不履行）リスクが高い企業の債券は，安値で売買されます．こうして，債券市場は，債券価格を通じて，債務不履行リスクに関する情報を発信しています．債券市場では，債務不履行のリスクを AAA や BB などのわかりやすい記号で示す**格付け**が専門の格付け機関によって行われているので，投資家は，財務諸表などのほかに，格付けも参考にしながら，債券取引を行っています．

　銀行は，企業や家計が借入を申し込みに来ると，借り手の資産や収入の状況，担保の有無，これまでの返済記録などについて審査を行い，審査結果に基づいて，融資実行の可否，実行する場合の条件（金利，担保など）を決定します．株式市場や債券市場では，多数の投資家の予想が株価や債券価格といった公開情報に集約されるのに対し，銀行の場合は，審査結果は公表されず，銀行自身が融資判断に活用しています[2]．

③流動性

　我々は，病気や怪我をした場合や，失業した場合など，思いがけずおカネが必要になることがあります．そのとき，たとえ瀟洒な家に住み，高価な骨董品を持っていたとしても，家や骨董品の買い手がすぐに見つかるかどうかわかりません．急いで売ろうとすると，本来の価格より相当値引きをしたり，高い販売手数料を支払わざるを得ないでしょう．ある資産を売りたいときに，容易に売れて現金を手に入れることができる場合，その資産は**流動性**が高いと言います．家や骨董品は，すぐには売却できないので，流動性が低い資産だと言えます．

　家や骨董品と異なり，上場企業の株式や債券の場合，市場が開いている時間であれば，一定の手数料はかかりますが，通常，電話やネットを使ってすぐに売却できます．株式市場や債券市場は，多くの人々の売買注文を集中させることで，株式や債券の流動性を高める機能を果たしています．

　銀行の場合，当座預金や普通預金は，ATM が稼動している時間帯であれば，いつでも現金を引き出すことができます（時間帯によっては，手数料がかかりますが）．普通預金などの銀行預金は，現金に次いで，流動性が高い資産だと言えるでしょう．

　銀行は，どのようにして，いつでも我々の預金引き出しに応じることができるのでしょうか？　我々が銀行に預けた預金のうち，実際に銀行の金庫や ATM の中に保管されているのは，ごく一部です．残りのおカネは，企業や家計に貸し出されています．にもかかわらず，我々は，いつでも ATM に行けば自分の預金を引き出せます．なぜでしょう？　各個人としては，預金を引き出す日が決まっていなくて，まったくランダム（でたらめ）であっても，一日に，ある銀行から引き出される預金の総額はだいたい決まっており，それは，預金総額の一部に過ぎません．例えば，個人が預金を引き出しに行く確率が 1/10 だとすると（つまり，平均的には，10日に一度 ATM に立ち寄る），誰が

2）最近では，複数の銀行が同一の融資条件で融資する協調融資（シンジケート・ローン）や貸出債権の売買が行われていますが，こうした場合は，審査を行った銀行が得た情報が他の金融機関（シンジケート・ローンの参加金融機関や貸出債権の買い手）に共有されています．

引き出しに来るかは予想できなくても,引き出しに来る人数は預金者全体の1割だということがわかります.したがって,預金のおよそ1割だけを現金として銀行内に保管し,残りの9割は貸出にまわしても,個人の預金引き出しに応じることができるのです.これは,リスク分散の節で述べた,大数の法則と同じ原理です.

3 金融危機

　平時において,うまく機能している金融システムが突如うまく機能を果たせなくなることがあります.例えば,ライブドアの堀江社長(当時)が逮捕されたとき,ライブドア株を持っていた投資家は,いっせいに株を売ろうとしたため,誰も買い手がおらず,しばらくの間,売買取引が成立しませんでした.平常時には,株式は流動性の高い資産なのですが,投資家がパニック的にいっせいに売り注文を出すと,売るに売れないという意味で,流動性が低下してしまうことがあります.こうしたことが上場株式のほとんどの株式で生じると,株式の大暴落という**金融危機**が起こります.こうした大暴落の例としては,ニューヨーク株式市場の「暗黒の木曜日」(1929年10月24日)や「ブラック・マンデー」(1987年10月19日)が有名です.

　銀行預金の場合も,預金者がいっせいに預金を引き出そうとすると,銀行にはそれだけの現金がないので,預金の引き出しに応じられなくなります.これが,**銀行危機**と呼ばれるもので,多くの国が経験しています.「火の無いところに煙は立たない」ように,取り付け騒ぎ(バンクランと呼ばれます)が起こるのは,多くの場合,その銀行の不良債権が増えるなど,預金の引き出しに応じることが困難になってしまっているからです.慎重な審査や十分なリスク分散をせず,危険な融資を行った銀行が預金を失い,破綻に追い込まれるというのは,必ずしも悪いことではありません.なぜなら,銀行経営者に,そうならないよう健全な融資を行おうとする強いインセンティブ(意欲)を持たせる効果があるからです.

　しかし,一時的,あるいは局所的に,ある銀行の経営悪化が預金者の不安心理を高めて他の健全な銀行の預金の引き出しに向かわせることもあります.そ

うなれば,多くの銀行が貸出先から資金の回収に走るので,借り手は投資プロジェクトをあきらめざるを得ず,経済に深刻な悪影響を及ぼします.金融危機や銀行危機が生じると,金融システムが平時において果たしている3つの機能(リスク分散,情報生産,流動性)が働かなくなり,その結果,貯蓄家から借り手へと資金がスムーズに流れなくなるのです.

日本を含め多くの国では,銀行危機を防ぐために,**預金保険**という仕組みを整備して,銀行預金の全額あるいは一部に,政府の保証を付けています.また,実際に金融危機や銀行危機が起こったときには,中央銀行(日本では日本銀行)が銀行に現金を貸し出すことで騒ぎを収めることもあります(中央銀行の**最後の貸し手**機能と呼ばれます).他方,手厚い預金保険が整備されると,銀行は十分なリスク分散をせず,危険な融資を行っても預金が集まってくるので,健全な経営をしようとする意欲が阻害されるという弊害,つまり銀行によるモラル・ハザードの問題が生じます.こうした弊害をできるだけ少なくしつつ,パニック的な取り付け騒ぎを防ぐために,政府は,銀行に十分な**自己資本**(預金などのように返済する義務のある負債ではなく,株式を発行して得た資金やこれまでの利益の積立金など)を積むよう規制するとともに,預金の保証を限定的にしたり,銀行の会計基準やディスクロージャーを強化することで,預金者やその他の債権者が銀行を選別できるような工夫をしています.

4 金融システムと経済成長

世の中には,おカネはないが,いいビジネスのアイディアを持っている人もいれば,おカネは豊富にもっているが,特にいいアイディアのない人もいます.後者の人から前者の人にスムーズに資金が移動すれば,前者の人のビジネスが実現し,経済は成長します.株式市場であれ銀行であれ,金融システムの発展は,リスク分散,流動性,情報生産の三つの機能を果たすことで,資金のスムーズな流れを可能にし,その結果,経済成長を促します.実際,世界各国のデータによって,金融システムと経済成長との関係が確認されています[3].

---

3) 例えば,King, R. and Levine, R. (1993), "Finance and Growth: Schumpeter might be right." *Quarterly Journal of Economics* 108, 717-737. を参照してください.

第 5 章　金融システムの機能

図 2 ● 家計の資産構成（2015年 3 月末）

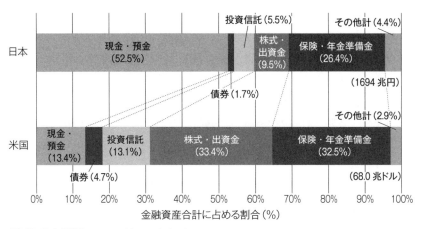

（出典）日本銀行ホームページ www.boj.or.jp
（注）「その他計」は，金融資産合計から，「現金・預金」，「債券」，「投資信託」，「株式・出資金」，「保険・年金準備金」を控除した残差．

　伝統的には，アメリカやイギリスは株式市場中心の金融システム，日本やドイツは銀行中心の金融システムと呼ばれてきました．例えば，図 2 は，日本とアメリカの家計の資産構成（2015年 3 月末）を比較したものですが，日本では，約1700兆円の金融資産のうち，52.5％が現金・預金であるのに対し，株式・出資金は9.5％，投資信託は5.5％にとどまっています．これに対しアメリカでは，現金・預金はわずか13.4％で，株式・出資金が33.4％，投資信託が13.1％となっています．最近では，日本やドイツも株式市場の存在感が増してきていますが，株式市場中心の金融システムと銀行中心の金融システムで，経済成長に及ぼす影響は異なるのでしょうか？

　株式市場の場合，大多数の人が取引に参加しているので，透明性や情報公開が重視されます．他方，銀行の場合は，企業との一対一の取引関係（相対＜あいたい＞取引）のなかで，銀行が融資審査を通じて私的に借り手企業の情報を生産します．こうした**情報生産**の違い（公的な情報と私的な情報）には，それぞれ一長一短があります．

　まず，銀行の場合，長年取引をしている借り手企業が一時的な資金不足に陥ってしまった場合でも，銀行がこれまで蓄積した情報を基に，臨機応変に貸し

101

出しを行って,企業の窮地を救うことが可能です.これに対し,株式市場では新たに株式を発行して資金を調達しようとしても,情報公開などの手続きに時間がかかってしまうので,臨機応変に資金を調達することは困難です.しかし,すぐに資金が借りられるという銀行融資のメリットは,経営者の甘えにつながることがあります.また,一時的な資金不足ではなく,恒常的に赤字を出し続けており,回復の見込みの薄い企業に対しても安易に貸し出しが行われる危険があります.実際,日本の1990年代の銀行の不良債権問題が長期化した背景として,銀行が,回復の見込みの低い赤字企業に対して安易に貸出を継続していたことが指摘されています[4].

次に,銀行貸出の場合,銀行が借り手企業の情報を独占的に生産するのに対し,株式市場では,数多くの投資家が,皆同じように企業の資産や収益の情報を調べているので,情報生産に重複が生じています.しかし,こうした重複は,必ずしも非効率的だとは限りません.日本の高度成長期のように,先進国に追いつく(キャッチ・アップ)段階では,自前でまったく新しい技術を開発する必要性は少なく,欧米で開発された技術の改良が重要でした.こうした状況では,成長性のある技術・企業は,誰が見ても比較的明らかなので,多くの人が情報を生産する必要はありません.銀行に情報生産を任せておいても大丈夫だし,それが効率的です.しかし,いったん先進国に追いつくと,自前で新しい技術を開発する必要があります.まったく新しい技術は,うまくいくかもしれないし,失敗するかもしれません.この点に関し,ある人は楽観的でしょうし,別の人は悲観的でしょう.そのように,技術や企業の将来性に関して意見が分かれるときは,一部の人(つまり,銀行)だけに判断を任せるのは危険です.もし銀行が悲観的であれば,うまくいくかもしれない技術の芽が摘まれてしまうことになります.こうした場合には,多くの人の意見を集約する株式市場に資金の流れを委ねたほうが賢明でしょう.これは,まさに現在の日本の状況だと考えられます.

このように,株式市場と銀行には一長一短があり,お互いに補完的に機能し

---

4) 例えば,Peek, J. and Rosengren, E.S. (2005), "Unnatural selection: perverse incentives and the misallocation of credit in Japan," *American Economic Review* 95 (4), 1144-1166. を参照してください.

ています.両者がともに健全に発展することが,経済発展に不可欠です.途上国では,会計基準・ディスクロージャーが不備であり,また,司法制度が未発達で契約履行の強制力が弱いなどの問題があるため,株式市場よりは銀行が先行して発展することが多いようです.他方,先進国では,こうした法制度が整備されているので,株式市場も発展する傾向にあります.現在の日本では,不正取引の摘発体制を強化するなど,株式市場に対する信頼を確立することで,株式市場を通じた資金のルートを太くすることが望まれています.

5 貯蓄・投資と資金の流れ

企業が設備投資を行う際には,銀行から資金を借り入れたり,株式や社債を発行して資金を調達しています.それらの資金は,家計が貯蓄をしたものです.企業自身が利益を内部にためて,投資にあてることもありますが,その場合は,企業自身が貯蓄した資金を使うことになります.いずれにしても,一国全体の貯蓄が,投資につながるわけです.この関係は,GDPの定義からも見ることができます.GDPを支出面から見ると,

(1) GDP = 消費 + 投資 + 政府支出 + 純輸出

でした.さらに,両辺に海外からの所得の純受取を足すと,

(2) GNI = 消費 + 投資 + 政府支出 + 純輸出等

となります.ここで,左辺のGNIは,2章7節で定義したように,GDPと海外からの所得の純受取の合計です.また,右辺の「純輸出等」は純輸出と海外からの所得の純受取の合計です.そこで,両辺から消費と政府支出を引き,左辺で政府の税収を足し引きすると,

(3) (GNI − 税収 − 消費) + (税収 − 政府支出) = 投資 + 純輸出等

となります.左辺の第1項は,税引き後の所得から消費を引いたものですから,民間部門(家計と企業)の貯蓄を表しています.左辺の第2項は,政府の収入である税収から政府支出を引いたものですから,政府の貯蓄を表しています.

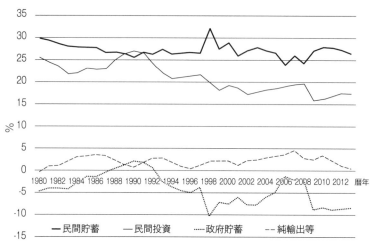

図3 ●部門別貯蓄投資バランス（対GDP比）

（出典）内閣府経済社会総合研究所「国民経済計算年報」．
（注）「民間」部門は，非金融法人企業，金融機関，家計，対家計民間非営利団体の合計，「政府」部門は一般政府．「貯蓄」は，貯蓄（純），固定資本減耗，資本移転等（受取－支払）の合計．「投資」は，総固定資本形成，在庫品増加，土地の純購入の合計．95年度以前と96年度以降で，データに断続があるため，95年度以前は，各制度部門別に，95年度以前の旧基準の値に，96年度の新基準と旧基準の比率を掛けて算出した．

これがマイナスであれば，財政赤字です．したがって，

(4) 民間貯蓄＋政府貯蓄 ＝ 投資＋純輸出等

となります．純輸出等（輸出－輸入＋海外からの所得の純受取）は，GNIの数％程度と比較的小さいので，結局，民間部門と政府部門の貯蓄が投資にほぼ等しいことがわかります．

　図3は，日本の1980年から2013年までの民間貯蓄，政府貯蓄，投資，純輸出等の推移を示しています．90年代以降，民間貯蓄が安定的に推移しましたが，投資は減少し，両者の差が広がりました．他方，政府貯蓄のマイナス幅（つまり，財政赤字）が広がりました．これは，90年代以降に，民間貯蓄の多くが政府の赤字を埋めるために使われたことを示しています．図4は，同じ期間の民間貯蓄を家計の貯蓄と企業の貯蓄に分けて，それぞれの推移を示したものです．これを見ると，家計の貯蓄は低下傾向にあるのに対し，企業の貯蓄は上昇傾向

第5章　金融システムの機能

図4 ●民間貯蓄の内訳（対GDP比）

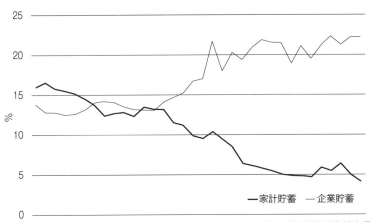

(出典) 図3と同じ.
(注) 「企業」部門は，非金融法人企業と金融機関の合計.「家計」部門は，家計と対家計民間非営利団体の合計.

にありました．家計の貯蓄が減少したのは，高齢者による貯蓄の取り崩しが増えたことなどが原因です．他方，企業の貯蓄が増えたのは，利益を株主に配当として還元する割合を低くとどめて，企業内部に利益を蓄えたことが一因です．特に1998年の銀行危機や2008-2009年のグローバル金融危機の際には，企業は銀行借入や社債発行などによる資金調達が困難になることを予想して，貯蓄を増やしました．

　銀行は，伝統的には，資金が余っていた家計から，設備投資のための資金が不足していた企業に貸し出しを行っていたのですが，90年代以降，こうした役割が小さくなってきました．中小企業は未だに銀行からの資金調達に依存していますが，多くの大企業は，内部資金を増やすとともに，80年代以降の規制緩和のおかげで，株式や社債などによる資金調達が可能となったため，銀行に依存しなくなりました．他方，銀行は相変わらず多額の預金を集めることができたので，特に90年代末以降，家計から集めた預金の多くを国債の購入に充てるようになりました．現在日本で，預貯金から株式へと資金の流れを変えようとする動きがあるのは，こうした資金循環の構造的な変化が背景にあります．

6　金融市場と利子率

　金融システムは，民間が貯蓄した資金を企業の投資と政府の財政赤字に回します．しかし，人々が貯蓄したいと思う額と，企業が投資したいと思う額と財政赤字の合計額が，常に一致するとは限りません．両者を一致させるのは，金融システムの重要な機能です．

　この点を理解するために，貸付資金の市場を考えて見ましょう．ここでは，説明を単純化するために，企業が投資のための資金を調達するために，一種類の債券（社債）を発行し，家計は貯蓄を社債か国債の購入に充てると考えます．政府の財政赤字，すなわち国債発行額は金利水準にかかわらず財政政策によって決まるものとします．また，情報の非対称性の問題は深刻ではなく，信用割当は生じていないものとしましょう．海外からの借入や海外への貸付は無視します[5]．

　家計は，社債や国債に支払われる金利（正確には実質金利）が高ければ高いほど，貯蓄が有利になるので，より多くの貯蓄を行おうとするでしょう．企業の投資にまわる資金（社債の購入額）は，家計の貯蓄から財政赤字（国債発行額）を引いたものですから，やはり金利が高いほど多くなります．他方，企業は，金利が高いほど，投資のコストが高くなるので，投資（社債の発行額）を減らそうとするでしょう．図5は，縦軸に実質金利，横軸に企業に流れる資金量をとって，**資金供給**（社債の購入額）と**資金需要**（社債の発行額）を図示しています．資金供給曲線は右上がり，資金需要曲線は右下がりです．そして，両曲線が交わったところで，資金の需要と供給が一致（均衡）します．

　この図を使うと，例えば，財政赤字が拡大したときの効果を予測することができます（図6）．財政赤字が拡大しても，家計の貯蓄が変わらなければ，政府の国債発行額が増加した分だけ，社債の購入額が減るので，資金供給曲線は，

　5）銀行貸出や株式市場を考えても，本文と同様の分析を行うことは可能です．また，海外からの借入を考慮しても，一定の金利でいくらでも借入をすることができる小国の場合を除き，図5，図6と同様の図を描くことが可能です．小国の場合は，資金供給曲線は，海外の金利水準で水平となります．

図5 ●資金市場の均衡

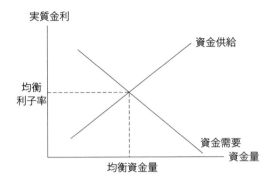

図6 ●財政赤字の効果

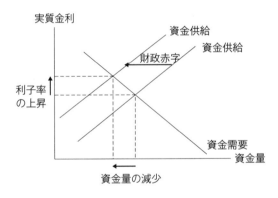

左側に移動します．この結果，資金の需給が一致するように金利は上昇し，そのときの資金量（社債の発行額＝購入額）は減少します．つまり，政府の国債発行によって，民間の設備投資の一部は減らさざるを得なくなります．これを，国債の**クラウディング・アウト効果**と呼びます．ただし，財政赤字が拡大しても，家計が将来の増税を予想し，それに備えるために貯蓄を増やせば，クラウディング・アウト効果は小さなものになります．仮に，一定の政府支出のもとで減税がなされれば，その分だけ財政赤字が拡大します．そこで将来，同額の増税が行われると家計が予想し，ちょうどその分だけ貯蓄を増加させれば，財政赤字は資金供給曲線を移動させないので，結局，金利や投資にはまったく影響しません．これは，**リカードの等価定理**が成り立っていると言われる状況で

す．現実には，リカードの等価定理は厳密には成り立っていませんが，国債発行額があまりに大きくなると，人々が将来の増税を強く意識して，貯蓄を増やすという効果はあるようです．

COLUMN 1

モラル・ハザードの例

　ある起業家が，プロジェクトAとプロジェクトBのいずれかを実施する状況を考えます．いずれのプロジェクトも，必要な資金は100万円です．プロジェクトAは，成功すれば200万円，失敗すれば0円の収益を生み，成功する確率は1/2です．他方プロジェクトBは，必ず150万円の収益を生みます．つまり，プロジェクトAは，プロジェクトBと比べて，リスクが高く，平均的な収益（期待収益）は低くなっています（プロジェクトAの平均的な収益は100万円です）．

　この起業家は，自分の資金が10万円しかなく，どちらのプロジェクトを実施するにしても，90万円を借り入れる必要があります．そこで，借入金利が10％の場合と20％の場合のそれぞれについて，起業家がどちらのプロジェクトを選択するか考えてみましょう．なお，貸し手は，起業家のプロジェクト選択に干渉できないと仮定します（これは，借り手である起業家の行動がわからないという，情報の非対称性の仮定です）．借り手は，自分の取り分の期待値が高い方のプロジェクトを選択するものとします．

①借入金利が10％の場合

　起業家は，90万円借りるので，借入金利が10％だと，元本と金利を合わせて，99万円返済する必要があります．つまり，プロジェクトの収益から99万円を引いた額が，起業家の取り分になります．ただし，プロジェクトが失敗して収益がゼロの場合は，返済する資産がないので，返済額も起業家の取り分もゼロとなります．各プロジェクトにおいて，起業家と貸し手の取り分を書き出すと，以下のようになります．

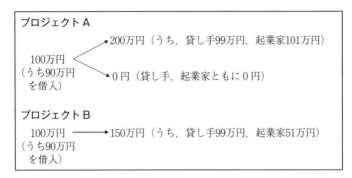

ここで，借り手にとっての期待収益（平均的な収益）を求めると，

プロジェクトAの場合：(1/2)×101万円＋(1/2)×0円＝50.5万円

プロジェクトBの場合：51万円

となり，プロジェクトBのほうが大きいので，借り手はプロジェクトB（安全で収益が高いプロジェクト）を選びます．

②借入金利が20％の場合

次に，借入金利が20％の場合を考えてみましょう．10％のときと同様に，各プロジェクトにおいて起業家と貸し手の取り分を書き出すと，以下のようになります．

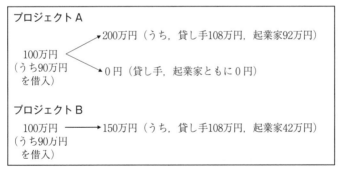

借り手にとっての期待収益（平均的な収益）は，

プロジェクトAの場合：(1/2)×92万円＋(1/2)×0円＝46万円

プロジェクトBの場合：42万円

となり，プロジェクトAのほうが大きいので，借り手はプロジェクトA（リスクが高く，期待収益が低いプロジェクト）を選びます．

このように，借入金利を高くすると，借り手はリスクの高いプロジェクトを選ぶ傾向が強くなります[6]．これをモラル・ハザードと呼びます．

モラル・ハザードの問題が深刻な場合，貸し手は資金を提供しなくなり，借り手は資金を借りられなくなります。上の例で，貸し手の取り分を計算すると，以下のようになります。

①金利が10％の場合

借り手はプロジェクトBを選ぶので，貸し手の取り分は，99万円．90万円を貸して99万円を手にするので，収益率は10％．

②金利が20％の場合

借り手はプロジェクトAを選ぶので，貸し手の期待収益は，(1/2)×108万円＋(1/2)×0円＝54万円．90万円を貸して平均的に54万円を手にするので，収益率は平均的にマイナス．

したがって，たとえば貸し手が銀行で，預金者に支払う金利が10％の場合は，貸し手から受け取る金利を10％（あるいは10％より少しだけ高い率）に設定すれば損をしない（あるいは得をする）ので貸し出します。しかし，預金者に支払う金利が20％の場合は，20％未満の金利で貸すと損が出ますし，20％（あるいはそれ以上）の金利で貸しても損をしてしまうので，銀行はこうした起業家には資金を貸さなくなります。

では，起業家が20万円の資金を持っており，80万円の借入を行おうとする場合はどうでしょうか。

詳しい計算は省略しますが，この場合，借入金利が10％の場合も20％の場合も，起業家はプロジェクトB（安全で収益が高いプロジェクト）を選択します。

このように，自己資金が少なく，借入金が多い程，モラル・ハザードは起こりやすくなります。

以上の例は，起業家のプロジェクト選択について説明しましたが，金融機関による資産選択も同様に分析できます。サブプライム・ローン危機ではアメリカの証券会社が過大なリスクを取っていたことが明らかになりましたが，彼らは，自己資本の30倍もの借入金を使って資産運用を行っていました．

政府が銀行に十分な自己資本を持つように規制している理由のひとつは，銀行によるモラル・ハザードを抑えることにあります（もうひとつの理由は，銀行の損失はできるだけ株主が負担し，預金者（あるいは預金保険）に損失が及ぶことを避けるためです）。

6）ここでは，借り手は自分の取り分の平均値（期待値）のみに関心をもち，リスクには関心がない（リスク中立的）と仮定して議論しますが，この仮定を緩めて，リスクは避けたい（リスク回避的）と仮定しても，やはり，借入金利を高くすると，借り手はリスクの高いプロジェクトを選ぶ傾向が強くなります。

COLUMN 2

サブプライム・ローン危機からグローバル金融危機へ

　銀行や住宅ローン会社は，企業向けの貸出や住宅ローンなどの債権をまとめて，証券として金融市場で投資家に売却することがあります．これは，貸出債権の**証券化**と呼ばれています．この証券を購入した投資家は，借り手の返済資金を受け取る権利をもつわけですが，いくつもの貸出が束ねられているので，個別の貸出と比べればリスクが分散されているというメリットがあります．銀行などにとってみれば，貸出債権を売却して現金化することで，貸出リスクを減らし，流動性を高めることができるというメリットがあります．

　ただ，貸出債権の証券化には，情報の問題がつきまといます．本文でも述べたように，貸し手は借り手の信用力に関する情報が不足しています．そこで，銀行はさまざまな審査を行って融資の可否を決定しています．もしずさんな審査を行えば，不良債権となって銀行自身が損失を被るので，銀行は借り手のできるだけ正確な情報を入手しようと審査しているのです．ところが，融資をした後，その貸出債権を証券として売却してしまう場合は，借り手が返済不能になっても，損失を被るのは銀行ではなく，債券を購入した投資家です．自分自身が損をしなければ，審査も多少いい加減になってしまうかもしれません．

　こうした**モラル・ハザード**の懸念が現実のものになったのが，2007年夏に，アメリカの低所得者向け貸出（**サブプライム・ローン**と呼ばれます）の証券化商品の価格が暴落して生じた金融危機です．サブプライム・ローンとは，低所得者向けに，当初低い金利に設定しておき，徐々に金利が上がっていく仕組みの住宅ローンです．担保となる住宅価格が上がれば，他の金融機関から借り換えて元のローンを返済できるので，実質的には低い金利で借り続けることができると考えられ，多くの人がこのローンを借りていました．しかし，住宅価格が低下し始めると，この仕組みは破たんし，返せなくなる人々が続出したのです．これに伴って，サブプライム・ローンを組み込んだ証券化商品の価格が暴落しました．

　サブプライム・ローン危機については，証券化商品の格付けがいい加減であったこと，貸出債権を束ねて証券化したものを，さらに束ねて証券にしたことで，投資家にとってリスクがわかりにくくなっていたこと，銀行等の関連会社が証券化商品を取り扱っていたが，銀行等による関連会社への保証が不明朗であったことなど，さまざまな問題が絡んでいますが，基本的には，証券化が引き起こしたモラル・ハザードが原因だと考えられます．

　証券化商品の値下がりは，こうした商品を購入していた世界中の金融機関の経営

を直撃しました．特に，投資銀行と呼ばれるアメリカの証券会社の多くは，わずかな自己資本と多額の借入金（**レバレッジ**）をもとに証券化商品などを購入していたので，経営破たんの危機に直面しました．こうなると，他の金融機関も，互いに資金の貸し借りを避けるようになり，世界中のさまざまな金融市場で，資金の出し手がいなくなってしまったのです（**グローバル金融危機**）．2008年9月にはアメリカの投資銀行の一つ，リーマン・ブラザーズが資金繰りに行き詰って破綻し（リーマン・ショック），金融危機は頂点に達しました．

　この結果，金融機関は資金の手当てが難しくなり，リスクのある企業や家計向けの貸し出しを躊躇するようになりました．これは，**信用収縮**と呼ばれる現象です．こうして，企業が資金不足から投資を手控えたり，家計がローンを組めないために自動車の購入をあきらめるという事態が生じました．アメリカやヨーロッパの金融機関の損失が大きかったため，外国為替市場では，これらの国の通貨が売られ，比較的損失が少なかった日本の通貨が買われたため，円高が進行しました．こうして，金融危機は，信用収縮や為替レートの変動を通じて，マクロ経済へと波及しました．さらに，実体経済が悪化するとの見通しは，株式の売りを誘い，各国の株価は大幅に下落しましたが，これが企業の投資や家計の消費に悪影響を及ぼしました．

　その後，各国の中央銀行や政府は，金融市場への大量の資金供給，公的資金（税や国債を財源とする財政支出）による不良債権の買い取りや金融機関の資本増強，一部金融機関の国有化，預金保険の拡充などの対策を講じたため，2009年にはグローバル金融危機は鎮まりました．

　こうした危機対応を進めるとともに，今後こうした事態が再発しないよう，金融機関への規制体系の見直しが進められています．

| COLUMN 3 |

資金調達とコーポレート・ガバナンス

　企業に資金を提供している人には，株主（株式を保有している人）と，債権者（社債を保有する社債権者や貸出を行っている銀行など）がいます．これらの資金提供者は，企業経営者がきちんと経営して利益を出し，配当や金利を払ってくれることを望んでいます．そのため，経営者がちゃんと経営をしているかどうか監視し，怠けていたり無能である場合には，経営者や事業内容を変えるよう経営に介入することがあります．このようにして資金提供者が経営者を規律付けることを，コーポレート・ガバナンスと呼んでいます．

　株主は，株主総会に出席して，保有している株式数に応じて，取締役の選任や利益処分の方法などの重要事項に関する議決権を行使することができます[7]．企業の利益は，あらかじめ決められた従業員への給与や銀行などへの借金をすべて支払っ

た後に残ったものです．この利益を受け取る権利（**残余請求権**と呼びます）を持つ株主が会社の経営に参画することで，経営者は普段から緊張感を持って経営に当たるようになります．

社債の保有者や銀行などの債権者は，普段は企業経営に参画することはできません．しかし，いったん企業が約束している元利支払いができなくなると，債権者が経営に介入します．企業の資産を精査し，収益性のある事業を残して企業を再建するのか，それともすべての事業から撤退して清算するのかを決定します．

金融システムは，こうしたコーポレート・ガバナンスの仕組みを通じて経営者を規律付けることにより，経済の発展に寄与しています．

●練習問題

問1 (1)から(5)の金融取引はそれぞれ，金融システムが果たしている三つの機能（①リスク分散，②情報生産，③流動性）のうち，どの機能を利用していますか．
(1) 私たちは，株式市場でいつでも株を売ったり買ったりできる．
(2) 世界の自動車市場において，どの自動車メーカーが勝つかわからないので，トヨタ株とホンダ株とGM株をそれぞれ1/3ずつ購入した．
(3) 私たちが銀行に預金するとき，その銀行が貸している企業の信用力を調べなくても，安心して預金できる．
(4) ある会社の株価を見れば，その企業が今後どれぐらい成長すると見込まれているかわかる．
(5) おカネが必要になれば，いつでもATMに行って預金を引き出すことができる．

問2 株式市場において，インサイダー取引が禁止されている理由を述べなさい．その際，仮にインサイダー取引が認められれば，誰がどのような損害を被るかを明らかにすること．

問3 GDPが515兆円，消費が300兆円，投資が100兆円，政府支出が100兆円，税収が80兆円だとします（海外からの純所得はゼロとします）．

---

7) 2006年5月から施行された会社法では，一定の要件を満たす会社では，株主総会ではなく取締役会の決議で利益処分等を決定することができます．

(1) 純輸出はいくらですか？
(2) 民間貯蓄，政府貯蓄はそれぞれいくらですか？
(3) この例で，民間貯蓄と政府貯蓄の合計が，投資と純輸出の合計に等しいことを示しなさい．

問4 政府が，国民の住宅投資を増やすために，住宅ローンを借りる家計に対して，減税を行い，その分国債を発行しました．
(1) この減税によって，資金需要と資金供給はそれぞれどのように変化すると予想されますか？
(2) 利子率はどう変化しますか？ 資金市場の均衡の図を用いて答えなさい．

第6章 貨幣の役割と金融政策

　経済活動にとって，貨幣はなくてはならないものです．それは，空気が生物に欠かせないことと同様に，あまりに当たり前のことなので，普段は，その重要性に気づきません．しかし，生物にとっての酸素の役割を明らかにすることで，呼吸のメカニズム，ひいては生命のなぞに迫れるように，貨幣が経済で果たしている役割を考えることは，マクロ経済の仕組みを理解する上で不可欠です．今回は，貨幣が経済で果たしている役割と，金融政策の運営について学びます．

1　貨幣とは何か？

　我々は，商品を買ったらその代金を支払わなければならず，借金をしたら返済をしなければなりません．そうした支払いのことを**決済**といいます．そして，決済（支払い）に広く用いるものを**貨幣**と呼びます．

　貨幣が果たしている役割を考えるためには，貨幣がなければ我々の生活がどれだけ不便かを考えるのが有益です．例えば，我々は働いて貨幣を手に入れます．そして，お店で気に入ったものがあれば，貨幣でその商品を購入します．時給1,000円でアルバイトをして5時間働き，それで5,000円の服を買ったとしたら，5時間分の労働と服を交換したことになります．したがって，もし貨幣がなければ，気に入った服を手に入れるために，服屋で5時間働かせてくれと申し出なければなりません．しかし，例えば事務の仕事をしている人は服屋で販売の仕事をすることに不慣れなので，満足に仕事ができないでしょう．服屋

の店主は，そうした申し出を断るかもしれませんし，5時間ではなく8時間働けと言うかもしれません．

　物と物（あるいは労働などのサービス）を直接交換する**物々交換**は，お互いに，自分が欲しいものを相手が持っており，相手が欲しいものを自分がもっているという，**欲求の二重の一致**がなければ成立しません．しかし，モノ・サービス⇔貨幣⇔モノ・サービスというように，貨幣が交換の間に入ることによって，我々は，自分が持っているモノやサービス（たとえば，事務系の労働）を貨幣と交換し，その貨幣で自分の好きなモノやサービス（たとえば，服）を手に入れることができるのです．貨幣は，交換を容易にすることにより，人々の**分業**を促します．上の例では，事務が得意な人は事務の仕事に専念し，販売が得意な人は販売の仕事に専念することで，お互いにストレスも少なく，生活水準も高まります．

　貨幣には，交換手段としての役割の他に，**価値尺度**としての役割と**価値保蔵手段**としての役割があります．価値尺度とは商品の価格や貸借契約の単位のことで，日本では「円」が使われています．価値保蔵手段というのは，富を保有する手段のことで，国債，株式，土地，住宅，金などと並んで，貨幣も資産保有の一部となります．ただ，現金は金利がつかないので，資産保有の手段として，貨幣は有利なものではありません．特に，物価が上昇すると，貨幣で買うことのできるモノの量は減ってしまうので，貨幣の価値は低下します．

2　人々は，なぜ貨幣を持つのか？

　紙幣など，現代の貨幣は，金貨と異なり，それ自体で価値があるものではありません．にもかかわらず，なぜ人々は大切なモノと引き換えに，それ自体では価値のない貨幣を受け取るのでしょうか？　今，Aさんが自分の持っているものを手放して，貨幣を受け取ったとしましょう．Aさんは，Bさんの持っている物を気に入れば，Bさんに貨幣を渡してBさんのものを手に入れようとするでしょう．Aさんは，きっとBさんも貨幣を受け取ってくれるだろうと信じているので，自分のものを手渡して貨幣を受け取ったのです．また，Bさんも，次にCさんの持っている物を気に入れば，きっとCさんは貨幣と引き換えにC

さんのものを渡してくれるだろうと信じているから，Aさんから貨幣を受け取るのです．このように，人々が貨幣を受け取るのは，他の人々も貨幣を受け取ってくれるだろうと信じているからに他なりません．貨幣には価値がある（つまり，貨幣で欲しいものを手に入れることができる）と人々が信じているからこそ，貨幣には価値が生まれます．貨幣の価値は，人々の相互の信頼で成り立っているのです．こうした信頼が壊れれば，誰も貨幣を持たなくなります．例えば，1980年代のソ連では，貨幣の信用が低下したため，しばしば，ソ連の通貨ルーブルの代わりに，タバコやドル紙幣が交換の手段に使われたそうです[1]．日本で2000円札があまり流通しないのは，他の人が2000円札を受け取りたがらないと思うから，自分も持ちたがらないのでしょう．

3 なぜ通貨の発行は中央銀行だけに認められているのか？

紙幣は**日本銀行**が発行しています．日本銀行とは，日本で唯一紙幣を発行することができる公的な金融機関です[2]．他の国でも，紙幣の発行が認められているのは，**中央銀行**と呼ばれる公的な金融機関のみです．例えば，ユーロを発行するのは欧州中央銀行であり，アメリカ・ドルを発行するのは連邦準備制度です．

しかし，歴史をさかのぼると，19世紀中ごろのアメリカでは，民間の銀行が州法の制約のもとで自由に独自の紙幣を発行できる時代がありました[3]．この紙幣を発行する銀行は，要求に応じて，政府が発行する金貨や銀貨と交換する義務を負っていました．独自の紙幣を発行した銀行が破綻すると，人々は金貨や銀貨と交換できなくなりますが，実際には，こうした損失は小さかったようです．

なぜ，現代では，中央銀行（および政府）のみが**通貨**（紙幣・硬貨）を発行

---

1) N・グレゴリー・マンキュー（2005）『マンキュー経済学Ⅱマクロ編（第2版）』東洋経済新報社による．
2) 硬貨は中央政府が発行しています．
3) 民間による自由な通貨発行は，フリー・バンキング制と呼ばれています．フリー・バンキング制については，例えば，本西泰三（2000）「電子マネーの導入と効率的な決済システムの実現について」http://www.e.u-tokyo.ac.jp/itme/dp/dp43.pdf 参照．

し，民間による通貨の発行は禁止されているのでしょう？　民間であれ中央銀行であれ，通貨を発行すれば，利益を得ることができます．なぜなら，通貨を発行すれば，通貨と交換に資産を得ることができるからです．この利益は，**通貨発行益（シニョリッジ）** と呼ばれます[4]．公的な中央銀行のみが通貨を発行できるという制度は，実は，通貨発行益を公的な機関が独占する仕組みなのです．

　この仕組みには，メリット・デメリットがあります．まず，中央銀行は公的な金融機関なので，通貨が人々の信頼を得やすいというメリットがあります．なぜなら，万が一中央銀行が破綻しそうになったら，政府は人々から税金を取ることで，中央銀行を救済することができるからです（上述の旧ソ連の例からわかるように，中央銀行・政府が常に信頼されるわけではありませんが）．他方，政府は，中央銀行が得た通貨発行益を得ることができます．例えば日本銀行は，日本銀行納付金という形で，利益の一部を政府に収めています[5]．このため，政治的な理由で増税が困難な場合，政府は財政赤字を穴埋めする手っ取り早い方法として，中央銀行に通貨を大量に発行させて，通貨発行益を得ようとすることがあります．例えば，政府が発行する国債を中央銀行に購入させます．そんなことをすると，通貨発行額が増えてインフレになりますが，インフレ率が年率数百％などと極端に高くならない限り，通貨発行益は増加します（極端にインフレ率が高くなると，人々はインフレで目減りする通貨を持ちたがらないので，通貨発行に伴って実質的な通貨発行益は減ります）．逆に言えば，中央銀行が通貨発行益を独占する仕組みは，安易な財政赤字やインフレにつながりかねない危険を伴います[6]．こうしたデメリットを防ぐために，日本を含め多くの国では，中央銀行が国債を政府から直接購入すること（**国債の引**

4）6節で述べる「ベース・マネー」の概念を使うと，物価変動を考慮した実質的なシニョリッジの額は，ベース・マネー増加額÷物価水準で計算することができます

5）9節で述べるように，中央銀行はベース・マネーを発行する際に国債などの金融資産を購入します．日本銀行は，この金融資産から得られる金利などの収益から経費を引いた額を利益として計上し，その一部を日銀納付金として政府に収めています．

6）後述する**ハイパー・インフレーション**は，こうした危険が極端な形で現実のものとなった例です．なお，通貨発行益は通貨を保有している人に対する「インフレ税」だということもできます．

き受けと呼びます）は，禁止されています．また，中央銀行が政府からできるだけ独立して通貨発行量などを決める仕組みが整備されています．

4 「貨幣」の範囲はどこまでなのか？

　貨幣とは，広く用いられている**決済手段**（支払手段）のことです．商品の支払いや借金の返済に頻繁に用いられるものは通貨（紙幣・硬貨）なので，通貨は「貨幣」です．しかし，通貨だけが支払い手段に用いられているわけではありません．電話，ガス，電気，水道などの料金は，銀行預金からの引き落としで支払いを済ませることがあります．企業では，原材料の購入代金などを支払うときに小切手や手形を発行することがありますが，小切手や手形の金額は銀行預金から引き落とされます．このように，銀行預金も決済に用いられています．したがって，銀行預金も「貨幣」だと言ってよいでしょう．銀行は，我々から現金を預かり，これを預金という「貨幣」に変えています．

　預金のうち，定期預金は金利がつきますが，企業が小切手の支払いなどに用いる当座預金は金利がまったくつきませんし，普通預金もかなり金利が低いのが通例です．我々が低い金利でも普通預金をするのは，公共料金の引き落としなど，決済手段としての利便性を認めているからに他なりません．民間銀行は，金利がつかない当座預金や低い金利しかつかない普通預金を発行することで資金を集め，その資金を貸出や国債などで運用して金利を得ている分，貨幣発行による利益を得ているといえるでしょう．

　最近では，JR東日本の「スイカ」やセブン＆アイホールディングスの「nanaco（ナナコ）」などのように，先払い型のICカード（いわゆる電子マネー）で支払いをすることも多くなりました．JR料金や，一部コンビニなどでの支払いに用いることができるという意味では，「スイカ」や「ナナコ」も「貨幣」に近いものです．ただし，これらのICカードはまだ使える場所や用途が限定的で，人々の間（たとえば友達同士）での直接的な交換ができないので，厳密には「貨幣」とは呼びません．

　では，ネット上の仮想通貨「ビットコイン」はどうでしょう？　「ビットコイン」は，全世界の過去から現在に至る取引が記録されている帳簿（台帳）で

あり，これを使って，ネット上で支払い・受け取りを行います[7]．帳簿の改ざんは物理的に極めて困難なので，取引の安全性が確保されていると考えられています．誰かがある種の計算問題を解くと，その計算問題を解いた人が新しくビットコインを手に入れて，ビットコインの発行量が増える仕組みになっています．このように，ビットコインなどの仮想通貨は通貨，銀行預金，電子マネーなどのように，特定の経済主体が発行するのではなく，不特定多数の人々が分権的に発行しています．現状ではまだ多くの人々に普及しておらず，その価値も安定していませんが，「貨幣」の機能を持つ公的な決済手段として使われるよう，現在，制度の整備が進められつつあります[8]．

5 貨幣の量をどう測るか？

ビットコインの例でもわかるように，決済（支払い）に用いられる金融資産のうち，どこまでを「貨幣」と定義すればよいのか，明確に定義するのは困難を伴います．経済全体に流通している貨幣の量を，**マネーストック**（またはマネーサプライ）と呼びます．マネーストックを一つに定義するのは困難なので，図1のとおり，狭い定義から広い定義までいくつかの定義（狭いものから順に，M1，M2，M3，広義流動性など）が用意されています．このうち，現在日本でもっともよく使われるマネーストックは，**M1** と **M3** です．M1は，現金（硬貨と紙幣），普通預金，当座預金，ゆうちょ銀行の通常貯金などで，M3はM1に定期預金などを加えたものです．M2は両者の中間で，現金通貨に，ゆうちょ銀行を除く国内銀行等の預金を加えた指標です[9]．ただし，金融機関（銀行，保険会社，証券会社等）や中央政府が保有する現金や預金などは，マネーストックからは除かれています．

7）ビットコインの仕組みについては，例えば野口悠紀雄（2014）『仮想通貨革命-ビットコインは始まりにすぎない』ダイヤモンド社を参考にしてください．

8）2016年3月，政府は，仮想通貨と法定通貨（紙幣，硬貨）の交換業者に登録制を導入するなど，利用者保護のための法改正を閣議決定しました．

9）以下の図表で使っている M2＋CD（譲渡性預金）は，以前の日本銀行の統計で使われていたもので，現在の統計のM2にほぼ対応しています．詳しくは，日本銀行ホームページ www.boj.or.jp でマネーストックの概要を参照してください．

図1 ● マネーストック（マネーサプライ）の定義と残高（2015年3月）

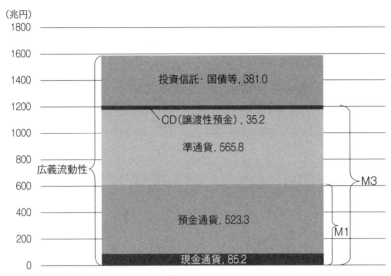

（出典）日本銀行ホームページ www.boj.or.jp
（注）M1＝現金通貨＋預金通貨
　　　M3＝M1＋準通貨＋CD（譲渡性預金）＝現金通貨＋全預金取扱機関に預けられた預金
　　　広義流動性＝M3＋金銭の信託＋投資信託＋金融債＋銀行発行普通社債＋金融機関発
　　　　行CP＋国債＋外債
　　　数値は，2015年3月平残．

　ところで，クレジットカードやデビットカードはマネーストックに含まれないのでしょうか？　商品をクレジットカードで購入すると，1ヶ月から数ヶ月先に，預金から代金が引き落とされます．デビットカードの場合は，即時に預金から引き落とされます．いずれも，預金を支払いの手段に使っており，預金はマネーストックに含まれているので，クレジットカードやデビットカード自体はマネーストックに含まれません．

6　マネーストックはどのようにして増えるのか？

　我々が働いて手にする貨幣は，会社が商品を売って顧客から手に入れたものです．その顧客は，別の会社で働いて貨幣を手に入れています．一体，最初に貨幣を手に入れる人は，誰から手に入れるのでしょうか？　現金と預金に分け

図2 ●ベース・マネー（現金・日本銀行当座預金）発行の仕組み

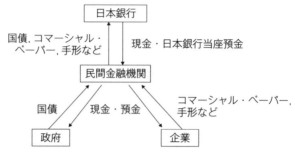

日本銀行は，民間金融機関から国債，コマーシャル・ペーパー，手形などを購入し，その代金として，民間金融機関に紙幣を渡すか，あるいは，民間金融機関が日本銀行に預けている当座預金を増やす．

て考えてみましょう．

　紙幣の場合，日本銀行が発行するわけですが，日本銀行は，タダで紙幣を誰かに渡すわけではありません．日本銀行が銀行や証券会社から国債などの債券を購入したときに，その代金として，債券を売った金融機関に紙幣を渡します[10]（図2）．こうして金融機関に渡った新しい紙幣が，預金の引き出しなどを通じて，家計や企業の間を流通することになります．実際には，紙幣の代わりに，民間の金融機関が日本銀行に預けている当座預金の額を増やすことで，日本銀行が国債などの購入代金を支払うこともあります．民間銀行はこの当座預金をいつでも引き出して現金に換えることができます．銀行が日本銀行に預けている当座預金は，**準備預金**とも呼ばれます．現金と，民間の金融機関が日本銀行に預けている当座預金を合わせて，**ベース・マネー**と呼びます（**マネタリー・ベース**，**ハイパワード・マネー**とも呼ばれます）．

---

10) 国債は政府が借金するために発行するものです．本文に述べたように，日本銀行が政府から直接国債を購入することは禁じられているので，日本銀行が国債を購入する場合は，民間金融機関などから購入する必要があります．なお，日本銀行は，国債以外にも，民間金融機関が持っている**コマーシャル・ペーパー**（企業が短期資金の調達のために発行する債券）や**手形**なども購入します．

7　信用創造と貨幣乗数

　次に，経済全体で預金がどのようにして増えるかを考えてみましょう．我々は現金を預金することで預金を増やせますが，その現金は，他の人が預金を引き出して手に入れたものかもしれません．この場合，我々の預金の増加分と他の人の預金の減少分が等しくなるので，経済全体では，預金は増えていません．経済全体で預金が増えるのは，どういう場合でしょう？

　図3を見てください．いま，ある証券会社が日本銀行に100億円分の国債を売却し，その代金を現金で受け取ったとしましょう．証券会社は，この現金100億円をA銀行に預金しました．A銀行は，現金をそのまま金庫に置いておいても金利がつかないので，できるだけ誰かに貸し出して，金利を得ようとします．例えば，第一商店という会社に90億円貸し出したとしましょう．A銀行は，10億円だけは，預金の引き出しにそなえて現金を金庫にしまっておきました（あるいは，準備預金を10億円増やしました）．この時点で，A銀行の資産（会社や銀行が保有していて，将来収益を生むもの）は，現金（あるいは準備預金）が10億円，貸出（第一商店向け）が90億円増え，負債（会社や銀行が将来返済する義務のあるもの）は，預金（証券会社のもの）が100億円増えています．第一商店は，第二商店という企業から原材料を仕入れており，その代金が必要だったので，A銀行から90億円借りたのでした．そこで，第一商店は，早速，A銀行から借りた90億円を第二商店に渡しました．第二商店は，第一商店から受け取った90億円を，B銀行に預金として預けました．B銀行は，90億円の現金をそのまま持っていても，金利がつかないので，できるだけ誰かに貸し出して，金利を得ようとします．例えば，預金の引き出しに備えて9億円だけは金庫にしまっておき，残りの81億円（90－9＝81億円）を，第三商店という企業に貸し出したとしましょう．この時点で，B銀行の資産は現金（あるいは準備預金）が9億円，貸出（第三商店向け）が81億円増え，負債は預金（第二商店のもの）が90億円増えています．第三商店は，第四商店という企業から機械設備を購入したので，その代金として81億円を第四商店に支払いました．第4商店は，81億円をC銀行に預金しました．

図3 ●信用創造のプロセス

A銀行

資産		負債	
現金・準備預金	10	預金（証券会社）	100
貸出（第一商店向け）	90		

B銀行

資産		負債	
現金・準備預金	9	預金（第二商店）	90
貸出（第三商店向け）	81		

C銀行

資産		負債	
現金・準備預金	8.1	預金（第四商店）	81
貸出（第五商店向け）	72.9		

① 日銀が証券会社から100億円で国債を買い取り，証券会社はA銀行に100億円を預金する．

　　　　　　現金100　　　　　現金100
　日本銀行 ⇄ 証券会社 ⇄ A銀行
　　　　　　国債100　　　　　預金100

② A銀行は第一商店に90億円貸し出し，この現金が第二商店に渡り，第二商店がB銀行に90億円を預金する．

　　　　　現金90　　　　現金90　　　　現金90
　A銀行 ⇄ 第一商店 ⇄ 第二商店 ⇄ B銀行
　　　　　借入90　　　　売上90　　　　預金90

③ B銀行は第三商店に81億円貸し出し，この現金が第四商店に渡り，第四商店がC銀行に81億円を預金する．

　　　　　現金81　　　　現金81　　　　現金81
　B銀行 ⇄ 第三商店 ⇄ 第四商店 ⇄ C銀行
　　　　　借入81　　　　売上81　　　　預金81

……このように貸出（信用供与）が次から次へと繰り返し行われることで，マネーストックは，証券会社の預金100億円に，第二商店の預金90億円，第四商店の預金81億円……と増加していく．

第6章 貨幣の役割と金融政策

さてここで，経済全体で，マネーストックがどれだけ増えたかを考えてみましょう．預金は，証券会社がA銀行に預けた100億円と，第二商店がB銀行に預けた90億円と，第四商店がC銀行に預けた81億円だけ増えています．したがって，マネーストックは，

(1) $100 + 90 + 81 = 271$億円

増えています．しかし，話はまだ終わりません．C銀行は，受け取った81億円の現金のうち，一部は現金として保有し，残りは別の会社に貸し出すでしょう．この過程は，永遠に続きます．仮に，すべての銀行が，受け取った現金のうち，1割を手元に保有し，残りの9割を貸し出しにまわすとすると，経済全体で，マネーストックは，

(2) $100 + 100 \times 0.9 + 100 \times 0.9^2 + 100 \times 0.9^3 + 100 \times 0.9^4 + \cdots\cdots$

だけ増えます．これを計算すると，1000億円となります．

一般に，

① 日本銀行が，ベース・マネー（現金あるいは準備預金）を H 円だけ新たに発行する．（上の例では，$H = 100$億円）
② 各銀行は受け取った現金あるいは準備預金のうち，r だけの割合を手元に置いておいて残りの $(1-r)$ の割合を貸出にまわす．（上の例では，$r = 0.1$）
③ 企業や家計は，手元に現金を残さずに，すべて銀行に預金する．

と仮定します．そうすると，はじめに受け取った現金が H，次の貸出額（預金）が $H \times (1-r)$，その次の貸出額（預金）が $H \times (1-r)^2$ と続くので，マネーストックは，

(3) $H + H \times (1-r) + H \times (1-r)^2 + H \times (1-r)^3 + \cdots\cdots = \dfrac{H}{r}$

だけ増えます（計算方法は，COLUMN 1を参照してください）．r は1より小さな数なので，$1/r$ は1より大きな数です（例えば，$r = 0.1$ だと $1/r = 10$）．日本銀行が最初に注入したベース・マネーの $1/r$ 倍のマネーストックが増えるので，$1/r$ は**貨幣乗数**と呼ばれています．また，貸出などの信用供与を通じ

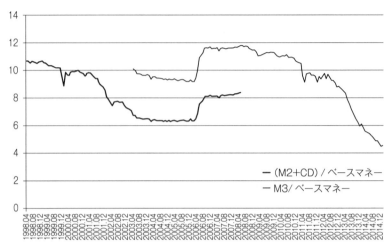

図4 ●貨幣乗数の推移（1998年4月～2014年12月）

(注) 貨幣乗数は，マネーストック（季節調整済）÷ベース・マネー（準備率調整後，季節調整済）で算出．
(出典) 日本銀行ホームページ www.boj.or.jp より著者算出．

てマネーストックが増えるこの過程のことを，**信用創造**と呼びます．

　このように，日本銀行が最初に注入したベース・マネー以上にマネーストックが増えるのは，第4章で説明したように，銀行は預かった預金の一部しか現金（あるいは準備預金）を保有していなくても，預金の引き出しに対応できるからです．貨幣乗数は，銀行が現金（あるいは準備預金）として手元に置いておく割合（r）が小さいほど，大きくなります．また，実際には，企業や家計は受け取った現金のすべてを銀行に預金するのではなく，一部は手元に残しますが，この手元に置いておく割合が大きいほど，銀行が預金として受け取って貸出にまわす資金が少なくなるので，貨幣乗数は小さくなります．

　図4は，日本の貨幣乗数の推移を示しています．1998年から2000年頃にかけて，貨幣乗数は低下傾向を示していますが，これは，金利の低下と銀行経営に対する不安感から，家計や企業が手許に置く現金を増やしたことなどによります．2001年以降も何度か貨幣乗数が低下していますが，これは日本銀行が日銀当座預金を増やす政策（「**量的緩和政策**」）などを取った際に，銀行がその多くを当座預金に据え置き，貸出に回した割合が少なかったためにマネーストック

がベース・マネーほどは増えなかったことによります．逆に「量的緩和政策」を止めた直後の2006年4月には貨幣乗数は上昇しました．このように，実際の貨幣乗数は一定ではなく，人々の貨幣に対する需要の変化や金融政策とそれに対する銀行の行動によっても変化します．

8 マネーストックと物価

　価格とは，モノと貨幣との交換比率のことです．例えば，ハンバーガーが1個100円というのは，100円玉1個とハンバーガー1個を交換するという意味です．今，日本銀行がベース・マネーを増やした結果，マネーストックが増えたとしましょう．他方，モノの量は変わらないとします．このとき，人々は，以前より多くの貨幣を持っているので，ハンバーガー1個と交換してもいいと思う100円玉の量も増えるでしょう．この結果，ハンバーガーの価格は上がります．このように，マネーストックと物価水準との間には，密接な関係があります．

　マネーストックと物価水準との関係については，**貨幣数量説**という理論があります．これは，物価水準，あるいはその変化率（物価水準の上昇はインフレーション，下落はデフレーション）とマネーストックとの長期的な関係に関する理論です．貨幣数量説は，まず，マネーストックは長期的には生産量や実質GDPには影響を及ぼさないことを前提とします．この前提は，妥当なものだと考えられます．なぜなら，第3章で学んだように，長期的に実質GDPに影響を及ぼすのは，労働生産性と労働力人口だからです．そして，物価水準は，貨幣に対する需要と供給で決定されると考えます．

　貨幣に対する需要というと，「みんなお金持ちになりたいから，おかねはあればあるほどいい．貨幣に対する需要は無限大だ」と思うかもしれません．しかし，「お金持ちになりたい」というのは，資産を多く持ちたいという意味でしょう．それに対して，経済学で貨幣に対する需要と言う場合，一定の資産のなかで，どれだけを貨幣として保有したいかを表すものです．貨幣は利子を生まない（正確に言うと，現金は利子を全く生まず，普通預金などの預金は国債などに比べて金利が低い）ので，資産のなかで，貨幣として保有したい額は，

おのずと限度があるでしょう．貨幣は，取引のために必要なものですから取引が活発に行われている状況では，貨幣に対する需要は増えると考えられます．取引が活発に行われている状況というのは，実質 GDP が多いときです．また，物価水準が高ければ，同じだけの量の取引を行うのに必要な貨幣の量も増えますから，貨幣需要も増えます．

貨幣数量説では，**貨幣需要**は，名目 GDP（すなわち，物価水準×実質 GDP）に比例すると考えます．M^D を貨幣に対する需要，P を物価水準，Y を実質 GDP，k を比例定数とおくと，

(4) $\quad M^D = k \times P \times Y$

とあらわせます．

他方，**貨幣の供給**は，中央銀行が金融政策によって決定すると考えます．実際には，次節で詳しく述べるように，中央銀行は債券の売買を通じてベース・マネーを増減することはできますが，マネーストックを完全に制御できるわけではありません．しかし，ある程度マネーストックに影響を及ぼすことは可能なので，ここでは単純化して，中央銀行が金融政策によってマネーストックを決定すると考えるわけです．そこで，中央銀行が決定するマネーストックの量を M とします．

以上の考察から，貨幣の需要（M^D）と供給（M）が一致する条件は，

(5) $\quad M = k \times P \times Y$

となります．

今，中央銀行がマネーストック（M）を 2 倍にしたとしましょう．このとき，(5)式の左辺が 2 倍になります．したがって，貨幣の需要と供給が一致するためには，右辺も 2 倍になる必要があります．「比例定数（k）は一定である」，「実質 GDP（Y）はマネーストックの影響を受けない」という，貨幣数量説の二つの仮定のもとでは，右辺のうち，物価水準（P）が 2 倍になることで，貨幣の需要と供給が一致することになります．つまり，マネーストックが 2 倍になれば物価水準も 2 倍になるという結果が得られます．一般的に言えば，マネーストックの増加率と物価上昇率は等しくなるというのが，貨幣数量説の結論

第6章　貨幣の役割と金融政策

です．

　もう少し貨幣数量説に対する理解を深めるために，貨幣の**流通速度**という概念を導入しましょう．「カネは天下の回りもの」と言いますが，貨幣の流通速度とは，カネがどれだけ早く人々の間を回っているかを示すものです．

　あるゼミに10人の学生がいます．先生が1番前に座っている生徒に，仕事を手伝ってもらったお礼に，1000円札を1枚渡しました．この学生は，2番目に座っている学生に，ノートをコピーさせてもらい，お礼に先生からもらった1000円札を渡しました．2番目の学生は，3番目の学生に，引越しの手伝いをしてもらって，お礼に1番目の学生からもらった1000円札を渡しました．このようにして，1年間に，10人の学生全員に，1000円札が渡ったとしましょう．1000円札が，ある学生のポケットから別の学生のポケットに移るたびに，受け取った学生の所得が1000円増えています．10人全体でどれだけ所得が増えたかというと，1000円×10＝10000円です．そしてこの間，1000円札は，10人のポケットを旅しました．

　では，1年間に，1000円札が学生の間を2周したらどうでしょう？　この間に，一人の学生は2回千円札を受け取っているので，総所得は2000円×10＝20000円増えています．そしてこの間，1000円札は延べ20人のポケットを旅しました．つまり，同じ1年間で，お札はより早く人々の間を旅したことになります．

　貨幣の流通速度とは，おカネがどれぐらい早く人々のポケットを移動したかを示すもので，この例では，1年間に何人のポケットを旅したかで表すことができます．上の例で学生の間を1周した場合，流通速度は10になります．計算式は，総所得10000円÷1000円＝10です．また，学生の間を2周した場合は，総所得20000円÷1000円＝20です．

　このように，貨幣は，取引が行われるたびに，人々の間を移動していきますが，貨幣が早く移動すればするほど，取引が活発になり，名目GDPも増えます．貨幣の流通速度とは，1円の貨幣がどれだけの名目GDP（$P \times Y$）を支えているかの指標です．流通速度をVであらわすと，

(6)　$V = \dfrac{P \times Y}{M}$

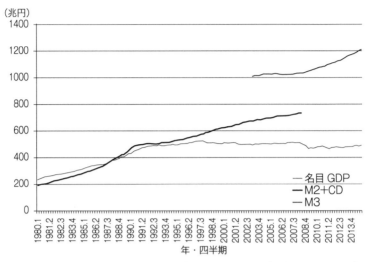

図5 ●日本のマネーサプライと名目GDP
(1980年第1四半期〜2014年第4四半期)

(注)マネーストックは，M2＋CD と M3（どちらも季節調整済）．名目GDPは2005年基準（季節調節済）．
(出所)マネーストックは日本銀行ホームページ www.boj.or.jp．名目GDPは内閣府経済社会総合研究所ホームページ www.esri.go.jp．

と定義されます．(5)式より，$k = \dfrac{M}{P \times Y}$ なので，流通速度 V は貨幣需要(4)式の比例定数 k の逆数となっています．貨幣数量説では，(4)式の比例定数 k が一定であると仮定しているわけですが，これは，その逆数である貨幣の流通速度が一定であると仮定したことと同じです．(6)式の両辺に M をかけると，

(7)　$M \times V = P \times Y$

となります．(7)式は，貨幣の流通速度が一定であれば，マネーストック M が2倍になれば，名目GDPも2倍になることを示しています．このとき，実質GDP（Y）が変化しなければ，物価（P）が2倍になるというのが，貨幣数量説の主張です．

貨幣数量説が実際にどの程度成立しているかは，その二つの前提条件（「貨幣の流通速度が一定」「マネーストックの変化は実質GDPには影響しない」）

第6章　貨幣の役割と金融政策

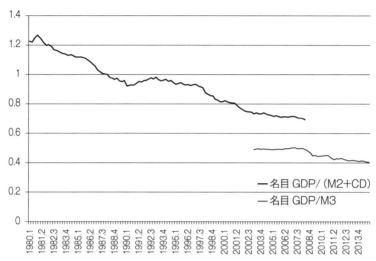

図6 ●日本の貨幣の流通速度の推移
（1980年第1四半期〜2014年第4四半期）

（注）貨幣の流通速度＝名目GDP ÷ マネーストック（M2＋CD と M3）により，著者算出．
（出所）図5と同じ．

がどの程度妥当しているかに依存します．図5は，日本の1980年第1四半期（1〜3月期）から2014年第4四半期（10〜12月期）におけるマネーストックと名目GDPの推移を示しています．1990年代半ばごろまでは，両者が比較的似た動きをしていることがわかります．しかし，1997年頃から，マネーストックが増加傾向を示すのに対し，名目GDPはほとんど増えていません．これは，図6に示すように，この頃から流通速度が顕著に低下したことを反映しています．この時期は，後述するように低金利政策やその後の量的緩和政策が採られた時期ですが，国債などの債券金利の低下によって，金利がつかない現金や金利の低い普通預金が相対的に不利でなくなったことなどによって，人々は，貨幣を保蔵するようになり，流通速度が低下したのです．このように，現実の流通速度は必ずしも安定していないので，貨幣数量説が厳密に成り立つわけではありません．

図7は，マネーストック上昇率を横軸に，物価上昇率を縦軸にとり，各四半

図7 ● 日本のマネーストック（M3）上昇率と物価（GDPデフレータ）上昇率（2003年第2四半期～2014年第4四半期）

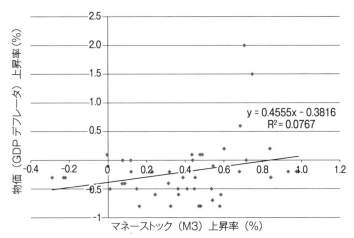

(注) マネーストック，GDPデフレータともに，季節調整済値の対前期比伸び率．GDPデフレータは名目GDP（2005年基準）÷実質GDP（2005年基準，固定基準年方式）で算出．
(出所) マネーストックは日本銀行ホームページ www.boj.or.jp．名目GDP，実質GDPは内閣府経済社会総合研究所ホームページ www.esri.go.jp．

期ごとの点を描いたものです．これによると，マネーストックが1％上昇すると，物価は約0.5％上昇する傾向にあるものの，それほど密接な関係があるわけではありません．マネーストックが物価に影響していることは確かですが，物価は，景気動向，原油価格，技術進歩など，さまざまな要因によって変化します．また，マネーストックが変化したときに，価格がすぐに変化せず，この結果，短期的に実質GDPが変化することもあります．この点については，あらためて第9，10章で詳しく述べたいと思います．

しかし，貨幣数量説が現実をうまく説明できる場合もあります．例えば，世界には，物価水準が1年間で100倍以上（1ヶ月で50％超）というような激しいインフレ（ハイパー・インフレーション）を経験した国が多数存在します．そうした状況では，やはりマネーストックが同じように激しい割合で上昇しており，マネーストックと物価が密接な関係にあったことが知られています[11]．最近では，アフリカの国ジンバブエで，2008年7月時点で年間インフレ率が

200万％を越え，ついに1000億ジンバブエ・ドル紙幣を発行しましたが，それでもパン一塊を買うことができなかったそうです[12]．貨幣数量説は，長期的な物価動向を説明する上でのベンチマーク，あるいは第一次近似としての意義があるといえるでしょう．

9　中央銀行と金融政策

中央銀行は，マネーストックを変化させることで，物価や景気を安定化させようとしています．これを金融政策と呼びます．例えば景気が悪化してデフレ（物価下落）傾向のときは，マネーストックを増やして経済活動を活発にし，デフレを止めようとします．逆に，景気が過熱してインフレ（物価上昇）傾向のときは，マネーストックを減らして経済活動を抑制し，インフレを抑えようとします．

中央銀行がマネーストックを変化させる手段としては，①公開市場操作，②公定歩合の変更，③法定準備率の変更があります．

まず，**公開市場操作**とは，中央銀行が民間金融機関との間で国債などの債券を売買することです．中央銀行が民間金融機関から国債を購入すると，中央銀行は購入代金として現金を支払うか，民間金融機関が中央銀行に預けている当座預金を増やすので，ベース・マネーが増えます（図2）．逆に，民間金融機関に債券を売却すると，中央銀行は現金を回収するか，民間金融機関が中央銀行に預けている当座預金を減らすので，ベース・マネーが減ります．このように，公開市場操作を通じてベース・マネーを増減させることが，金融政策の最も重要な手段となっています．

次に，**公定歩合**とは，中央銀行が民間金融機関に資金を貸し出すときの金利のことで，最近では基準貸付金利とも呼ばれています．公定歩合を引き下げると，民間金融機関は中央銀行からの借入を増やそうとするでしょう．民間銀行

---

11) 例えば1920年代前半のドイツなどヨーロッパの4カ国のハイパー・インフレーションとその終焉については，Sargent, T., 1983. "The End of Four Big Inflations," in Hall, R., ed., *Inflation*, University of Chicago Press, Chicago, 41-93 を参照してください．

12) 日経ネット www.nikkei.co.jp　2008年7月30日．

が中央銀行から資金を借り入れると，その資金は，民間銀行が中央銀行にもつ当座預金に振り込まれるので，ベース・マネーが増加します．逆に，公定歩合を引き上げると，民間金融機関は中央銀行からの借入を減らそうとするので，ベース・マネーが減少します．ただし，実際に民間金融機関が中央銀行から資金を借りようとするのは，信用力が低くて，他の金融機関から高い金利でしか借りられないか，あるいはまったく借りられない場合に限られます．したがって，現在では，公定歩合の変更は，金融政策の手段としては中心的なものではなく，補完的なものとなっています．

　最後に，**法定準備**とは，民間金融機関が，家計や企業から預かっている預金の一定割合を中央銀行に当座預金（準備預金）として預けないといけない額で，その割合のことを**法定準備率**と呼びます．民間金融機関は，こうした規制がなくても，預金の引き出しに備えて，ある程度，現金を保有するか，あるいは中央銀行に当座預金を預けます．しかし，現金には金利がつかず，中央銀行に預ける当座預金も従来は金利はつかなかったので，現金や中央銀行当座預金をあまり多くもつことは，収益の面でマイナスでした．したがって，規制がなければ，預金の引き出しに備える最低限度しか持とうとしませんでした．法定準備率は，民間金融機関が自主的に保有したいと思う額を上回っているので，通常，民間金融機関は，法定準備額ちょうどの額を日本銀行への当座預金に預けていました．したがって，以前は，法定準備率は，実際の準備率（銀行預金に対する準備預金の割合．前節のrに相当する）にほぼ等しくなっていました．このため，法定準備率を引き下げれば，貨幣乗数（前節の例では，$1/r$）が上昇するので，ベース・マネーが変わらなくても，マネーストックは増加しました．逆に，法定準備率を引き上げれば，貨幣乗数が低下するので，マネーストックは減少しました．

　しかし，準備率の変更によってマネーストックは急激に変化しかねないので，現在の主要国では，金融政策の手段として法定準備率を変更することは行われていません[13]．

10　短期金利をターゲットにした金融政策の運営

　銀行は，預金の引き出しなどに備えるために，現金や準備預金が必要になりますが，一時的に現金や準備預金が不足することがあります．こうした場合には，他の銀行から一時的に資金を借ります．逆に，現金や準備預金が余った場合は，他の銀行に一時的に資金を貸し出します．このように，民間金融機関は，相互に短期間の資金の貸し借りを行っています．日本では，こうした金融機関間の市場を**コール市場**，コール市場で決まる金利を**コールレート**と呼んでいます（特に1日間だけの貸し借りの際の金利はオーバーナイト・コールレートと呼ばれます．アメリカの銀行間の短期金利は，フェデラル・ファンドレートと呼ばれます）．

　コールレートが上昇すれば，他の銀行から資金を調達している銀行は資金調達のコストが上昇するので，企業向けの貸出金利を上げざるを得ません．そうすると，他の銀行に資金を貸し出している銀行も，貸出金利を上げてもライバル銀行と競争上不利にならないので，貸出金利を上げます．こうして，貸出金利が全体的に上がります．また，他の銀行に資金を貸し出している銀行は利益が増えるので，預金金利を多少上げてでも預金を集めようとするでしょう．対抗上，他の銀行も預金金利を上げざるを得ません．このように，コールレートが上昇すれば，貸出金利や預金金利が上昇します．さらに，こうした金利の上昇は，企業が長期間にわたり資金を調達するために発行する社債の金利や政府が発行する国債の金利にまで波及することがあります．コールレートは，他の金利に影響を及ぼす重要な金利です．

　では，コールレートはどのように決まるのでしょうか？　他の金利と同様に，コールレートも，資金の借り手が増えれば上昇し，貸し手が増えれば下落しま

13）日本では，1990年代後半に短期金利がゼロ％近くになり，それ以降，銀行は法定準備を超える準備預金（いわゆる超過準備）を保有しています．また，2008年10月以降は，銀行が保有する超過準備に対して，日銀が金利を払うことになりました（金利は2008年12月以降，0.1％）．さらに2016年1月には，銀行が新たに日銀に預ける超過準備の一部に対し，マイナス金利（−0.1％）を適用することにしました．マイナス金利とは，当座預金をした銀行が日銀に金利を支払うことを意味します．

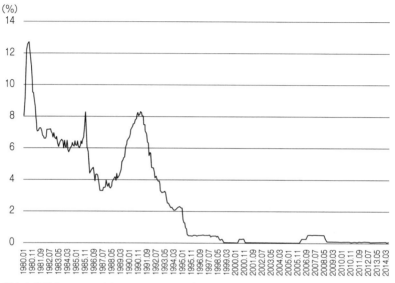

図8 ●日本のコールレートの推移（1980年1月～2014年12月）

(注) 無担保オーバーナイト・コールレートの各月平均値.
(出典) 日本銀行ホームページ www.boj.or.jp

す．例えば，日本銀行が公開市場操作を通じて，民間金融機関から多くの債券を購入すると，民間金融機関は多額の現金や準備預金を持つことになるので，資金を借りる必要がなくなり，コールレートは低下します．逆に，日本銀行が民間金融機関からの債券の購入を減らすか，民間金融機関に債券を売却すれば，民間金融機関がもつ現金や準備預金が減少するので，資金を借りたいと思う民間金融機関が増えて，コールレートは上昇します．

多くの国の中央銀行では，通常，短期金利（コールレートやフェデラル・ファンドレートなど）の目標値（**誘導目標**）を定め，実際の短期金利が目標値に近づくよう，公開市場操作を行っています．

景気が過熱し，物価が上昇する傾向（インフレ）にあるときには，中央銀行は短期金利の誘導目標を引き上げます．そして，中央銀行は民間金融機関からの債券の購入量を減らし（あるいは民間金融機関に債券を売却し），ベース・マネーの増加を抑制する（あるいは減らす）ようにします．こうした政策は，**金融引き締め**と呼ばれます．逆に，景気が悪化し，物価が下落する傾向（デフ

レ)にあるときには,短期金利の誘導目標を引き下げ,その実現のために,民間金融機関からの債券購入を増やして,ベース・マネーを増やすようにします.これは,**金融緩和**と呼ばれます.

　日本銀行でも,金融政策を変更する際には,通常,誘導目標とするコールレートを公表しています.図8は,コールレートの推移を示しています.

　日本銀行は,1991年以降,誘導目標となるコールレートを段階的に引き下げて,金融緩和を進めました.特に,1999年2月以降は,いわゆる**ゼロ金利政策**を採用し,誘導目標となるコールレートをゼロ%まで引き下げました.その後,2000年8月には誘導目標となるコールレートを0.25%にまで引き上げましたが,7ヵ月後の2001年3月には,次節で述べるように再び金融緩和策に転じ,それ以降,コールレートはほぼゼロ%で推移しました.

11　非伝統的金融政策

　日本銀行は,2001年3月に,いわゆる**「量的緩和」政策**を導入しました.これは,金融政策の目標値をコールレートから日銀当座預金残高に変更し,日銀当座預金残高を増加させる政策です.量的緩和政策の導入の際には,消費者物価上昇率が安定的にプラスになるまでこの政策を継続することも公表しました.短期金利をゼロ%より下げることが難しい状況で,ベース・マネーを増やすことで,信用創造によって貸出やマネーストックを増やし,デフレから脱却しようとしたのです.量的緩和政策を実施した後しばらくは,先に見たように,貨幣乗数(マネーストック÷ベース・マネー)も貨幣の流通速度(名目 GDP ÷マネーストック)も低下したため,当初期待したほどの効果は上がりませんでした.

　しかし,その後徐々に物価の下落傾向に歯止めがかかってきたので,日銀は,いったんは目標値を日銀当座預金からコールレートに戻しました.

　ところが,2008年秋以降のグローバル金融危機(第5章 COLUMN 2 参照)によって日本の景気が悪化すると,再びゼロ金利政策を導入するとともに,日銀が購入する金融資産の種類を拡大しました[14].さらに2013年4月には,**「量的質的緩和」**政策を開始しました.これは,消費者物価上昇率2%の実現を目

標として,金融政策の操作目標をコールレートからベース・マネー(マネタリー・ベース)に変更し,ベース・マネーを毎年一定額ずつ増やす政策です.その後も,2016年1月には,民間金融機関が日銀に預ける当座預金の一部にマイナス金利を導入するなど,金融緩和策を順次拡大しました.

このように,2000年以降,日本ではコールレートなどの短期金利がほぼゼロ％に達し,さらなる引き下げ余地が狭まる状況で,従来の短期金利を誘導目標にする金融政策とは異なる金融政策手段がしばしば採用されています.こうした政策は「**非伝統的金融政策**」と呼ばれます.非伝統的金融政策は,2008年のグローバル金融危機以降,米国,英国,ユーロ圏などの中央銀行もさまざまな形態で採用しました.具体的には,(1)将来にわたる金融緩和継続の約束(コミットメント),(2)資産購入額あるいはベース・マネーの目標額の設定・増額,(3)リスクが比較的高い金融資産の購入,(4)中央銀行当座預金へのマイナス金利の適用などが挙げられます.

| COLUMN 1 |

貨幣乗数の求め方

一般に,等比級数の和は

(8) $\quad S = 1 + A + A^2 + A^3 + \cdots + A^n = \dfrac{1 - A^{n+1}}{1 - A}$

です.$A < 1$ の場合,n が大きくなるにつれて A^{n+1} はゼロに近づくので,n が無限大になると,

(9) $\quad S = \dfrac{1}{1 - A}$

となります.ここで,$A = 1 - r$ とおいて(7)式に代入すると,

(10) $\quad 1 + (1-r) + (1-r)^2 + (1-r)^3 \cdots = \dfrac{1}{1 - (1-r)} = \dfrac{1}{r}$

となります.最後に,(10)式の両辺に H をかければ,本文(3)式が得られます.

---

14) 具体的には従来から購入していた国債やコマーシャル・ペーパーに加えて,TOPIXなどの株式指数に連動する上場投資信託(ETF)・上場不動産投資信託(J-REIT)などの購入を開始しました.

第6章　貨幣の役割と金融政策

| COLUMN 2 |

通貨は国境を越える

　1999年1月1日に，ドイツ，フランス，イタリアなどヨーロッパの11カ国において，それまでの各国の通貨（マルク，フラン，リラなど）に代わって，ユーロという共通の通貨が誕生しました．これらの国では，欧州中央銀行が金融政策を遂行しています．ユーロの誕生により，人々は国境を越えるたびに両替をする必要がなくなり，企業は貿易や国際的な金融取引にかかるコストの節約が可能となりました．しかし，共通通貨ユーロの存在は，金融政策の運営を難しくすることがあります．例えばドイツでデフレ気味なのに対し，イタリアではインフレ気味であったとしましょう．こうした場合，欧州中央銀行は，金利を引き上げてインフレ抑制を図ればよいのか，金利を引き下げてデフレ阻止を図ればよいのか，深刻なジレンマに直面します．ユーロ加盟国の間では，財政赤字に制限を設けるなどして，できるだけこうしたジレンマが深刻にならないよう工夫しています．しかし，2010年に生じたギリシャの財政危機に見られたように，いまだ十分にジレンマが克服されたとは言い難い状況のようです．

　考えてみれば，一国のなかでも，地域ごとに景気や物価が異なる局面にあることはしばしばあります．しかし，国内であれば，例えば景気のいい地方から悪い地方に財政的な補助・移転をすることで，こうした地域間のバラツキをならすことが可能です．これに対し，ユーロ加盟国は各国の政府が独自に財政政策を運営しているので，財政的な補助・移転による対応は困難です．

　貨幣が国境を越えるのは，ユーロの例だけではありません．パナマなど中南米諸国の一部では，アメリカのドルを国内の通貨に採用しています．途上国では，海外から資金を借りるときに，「○ドル借りる」というように，ドル建てで借りることが多いのですが，国内通貨をドルにすれば，自国通貨の為替レートが急落して，自国通貨建てに換算した債務の負担が急増することがなくなります．また，通貨発行益（シニョリッジ）を放棄することで，放漫財政に陥らないという約束（コミット）が信頼されやすくなるというメリットもあります．他方，独自の金融政策を実施できないので，自国の経済状況にかかわらず，アメリカの金融政策の影響を受けることになります．

● 練習問題

問1 日本銀行が，銀行から国債を1兆円購入しました．このとき，
(1) ベース・マネーはいくら増えますか．
(2) 銀行は，預金の1割を現金あるいは準備預金として置いておき，残りの9割は貸出に回すものとします．このとき，マネーストックはいくら増えますか．

問2 名目GDPが500兆円，マネーストックが600兆円だとします．
(1) 貨幣の流通速度はいくらですか？
(2) (1)で求めた貨幣の流通速度が一定だと仮定します．マネーストックを600兆円から660兆円にまで増やしたとき，名目GDPはいくらになりますか？
(3) (1)で求めた貨幣の流通速度が一定で，かつ，実質GDPがマネーストックの影響を受けないと仮定します．マネーストックを600兆円から660兆円にまで増やしたとき，物価は何％上昇しますか？

問3 多くの国で，戦争の後にハイパー・インフレーションが生じています．なぜでしょうか，その理由を考えなさい．

問4 金利が上昇すると「スイカ」や「イコカ」などの先払い型のICカード（電子マネー）の利用は増えると予想されますか，それとも減ると予想されますか？理由をつけて答えなさい．

第7章 貿易と資本移動のマクロ経済学

現代の経済では，モノもカネも国境を越えて活発に移動しています．こうした経済のグローバル化は，一国の経済に多大な影響を及ぼしています．国境を超えてモノやカネが動く基本的な理由は，国内でモノやカネが動くのと同じです．人々は，自分が比較的得意なものを作って売り，作るのが苦手なものを買って消費しています．同じように，各国は比較的得意なものを外国に売って，作るのが苦手なものを外国から買っています[1]．また，国内では，一時的にカネが余っている人が貸し手となり，一時的にカネが足りない人が借り手となります．同じように，国内で一時的にカネが余っている国が貸し手となり，カネが足りない国が借り手となります．

ただ，国境を超える取引では，通貨の交換が必要となります．たとえば，日本人とアメリカ人がモノやカネの取引をする場合，円とドルを交換する必要が生じます．この交換比率が為替レートです．そこで，本章では為替レートがどのようにして決まっているのか，また，為替レートの変動が一国経済にどのような影響を及ぼすのかを学ぶことにします．

1 貿易と資本移動

日本は，2014年に所得のうち約18%を海外にモノやサービスを売って稼ぎ

---

[1] **比較優位の原則**といい，貿易のメリットの一つです．また，同じ財（たとえば車）でも，外国には国内にはない種類，ブランド，品質のものが売っていることもあります．こうしたさまざまなバラエティーを享受できるというのも，貿易のメリットです．

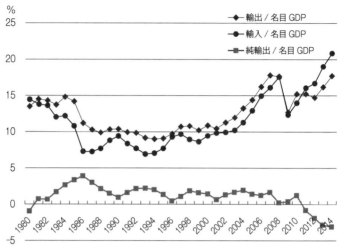

図1 ●輸出と輸入の推移（名目GDP比）1980〜2014年

(出典) 内閣府経済社会総合研究所『国民経済計算』による.

(**輸出**)，同じく所得のうち約21％は海外のモノやサービスの購入に当てました(**輸入**)．図1は1980年から2014年までの輸出と輸入の推移（対名目GDP比）を描いていますが，2000年代以降，グローバル金融危機の一時期を除き，輸出も輸入も増加傾向にあることがわかります．

国境を越えたおカネの流れも活発に行われています．2014年末に，日本は約945兆円の海外資産を保有し，外国は約578兆円の日本の資産を保有しています．図2は**対外資産**（日本人が保有する海外資産）と**対外負債**（外国人が保有する日本の資産）の推移（対名目GDP比）を描いていますが，いずれも2000年代以降増加傾向にあります．なお，輸出・輸入がフローの概念であるのに対し，対外資産・負債はストックの概念であることに注意してください．対外資産から対外負債を引いたものは，**対外純資産**と呼びます．

国境を超えたモノの取引は**貿易**と呼び，カネの取引は**資本移動**と呼びますが，実はこの二つは密接に関係しています．それは，

(1) **純輸出等**(輸出−輸入＋海外からの所得の純受取) ＝ **対外純資産の純増**

という関係です．たとえ話で説明しましょう．

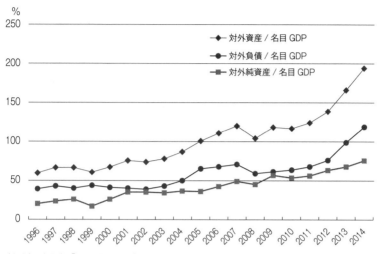

図2 ●対外資産・負債の推移(対名目GDP比)1996〜2014年末

(出典)財務省『本邦対外資産負債残高』および内閣府経済社会総合研究所『国民経済計算』による.

　私と友達の二人だけの世界を考えます.ある年の春に私は友達にリンゴを10個売り,同じ年の秋には,その友達からリンゴを7個買ったとしましょう.その年の終りに,私はリンゴを3個友達から受け取る権利をもっているはずです.たとえば,リンゴ1個100円だとすると,春に1000円(=100円×10個)受け取り,秋に700円(=100円×7個)支払っているので,300円残っています.これで,リンゴをあと3個買えるはずです.友達がアメリカ人の場合,円ではなくてドルを使って取引をするかもしれませんが,その場合も同様です.たとえば,リンゴ1個1ドルだと,春に10ドル受け取り,秋に7ドル支払いますから,3ドル手元に残っています.これはやはりリンゴ3個分に相当します.あるいは,現金を使わずに貸し借りを行う場合も同様です.リンゴを10個売った時点で,1000円(あるいは10ドル)分,友達に貸しができます.そして7個買った時点で,700円(あるいは7ドル)分,友達から借りたことになります.したがって,差し引き300円(あるいは3ドル)分,つまりリンゴ3個分の貸しが残っています.

　現実の国境を越えた取引でも,同じです.ある年に日本の輸出が輸入を上回

図3 ●純輸出と海外からの所得（名目GDP比）

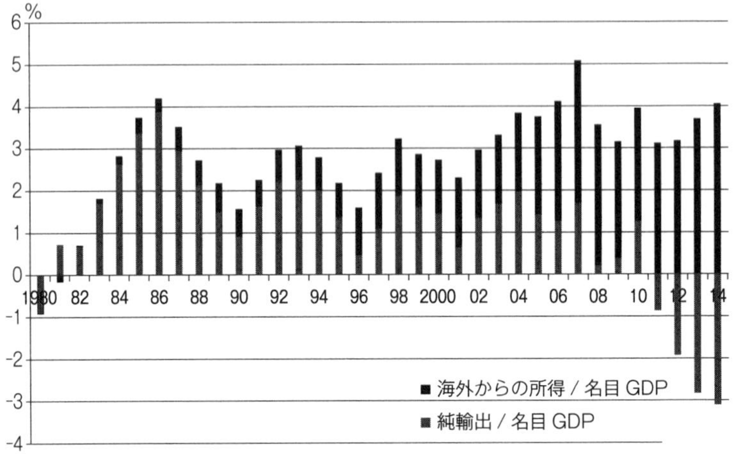

(出典）内閣府経済社会総合研究所『国民経済計算』による．

っていれば，日本人が外国人から買った財・サービスよりも多くの財・サービスを売ったわけですから，その分だけ日本人が保有している外国の資産（正確には，対外資産から対外負債を引いた対外純資産）が増えているはずです．また，外国の債券や株を持っていれば，利子や配当などの所得を海外から受け取るので，これによって対外純資産を増やすこともできます．資産の中身は，通貨（円やドル），貸出，債券（国債や社債），株式など様々ですが，その総額は，純輸出等に等しいのです．

なお，(1)式の左辺にある**純輸出等**は，**経常収支**とも呼ばれています．

図3は，日本の経常収支（対名目GDP比）の推移を純輸出と海外からの所得に分けて示したものですが，最近では，純輸出がマイナスなのに対し，海外からの所得がそれを上回るプラスとなっていることがわかります．

(1)式は，GNI（国民総所得）の定義から導くこともできます．第5章では，GNIの定義式から，

(2)　民間貯蓄＋政府貯蓄　＝　投資＋純輸出等

となることを示しました．国民全体（民間と政府）の貯蓄は，投資にまわるか，

あるいは外国資産の購入にまわるので,結局,純輸出等は対外純資産の純増に等しくなるのです.

なお,対外純資産の純増は,自国の貯蓄が海外の資産で運用されること,つまり,自国から海外に資本(カネ)が出ていくことを意味しますから,**純資本流出**あるいは**対外純投資**とも呼びます.対外純資産の純増がマイナスの場合は,逆に海外から自国に資本(カネ)がはいってきているので,**純資本流入**となります.

2 名目為替レートと実質為替レート

名目為替レートは,異なる通貨どうしの交換比率です.たとえば,毎日のニュースで聞く1ドル115円とか,1ユーロ125円などが名目為替レートです.1ドル115円というのは,1ドルと115円が交換できる,あるいは,1円と0.0087ドル(=1÷115)が交換できるという意味です.名目為替レートが,1ドル115円から100円に動くと,1円と交換できるドルが,0.0087ドルから0.01ドル(=1÷100)に増えるので,円が**増価**する,あるいは**円高**になるといいます.逆に,1ドル115円から120円に動くと,1円と交換できるドルが,0.0087ドルから0.0083ドル(=1÷120)に減るので,円が**減価**する,あるいは**円安**になるといいます.

実質為替レートというのは,異なる国での財の交換比率を示すもので,次の式で定義されます.

(3)　実質為替レート = $\dfrac{名目為替レート \times 国内物価}{外国物価}$

ここで,右辺の分子にある名目為替レートは,1円が何ドル(あるいは他の外国通貨)と交換できるかを示しています.たとえば,財としてリンゴだけを考えてみましょう.リンゴ1個が日本で100円,アメリカで1ドル,名目為替レートが1円=0.0087ドル(つまり1ドル=115円)だと,実質為替レートは,

$$\dfrac{0.0087_{ドル/円} \times 100_{円/個}}{1_{ドル/個}} = 0.87$$

となります.日本でリンゴ1個持っている人が,そのリンゴを売って得た100

円をドルに替えると，100×0.0087＝0.87ドルを手に入れます．この0.87ドルでアメリカのリンゴを買おうとすると，アメリカでは1個1ドルなので，0.87÷1＝0.87個買えます．結局，日本のリンゴ1個がアメリカのリンゴ0.87個と交換できることになります．このように，実質為替レートは財の交換比率を示しているのです．実際には，さまざまな財がありますから，実質為替レートの算出には，さまざまな財の価格の平均値である国内物価や外国物価を用います．

実質為替レートは，輸出や輸入に影響を及ぼします．上のリンゴの例だと，実質為替レートが0.87，つまり日本のリンゴ1個とアメリカのリンゴ0.87個を交換できるということは，日本のリンゴがアメリカのリンゴに比べて割安で，アメリカのリンゴのほうが割高だということを意味します．したがって，日米両国において，日本のリンゴのほうがよく売れるでしょう．日本から見れば，日本産リンゴの輸出が多くなり，アメリカ産リンゴの輸入が少なくなります．実質為替レートが上昇すると，それだけ日本のリンゴのほうが割高になっていくので，日本の輸出は減って輸入が増えます．

図4は，さまざまな外国との名目為替レートと実質為替レートを，貿易量をウェイトに加重平均[2]した「実効為替レート」の推移を示したものです（1973年3月の値を100に基準化しています）．これを見ると，2015年9月時点では，1973年3月に比べて名目為替レートは約2.7倍に増価して（円高になって）いますが，実質為替レートは1973年3月時点とほとんど変わっていません．(3)式に照らして考えると，名目為替レートが上昇しているにもかかわらず，実質為替レートがほとんど変化していないのは，国内物価／外国物価が下落している

2）加重平均について例を使って説明します．たとえば，アメリカと中国とユーロ圏との貿易を考えましょう．貿易量がそれぞれ100, 150, 50だとすると，貿易量の総額は100＋150＋50＝300なので，アメリカ，中国，ユーロ圏のウェイトはそれぞれ1/3（＝100/300），1/2（＝150/300），1/6（＝50/300）です．それぞれの国・地域の実質為替レートが1.2, 1.1, 1.05だとすると，実質実効為替レート（貿易量をウェイトにした実質為替レートの加重平均値）は，1.2×(1/3)＋1.1×(1/2)＋1.05×(1/6)＝1.125となります．実質為替レートの単純平均は(1.2＋1.1＋1.05)/3＝1.117ですから，この例では，加重平均のほうが単純平均よりも少し大きくなっています．これは，比較的実質為替レートの高いアメリカのウェイトが高く，比較的実質為替レートの低いユーロ圏のウェイトが低いことによります．

図4 ●名目実効為替レートと実質実効為替レート（1973年3月＝100）
1973年1月～2015年9月

（出典）日本銀行ホームページ　www.boj.or.jp

こと，つまり，外国物価が国内物価に比べて上昇していたことを意味しています．あるいは，外国物価の相対的な上昇に伴って，名目為替レートが増価していた（円高になった）とみなすこともできます．

なお，近似的に，掛け算の上昇率は掛けたものそれぞれの上昇率の和に等しく，分数の上昇率は分子の上昇率から分母の上昇率を引いたものに等しくなるので[3]，(3)式を変化率で表すと，

(4)　実質為替レートの上昇率
　　＝名目為替レート上昇率＋国内物価上昇率－外国物価上昇率

---

[3] $x(t)$, $y(t)$, $z(t)$, $w(t)$ がそれぞれ時間 t の関数で，$w(t) = \dfrac{x(t) \cdot z(t)}{y(t)}$ の関係があるとします．このとき，両辺の自然対数をとると，$\ln(w(t)) = \ln(x(t)) + \ln(z(t)) - \ln(y(t))$ です．両辺を時間 t で微分し，$\dfrac{dw(t)}{dt} \equiv \dot{w}(t)$，$\dfrac{dx(t)}{dt} \equiv \dot{x}(t)$，$\dfrac{dy(t)}{dt} \equiv \dot{y}(t)$，$\dfrac{dz(t)}{dt} \equiv \dot{z}(t)$ と表すと，$\dfrac{\dot{w}(t)}{w(t)} = \dfrac{\dot{x}(t)}{x(t)} + \dfrac{\dot{z}(t)}{z(t)} - \dfrac{\dot{y}(t)}{y(t)}$ となります．これは，$w(t)$ の変化率＝$x(t)$ の変化率＋$z(t)$ の変化率－$y(t)$ の変化率となることを表しています．

となります．

3　為替レートの決定要因

A．長期：購買力平価

　名目為替レートは，どのように決まるのでしょうか？　長期的には，国内外で同じものは同じ価格になるはずです．同じものがどこでも同じ価格であれば，**一物一価**が成り立っていると言いますが，一物一価が国内と外国の間で成り立つように為替レートが決まるという考え方が，**購買力平価仮説**と呼ばれます．購買力というのは，通貨（たとえば1円）の価値，すなわち通貨（1円）で買えるモノの量のことで，平価というのは，どこでも同じ価値だということです．つまり，購買力平価仮説というのは，モノの値段はどこでも同じはずなので，1円で買えるモノの量はどこでも同じであるという仮説です．

　上のリンゴの例に戻って考えましょう．日本でリンゴ1個100円，アメリカで1個1ドルのとき，名目為替レートが1ドル100円であれば，アメリカのリンゴも日本と同じ100円になるので（あるいは，日本のリンゴもアメリカと同じ1ドルになるので，）一物一価が成り立ちます．

　もし，1ドル115円であれば，日本のリンゴは割安となり，一物一価は成り立ちません．しかし，こうした状況は長続きしません．なぜでしょう？　日本のリンゴが割安の場合，日本でリンゴを買って，アメリカで売れば，（輸送費が小さい限り）利益を出すことができます．したがって，日本人もアメリカ人も，日本でリンゴを買ってアメリカで売って利益を得ようとするでしょう（価格差を利用して利益を得る行為は，**裁定取引**と呼ばれます）．日本人がアメリカでリンゴを売って得たドルは，円に両替しようとします．アメリカ人が日本でリンゴを買うためには，事前にドルを円に両替する必要があります．いずれにしても，ドルを売って円を買おうとする人が増えます．こうした円買いドル売りは，円高ドル安をもたらします．このようにして，多くの人が日本でリンゴを買い，アメリカでリンゴを売って，これに伴って円買いドル売りを行うと，やがて日本のリンゴの値段が上がり，アメリカのリンゴの値段が下がり，為替

レートが円高ドル安になります．こうした価格や為替の調整は，日米でリンゴの値段が同じになるまで続きます．逆に，1ドル90円であれば，アメリカのリンゴが割安なので，多くの人が利益を得ようと，アメリカでリンゴを買い，日本でリンゴを売って，これに伴って円売りドル買いを行うので，日本のリンゴの値段が下がり，アメリカのリンゴの値段が上がり，円安ドル高になります．この調整は，やはり一物一価が成り立つまで続くと考えられます．

このように，購買力平価仮説では，財の交換比率が1対1になるように，つまり，実質為替レートが常に1になるように，名目為替レートが決まると考えます．実質為替レートが1のとき，(3)式の左辺に1を代入して，両辺に外国物価/国内物価をかけると，

(5)　名目為替レート $= \dfrac{外国物価}{国内物価}$

が成り立ちます．(5)式は，外国物価が国内物価に比べて高くなればなるほど，名目為替レートは増価する（円高になる）ことを示しています．

(5)式は，名目為替レートの水準が内外物価の比で決まることを示していますが，これから，購買力平価仮説が成り立っていれば，名目為替レートの変化率について，近似的に次の関係が成り立つことがわかります．

(6)　名目為替レートの上昇率 ＝ 外国物価の上昇率 － 国内物価の上昇率

あるいは，購買力平価仮説では実質為替レートは常に1なので，

(7)　実質為替レート上昇率 ＝ 0

です．実際に，図4を見ると，長期的にみて，名目為替レートが増価している（円高になっている）にもかかわらず，実質為替レートが安定的に推移しているのは，名目為替レートが外国物価と国内物価の比率を反映して動いてきたことを示しています．

このように，購買力平価仮説は，長期的な為替レートの動きを説明するのに有益な理論です．しかし，実際の名目為替レートは，購買力平価からかい離することもあります．これは，上に述べた裁定取引が十分に行われないからです．

その理由の一つに，非貿易財（貿易できない財）の存在があります．たとえ

ば，東京の散髪屋がニューヨークの散髪屋より割高だとしても，ニューヨークの散髪屋で散髪サービスを購入して，それを東京で売ることはできません．このため，散髪屋の価格差は残ることになります．

また，貿易財（貿易できる財）でも，ある程度の価格差が残ることがあります．同じ自動車でも，トヨタ車とベンツ車では，ブランドや品質などに違いがあり，完全に同じ財ではありません．これは，製品差別化と呼ばれます．

このように，非貿易財や差別化された財が存在するために，購買力平価仮説は常に厳密な形で成り立つわけではありませんが，為替レートの長期的な趨勢を知る上で，有益な理論となっています．

B．短期：カバーなし金利平価

通貨の交換は，モノの移動（貿易）だけではなく，カネの移動（資本移動）の際にも生じます．たとえば，日本人がアメリカの国債や株式を購入する場合には，まず円をドルに替える必要があります．そこで次に，資本移動と為替レートの関係について考えてみましょう．

いま，アメリカの国債の金利が5％，日本の国債の金利が2％だとしましょう．アメリカの国債のほうが日本の国債よりも有利だと言えるでしょうか？必ずしもそうではありません．なぜなら，名目為替レートが変動するからです．今，為替レートが1ドル100円だとします．100万円を日本国債で運用した場合，1年後には元本と金利を合わせて102万円になります．他方，100万円をドルにかえてアメリカ国債で運用した場合，1万ドル分のアメリカ国債を購入できるので，1年後には元本と金利を合せて1万500ドルになります．もし1年後の為替レートが100円のままであれば，これは105万円になり，アメリカ国債の収益率は5％ですから，日本国債よりも有利です．しかし，もし1年後の為替レートが95円と5％円高になれば，アメリカ国債の元本と金利の合計1万500ドルは約100万円（正確には，10500ドル×95円/ドル＝997500円）になりますから，結局，アメリカ国債の収益率は約0％となり，日本国債よりも低い収益となります．逆に，1年後の為替レートが105円と5％円安になれば，アメリカ国債の元利合計1万500ドルは，約110万円（正確には，10500ドル×105円/ドル＝1102500円）となりますから，アメリカ国債の収益率は約10％となります．こ

のように，外国資産の収益率は，近似的に

(8) 外国資産の収益率 ＝ 外国の金利－名目為替レート上昇率

となります．ここで，リスク要因を無視すると，日本の資産の収益率（金利）と外国の資産の期待収益率（外国資産の金利－期待名目為替レート上昇率）は等しくなるはずです．

(9) 日本の金利 ＝ 外国の金利－期待名目為替レート上昇率

なぜでしょうか？　もし，多くの人がアメリカ国債のほうが高い収益を生むと予想すれば，日本国債よりもアメリカ国債を購入しようとします．また，これに伴い，円売りドル買いの取引が行われます．この結果，アメリカ国債の金利が下がり（つまり，アメリカ国債の価格が上がり），日本国債の金利が上がり（つまり，日本国債の価格が下がり）ます．また，現在の名目為替レートが減価し（円安・ドル高になり），将来の期待為替レートの水準が一定だとすると，期待名目為替レート上昇率は上昇します．こうした裁定取引の結果として，日本資産の期待収益率と外国資産の期待収益率は等しくなるのです．

もちろん，今後の金利や為替レートの変動を確実に予想することはできませんから，金融資産にはリスクがあります．そこで，投資家がリスクの高い資産に対して，**リスク・プレミアム**（リスクが高い資産に対して，安全な資産よりもどれだけ高い収益率を要求するかを示す．）を要求することを考慮すると，

(10) 日本の金利
　　＝ 外国の金利－期待名目為替レート上昇率－リスク・プレミアム

となります．ここで，相対的に日本の資産が安全だとすると，外国資産の収益率にリスク・プレミアムが発生するので，その分を外国資産の収益率から差し引いたものが，日本の金利と等しくなります．もし，日本の資産のほうがリスクが高い場合には，(10)式のリスク・プレミアムの項はマイナスになります．(10)式を変形すると，

(11) 期待名目為替レート上昇率

　　　　＝外国の金利－日本の金利－リスク・プレミアム

となります．予測誤差（実際の値と期待値との差）を考慮すると，(11)式は

　(12)　名目為替レート上昇率
　　　　＝外国の金利－日本の金利－リスク・プレミアム＋予測誤差

と書きかえられます．ここで，予測誤差は平均的にはゼロだと考えられます．このように，リスクを調整したうえで内外の資産の期待収益率が一定になるように為替レートの上昇率が決まるという条件を**カバーなし金利平価条件**と呼びます．カバーなしというのは，為替変動のリスクを取り除いていないという意味で，金利平価というのは，リスクを調整した金利がどの国の金融資産でも同じだという意味です．

　(12)式は，外国の金利やリスク・プレミアムが一定で日本の金利だけが上昇すると，名目為替レートは減価する（円安）方向に動くことを示しています．ただしこれは，名目為替レートの今期から来期にかけての変化の方向を示すもので，今期の水準を示すものではないことに注意してください．

　図5は日米の長期金利の格差と円ドル為替レートの推移を描いたものです．これを見ると，日本の金利に比べてアメリカの金利が高くなると，為替レートが円高ドル安の方向に動く傾向が見られる時期もありますが，両者の関係は弱く，リスク・プレミアムの変動が名目為替レート変動の重要な要因であることがわかります．

　カバーなし金利平価条件は，実質為替レート上昇率を用いて表すこともできます．(12)式の両辺から，（外国の物価上昇率－日本の物価上昇率）を引くと，
　　左辺 ＝ 名目為替レート上昇率－（外国の物価上昇率－日本の物価上昇率）
　　　　 ＝ 実質為替レート上昇率
　　右辺 ＝ 外国の金利－日本の金利－リスク・プレミアム＋予測誤差
　　　　　 －（外国の物価上昇率－日本の物価上昇率）
　　　　 ＝（外国の金利－外国の物価上昇率）－（日本の金利－日本の物価上昇率）－リスク・プレミアム＋予測誤差
　　　　 ＝ 外国の実質金利－日本の実質金利－リスク・プレミアム＋予測誤差

図5 ●日米円ドルレートと日米長期金利格差（1980年1月〜2015年3月）

（注）日米金利格差＝米国債利回り(10年)－利付国債応募者利回り（10年）．利付国債応募者利回りは日経 NEEDS Financial QUEST，米国債利回りは，連邦準備銀行ホームページ www.federalreserve.gov.

なので，結局，

(13)　実質為替レート上昇率
　　＝ 外国の実質金利－日本の実質金利－リスク・プレミアム＋予測誤差

となります．

C．為替レートのオーバーシュート

　外国財と国内財の裁定条件（内外で一物一価が成り立つ条件）から得られたものが購買力平価で，外国資産と国内資産の裁定条件（リスクを考慮した期待収益率は，内外の資産で同じという条件）から得られたものがカバーなし金利平価条件です．この二つの条件をどう整合的に理解すればいいのでしょうか？
　長期的には購買力平価が成り立ちますが，金融政策の変更や金融資産リスクの変動などのショックがあると，為替レートは一時的に購買力平価からかい離します．これは，財の価格は，常に伸縮的に動くわけではなく，価格変更までに時間がかかることが多いからです．他方，資本の移動が自由であれば，カバ

図6 ●金融引締めショックに対する名目為替レートの動き

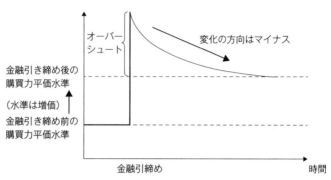

　ーなし金利平価は常に成り立ちます．なぜなら，カネの流れは早く，投資家は少しでも（リスクを調整した）期待収益率が高い資産があれば，即座にそちらの資産の購入に向かうからです．

　では，為替レートは金融政策の変更などに応じて，どのように変化するのでしょうか？　具体的に，貨幣供給量を減らし，国内の名目金利を引き上げるような金融引き締めがあった場合を考えてみましょう．

　金融引き締めによって国内の名目金利が上昇すると，カバーなし金利平価条件より，名目為替レートの変化率は下落しなければなりません．他方，金融引き締めによって貨幣供給量が減少し，物価が下落すると，購買力平価条件より，長期的には名目為替レートの水準は上昇しなければなりません．このため，ひとまず，最終的な名目為替レートの水準を超えて大幅に名目為替レートは上昇し，そこから徐々に下落して，最終的な水準に向かうことになります（図6）．このように，ショックがあった時点で最終的な均衡水準を上回ってジャンプする動きを，**オーバーシュート**とよびます．

　名目為替レートがオーバーシュートするのは，国内の名目金利が上昇した瞬間に，対外純投資が減少し（あるいは対内純投資が増加し），円売りドル買いが減る（あるいは円買いドル売りが増える）からです．

　名目為替レートがオーバーシュートする結果，名目金利が上昇する前と較べると，名目金利上昇後は，名目為替レートの水準は増価しています．なお，短

期的に,内外のインフレ率が大きく変化しなければ,国内の実質金利上昇によって,実質為替レートもオーバーシュートし,増価しています.名目為替レートは,いったんオーバーシュートした後,徐々に下落しますが,この過程でカバーなし金利平価条件が成り立っています.そして長期的には,名目為替レートは,金融引き締め前の水準よりも高い水準で落ち着くことになりますが,この水準は,金融引き締め後の購買力平価の条件を満たす水準です.

4 純輸出等はどのように決まるのか？

ここまでの話を復習してみると,
①純輸出等は,常に対外純資産の純増(対外純投資)に等しい.
②純輸出等は,実質為替レートが減価すると,増加する.
③外国の(リスクを調整した)実質金利に比べて国内の実質金利が上昇すると,対外純投資が減って円売りドル買いが減る(あるいは対内純投資が増えて円買いドル売りが増える)ので,実質為替レートの水準は増価する.
とまとめることができます.

ここで,純輸出等の決定要因を考えてみましょう.外国の(リスク調整済の)実質金利が一定だと仮定し,(リスク調整済の)国内実質金利が上昇した場合を考えてみると,

　(リスク調整済の)国内実質金利の上昇
⇒対外純投資の減少
⇒実質為替レートの増価
⇒純輸出等(=対外純資産の純増)の減少

となります.つまり,(リスク調整済の)内外実質金利差によって資本移動がおこり,これによって実質為替レートが変化すると,純輸出等はその影響を受けることになります.逆に,実質金利差が変化しなければ,実質為替レートは変化しないので,純輸出等も変化しません(COLUMN 1では,実質金利,実質為替レート,純輸出等の決定メカニズムについて,図を用いて説明しています).

これは,驚くべき結果と言えるでしょう.たとえば,政府が国内産業の保護

のために，輸入品にかける関税を高めたとしましょう．このとき，純輸出等は増えるでしょうか？　答えは，ノーです．なぜなら，関税を高めても，内外実質金利差は変わらないからです．もちろん，関税を高めれば，輸入は減り，輸入品と競合している産業（たとえば農業）の国内生産は増えるでしょう．しかし，輸入が減ると，輸入業者による外国へのドルの支払いも減るので，円売りドル買いが減ります[4]．この結果，円高ドル安となり，実質為替レートが上昇するので，輸出が減ってしまいます．つまり，輸入品への関税によって，国内の輸出産業（たとえば自動車産業）は打撃を受けます．どれだけ輸出が減るかというと，ちょうど輸入の減少分と同じだけ輸出も減ります．つまり，純輸出等は変化しません．なぜなら，関税によって内外実質金利差は影響を受けないので，資本移動はおこらず，この結果，純輸出等も変化しないのです．逆に，関税を下げれば，輸出も輸入も増えることになります．

　他方，（リスク調整済の）内外実質金利差に影響を及ぼす政策は，純輸出等に影響を及ぼします．たとえば，技術革新によって資本の限界生産力が高まったとしましょう．このとき，設備投資のための資金需要が増えますから，国内の実質金利は上昇します（第5章参照）．これに伴って，日本に対する資本流入が増えるので（対外純投資が減少するので），実質為替レートは増価します．この結果，純輸出等は減少します．同様にして，民間貯蓄の減少や財政赤字の増大が純輸出等を減少させることも明らかでしょう．つまり，国内の投資を増やす要因や，国内の貯蓄を減らす要因は，純輸出等を減らす要因となるのです．

5　変動相場制と固定相場制

　これまでは，為替レートは通貨の売買によって自由に変動するという前提で議論してきました．こうした制度は**変動相場制**（あるいは**変動為替相場制**）といい，現在，日本を含め主要な先進国が採用しています．これに対して，政府が一定の為替レートを維持する仕組みを採用している国もあります．これは，

---

[4] 円を用いて貿易の決済（支払）をしている場合は，外国の輸出業者が日本の輸入業者から受け取った円をドルに換える動き，つまり，円売りドル買いが減りますから，為替レートに及ぼす影響は同じです．

固定相場制（あるいは固定為替相場制）と呼ばれます．日本を含めた主要先進国においても，第二次世界大戦後から1971年まで，固定相場制を採用していました（ブレトン・ウッズ体制と呼ばれます）．この期間，円・ドルレートは1ドル360円に固定されていました．

固定相場制では，為替レートはどのようにして固定されるのでしょうか？例えば日本の輸出が増えて，手に入れたドルを円に換えたい輸出業者が増えたとしましょう．放っておけば，円の需要が増えて，ドルの供給が増えるので，円高・ドル安になってしまいます．そこで，**通貨当局**（政府あるいは中央銀行）が，輸出業者の動きを相殺するように，ドルを買い，円を売るのです．そうすると，輸出業者と政府をあわせた通貨の需要と供給は変化しないので，為替レートも変化しません[5]．このように，為替レートに影響を及ぼす目的で，政府が自国の通貨と外国の通貨との売買を行うことを，**為替介入**と呼びます．

現実には，変動相場制のもとでも，通貨当局が為替介入を行うことがあります．例えば，1985年9月の**プラザ合意**（フランス，西ドイツ，アメリカ，イギリス，日本の5カ国による蔵相・中央銀行総裁会議声明）以後，主要国が協調して介入した結果，円・ドルレートは，1985年9月の1ドル230円台から1987年末には1ドル120円台へと，急激に円高になりました（図5）．それ以降も，為替相場の急激な変動を避けるために，しばしば介入が行われています．このように，為替介入を伴う変動相場制を，特に**管理フロート制**と呼ぶこともあります．たとえば中国の通貨当局は，中国の通貨「人民元」の為替レートの変動幅が一定以内に収まるように介入を続けています．

6 資本逃避と通貨危機

固定相場制のもとで，民間による大量の自国通貨売りが生じると，通貨当局はこれに対抗して外国通貨売り（多くの場合，ドル売り）を行わなければなりませんが，そのためには，多額の外国通貨を保有していなければなりません．通貨当局が保有しているドルなどの外国通貨（**外貨準備**と呼ばれます）が少な

---

[5] 固定相場制を維持するためには，しばしば，資本移動の規制も行われます．

いときに，国内資産のリスクが高まると，やがて固定為替レートが維持できずに減価するだろうと予想して，内外の投資家が大量の国内通貨売りを行うことがあります．通貨当局は為替介入で対抗しますが，こうした大規模な通貨売り（**通貨アタック**と呼ばれます）が行われると，やがて外貨準備は底をついてしまい，為替レートの減価（切り下げ）をせざるを得なくなることがあります．

変動相場制のもとでも，多くの投資家が，国内資産のリスクが高まったと認識すると，一斉に国内の金融資産を売却して外国の金融資産の購入に走ることがあります．これは，**資本逃避**と呼ばれる現象で，対外純資産が急増します．資本逃避が生じると，外国為替市場では大量の国内通貨売り・外国通貨買いが生じるので，国内通貨が急に減価します．

このように，固定相場制であれ変動相場制であれ，大規模な資本逃避によって通貨が急激に減価することを，**通貨危機**と呼びます．最近では，1994年のメキシコ危機，1997年のアジア危機（タイ，韓国，インドネシア），1998年のロシア危機，2002年のアルゼンチン危機などがあります．資本逃避が生じると，国内の資金市場では国内借り手向けの資金供給が急減するので，国内金利が上昇し，借入を行っている企業や家計は大きな損失を被り，一国経済全体が大きなダメージを受けます．また，外貨建て（主にドル建て）での借入を行っている金融機関や企業・家計などは，外貨通貨高・自国通貨安によって，実質的な債務負担が増えるので，この面でも大きな打撃を受けます．

たとえば1990年代のタイでは，通貨当局が自国通貨バーツの対ドル為替レートを約25バーツ/ドルに固定していたので，為替リスクがないと判断した金融機関は，外国から多額のドル資金を短期で借り入れ，これをバーツにかえて，国内の不動産向けなどに長期で貸し出していました．そうしたなか，1990年代半ばに不動産価格が下落すると，金融機関の不良債権は急増し，その多くが経営破たんあるいは破たん直前にまで追い込まれました．こうしたリスクの高まりに対して，それまでタイに貸し込んでいたアメリカ，ヨーロッパ，日本などの金融機関や投資家は一気に資金を引き揚げ，通貨危機が生じました．図7はタイの通貨バーツの対ドル為替レートを示していますが，1997年から98年にかけて急落し，1998年には約40ドル/バーツまで減価したことが見て取れます．

資本逃避や通貨危機はどのようにすれば防げるのでしょうか？　海外からの

図7 ●タイ・バーツの対ドル為替レートの推移（1990年-2000年）

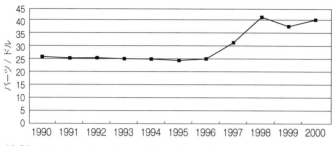

（出典）IMF *International Financial Statistics* による．

資金は，できるだけ，証券投資や銀行融資などの短期資金ではなく，直接投資（外国企業による現地生産や国内企業の買収など，経営権の移転を伴う株式の取得）などの長期資金で受け入れる，通貨当局が十分な外貨準備を保有する，通貨アタックに見舞われた国に対して，諸外国が外貨供給を融通し合う枠組みを作る，などいくつかの対策が講じられていますが，通貨危機が生じる根本的要因は，国内資産のリスクが高まることにあります．実際，通貨危機は，多くの場合，国内の銀行危機を伴って生じています[6]．したがって，国内資産のリスクを高めないよう，所有権の保護や政治的安定性などの社会的基盤（第4章を参照）を確立するとともに，国内で安定的な金融システムを構築・維持することが，最も重要な対策と言えるでしょう．

COLUMN 1

実質金利と実質為替レートの決定メカニズム[7]

第5章では，貿易や資本移動がない閉鎖経済のもとで，実質金利の決定メカニズムを分析しました．ここでは，この分析を一歩進めて，貿易や資本移動がある開放

6）通貨危機と銀行危機が同時に起こることを，**双子の危機**と呼ぶことがあります．Kaminsky, G.L. and Reinhart, C.M. (1999), "The Twin Crises: The Causes of Banking and Balance-of-Payments Problems," *American Economic Review* 89(3), 473-500. を参照してください．

7）本コラムは，N・グレゴリー・マンキュー（2005）『マンキュー経済学Ⅱマクロ編』（第2版）東洋経済新報社，第14章の図解を一部変更しました．

図8 ●実質金利と実質為替レートの決定

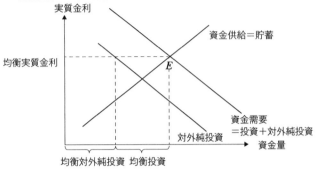

A. 開放経済における貸付資金市場

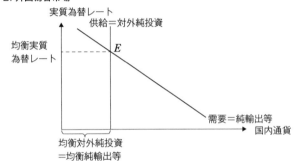

B. 外国為替市場

経済のもとで，実質金利や実質為替レートがどう決定されるかを分析します．このため，国内の貸付資金市場と外国為替市場（外国通貨と国内通貨を売買する市場）が同時に均衡する状態（需要と供給が一致する状態）を考えます．

まず，国内の貸付資金市場では，国内投資に加えて，対外純投資（対外純資産の純増）が資金需要として登場します（図8A）．外国資産を購入するには，貸付資金市場で資金を借り入れる必要があるからです（国内の人が自分の貯蓄の一部を外国資産に振り向ける場合は，資金供給と資金需要の両方に登場します）[8]．対外純投資は，国内投資と同様，国内の実質金利が高まるほど，資金調達コストが高まるので，減少します．したがって，縦軸に国内の実質金利，横軸に貸付資金量をとった図8Aでは，国内投資と対外純投資をあわせた資金需要は，右下がりに描かれて

---

8) 外国から一定の金利でいくらでも借入ができる小国の場合，資金需要曲線は，外国からの借入金利で水平に描くことができます．この場合も，以下と同様に分析できます．

160

第7章 貿易と資本移動のマクロ経済学

図9 ●開放経済における投資増加の影響

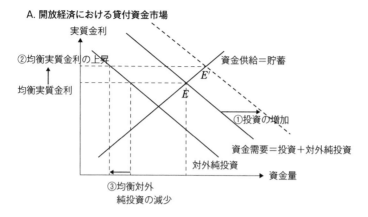

A. 開放経済における貸付資金市場

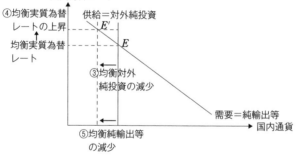

B. 外国為替市場

設備投資減税などによる投資増加の効果
①資金需要の増加⇒②実質金利の上昇⇒③対外純投資の減少⇒
④実質為替レートの増価⇒⑤純輸出等の減少

います．資金供給は，第5章と同じく国民貯蓄で，実質金利が高くなると増加するので，右上がりに描かれています．

次に，外国為替市場では，対外純投資のために外国通貨買い・自国通貨売りをする人々と，純輸出等で得た外国通貨を売って自国通貨を買おうとする人々がいます．純輸出等は，実質為替レートが減価するほど増えるので，縦軸に実質為替レート，横軸に自国通貨量を描いた図8Bでは，右下がりに，自国通貨の需要曲線（外国通貨売り・自国通貨買い）が描かれています．他方，対外純投資は国内実質金利の影響を受けますが，実質為替レートの影響は受けません．したがって，図8Bでは，自国通貨の供給曲線（外国通貨買い・自国通貨売り）は垂直に描かれています．外

国の実質金利を一定だとすると,どれだけの対外純投資が行われるかは,貸付資金市場で決まる国内の実質金利によって決まります.

貸付資金市場(図8A)で資金需給が一致するところで均衡実質金利が決まり,これに応じて均衡対外純投資量が決まると,外国為替市場(図8B)で自国通貨と外国通貨の需給が一致するところで,均衡実質為替レートが決まります.

たとえば,設備投資に対する税制上の優遇措置などによって国内投資が増えれば,貸付資金市場では資金需要が増えるので,均衡実質金利が上昇します(図9Aで,均衡点がEからE′に移動します).この結果,均衡対外純投資が減少し,外国為替市場では自国通貨売り・外国通貨買いが減少するので,均衡実質為替レートが増価します(図9Bで,均衡点がEからE′に移動します).このため,新しい均衡における純輸出等は減少します.

COLUMN 2

グローバル・インバランス

1990年代初頭以降,アメリカは経常収支赤字を続けている一方,日本や大陸ヨーロッパは経常収支黒字を続けています.また1990年代末からは,中国など日本以外のアジア諸国や産油国も経常収支黒字を計上するようになりました(図10).2007年には,アメリカはGDPの5%に相当する経常収支赤字を計上する一方,中国はGDPの10%に相当する経常収支黒字を計上しました.このように,各国において長期にわたり経常収支の赤字や黒字が継続している状況を**グローバル・インバランス**(地球規模の不均衡)と呼びます.

実のところ,アメリカには経常収支赤字を上回る資本が流入していたので,アメリカは外国から資金を集めると同時に,新興国などの資産に運用してきました.他方,中国や産油国などでは,自由な為替レートの変動を許しておらず,日常的に為替介入を実施しているため,経常収支の黒字は通貨当局による外貨準備の増加をもたらしました.また,中国や産油国などでは,政府がファンド(**政府系ファンド**,Sovereign Welath Fund:SWF)を作って積極的に海外企業の株式などに投資しています

グローバル・インバランスは,次の二つの観点から,世界の注目を集めました.ひとつは,アジアなどの発展途上国からアメリカのような先進国に資金が移動していることが一種のパズルだという点です.もうひとつは,アメリカの巨額の経常収支赤字が持続可能かどうか,という点です.

まず,なぜ発展途上国から先進国に資金が移動することがパズルなのか,説明しましょう.一般に,発展途上国は労働が比較的豊富にあり,資本は希少です.これ

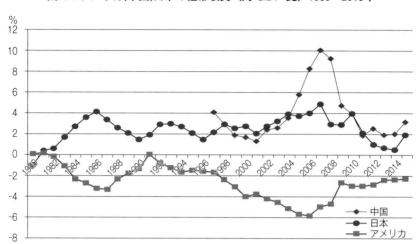

図10●アメリカ,中国,日本の経常収支（対GDP比）1980〜2015年

（出典）IMF, *World Economic Outlook Database*, April 2015.

に対し，先進国では，労働が比較的稀少で，資本は豊富にあります．資本の限界生産力は逓減するので，発展途上国のほうが資本の限界生産力は高く，したがって，資本の実質収益率や実質金利も高いはずです．資本は実質金利が低い先進国から実質金利が高い発展途上国に流れるはずなのですが，実際には，発展途上国から先進国に資金が流れているので，パズルなのです．

　次に，経常収支赤字の持続可能性について説明しましょう．アメリカの経常収支赤字が継続しているということは，アメリカが対外債務を積み上げているということです．維持可能性というのは，アメリカの債務残高は，将来返済が可能な範囲である，ということですが，一部の人は，実際に返済可能かどうか心配し始めています．アジア諸国などの経常黒字国は，対外資産を積み上げているのですが，永久に資産を増やし続けることは，合理的だとは言えません．資産は，いずれ取り崩して消費に回すことができるからです．ということは，アメリカも永久に借り続けることはできないはずです．

　実は，この二つの問題は密接に関係しています．発展途上国からアメリカのような先進国に資金が移動するのは，アメリカに比べて発展途上国の資産のリスクが高いからだと考えられます．途上国では，所有権が確立していない，政治的に不安定である，司法制度が未発達であるなど，社会的基盤が弱く，金融システムも未発達なので，金融資産のリスクが高いのです．他方，持続可能性の問題も，資産リスク

の問題と関係があります．途上国のほうがリスクが高ければ，途上国がアメリカの資産を購入し続けることは，少なくともある程度までは合理的な行動です．グローバル・インバランスの原因としては，アメリカの低貯蓄率や財政赤字，アジア諸国の（特に通貨危機後の）高貯蓄率，原油価格の上昇などの原因もありますが，アメリカの金融システムがよく発達していて，比較的リスクが低かったことが重要であったと思われます[9]．グローバル・インバランスは，グローバル金融危機（第5章 COLUMN 2 を参照してください．）とも密接に関係していました．中国などの「過剰貯蓄」は米国に資本流入し，これが，米国の低金利や住宅価格の上昇などに寄与し，結果的にサブプライム・ローン危機を引き起こした一因になったと考えられます．

グローバル・インバランスは2006年がピークで，グローバル金融危機後は縮小の傾向にあります．その一つの要因は，グローバル金融危機後に米ドルの実質為替レートが下落する一方，中国人民元の実質為替レートが上昇したことです．中国では，金融危機後に財政支出を拡大し，景気の減速を食い止めましたが，これによって国内の投資が増えたことも，経常収支黒字の縮小に寄与しました．他方，アメリカではグローバル金融危機後にいったん財政赤字が拡大したものの，その後は財政赤字が縮小したことも，経常収支赤字縮小の一因となりました．ただし，経常収支（フロー）のインバランスは縮小しても，対外純資産・純負債（ストック）のインバランスは依然拡大傾向にあるので，今後ともグローバル・インバランスの維持可能性や金融危機の火種となる可能性については，十分注視する必要があります．

●練習問題

問1　GDP が515兆円，消費が300兆円，投資が100兆円，政府支出が110兆円，海外からの所得が20兆円のとき，対外純投資はいくらになりますか？

問2　1年前とくらべると，名目為替レートが1ドル100円（1円0.01ドル）から91円（1円0.011ドル）に10％増価し，日本の物価は2％上昇，アメリカの物価は4％上昇しました．円の対ドル実質為替レートは，何％増価（あるいは減価）

---

[9] たとえば，Mendoza, E.G., Quadrini, V. and Rios-Rull, J.-V.(2009), "Financial Integration, Finanical Deepness and Global Imbalances," *Journal of Political Economy* 117(3), 371-416. を参照してください．

第7章 貿易と資本移動のマクロ経済学

しましたか？

問3 購買力平価仮説が成り立っていれば，日本の物価が2％下落，アメリカの物価が3％上昇すると，円の対ドル名目為替レートは何％増価（あるいは減価）しますか？ また，実質為替レートは何％増価（あるいは減価）しますか？

問4 カバーなし金利平価条件が成り立っていれば，日本の金利が2％，アメリカの金利が6％，アメリカの金融資産に対するリスク・プレミアムが1％のとき，円の対ドル名目為替レートの上昇率は平均的に何％になりますか？

問5 財政赤字の増大が実質為替レートと純輸出等に及ぼす影響について，図を用いて説明しなさい．

第8章 消費と投資

消費と投資はそれぞれ GDP の約6割，2割弱を占めていますから，これらが変動することで，景気も良くなったり悪くなったりします．また，人々が所得のうちどれだけを消費にまわし，どれだけを貯蓄にまわすかで，将来の所得水準が影響を受けます（第3章を参照してください）．逆に，将来の景気の見通しが現在の消費や投資に影響します．今回は，家計による消費の決定と企業による投資の決定について，詳しく見ていきます．また，減税などの政策効果についても考えます．

A 消費

1 ある人の人生設計

あなたが大学を卒業したら，22歳で就職し，40年間働くとしましょう．この間の平均年収は，800万円だとします．61歳で退職する際に，退職金2000万円を受け取ります．そして退職したら，死ぬまでの約20年間，毎年，年金を400万円受け取るとしましょう．そして，81歳で亡くなるものとします．

あなたが生涯で受け取る所得は，金利がゼロで，親の遺産などがなければ，

800万円×40 + 2000万円 + 400万円×20 ＝ 4億2000万円

です．大学を卒業してから死ぬまでの60年間で，この生涯所得を使い切る，つまり，自分の子供に遺産を残さないとすれば，平均的には毎年

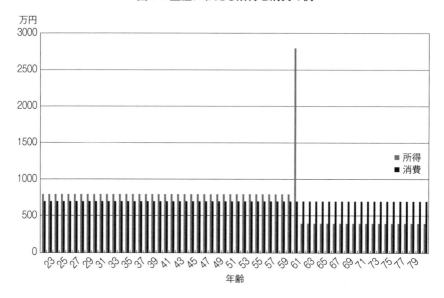

図1 ●生涯にわたる所得と消費の例

4億2000万円÷60 ＝ 700万円

ずつ消費できます.

　もちろん，子供ができて養育費や教育費がかかったりするときは，消費額が増えるでしょうし，子供が巣立っていけば，もっと消費額は減るでしょう．また，いつ病気になったり怪我をするかもしれないし，勤めている会社が倒産して路頭に迷うかもしれないので，そういった不測の事態に備えて，いくらかは余計に貯蓄をしておきたいと思うかもしれません（第6節参照）．しかし，おおよその目処として，現役の間は，毎年100万円ほど（平均所得800万円－平均消費700万円）貯蓄して，退職金はすべて貯蓄し，退職すれば，毎年300万円ほど（平均消費700万円－年金収入400万円）貯蓄を取り崩すというのは，わりと現実的なのではないでしょうか（図1）．これに対し，例えば現役の間は年収800万円をまるまる消費して貯蓄はゼロ，退職金ももらった年にすべて消費にまわす，退職したら年金400万円だけ消費する，というように，毎年，その年の所得をすべて消費するというのは，非現実的でしょう．

　この例はきわめて単純なものですが，消費理論のエッセンスを伝えてくれて

います.それは,
 ①個人がある年にどれだけ消費するかを決める際には,その期の所得だけではなく,予想される将来の所得も考慮する.
 ②毎年の所得が大きく変動しても,消費額はそれ程変動しない.
という2点です.

2 個人の予算制約

　私たちは,できるだけたくさんのモノやサービスを消費したいと思っています.しかし,いくらでも買い物ができるわけではありません.あくまで,所得の範囲内です.もちろん,一時的にはおかねを借りて,所得以上の買い物をすることはできますが,その分は将来返さなくてはいけません.逆に,所得よりも少ない額の買い物をしたときには,おかねをためることができるので,その分は将来余分に買い物ができます.このように,現在から将来にかけての所得の範囲内でしか消費できないことを,**予算制約**と呼びます.

　金利がゼロ％の場合,予算制約は,

(1)　生涯にわたる消費の合計額 ＝ 生涯にわたる所得の合計額

とあらわすことができます[1].

　個人は,生涯にわたる予算制約のもとで,自分のライフステージや好みに応じて,毎年の消費額を決めています.

3 減税の効果はあるか？

　前節までは,税金を考慮しませんでしたが,実際には,所得のうち一部は税金を徴収されるので,消費に使うことができません.税金を考慮すると,予算制約(1)式の右辺は,「生涯にわたる**可処分所得**(税引き後所得)の合計額」と

---

[1] 金利がプラスの場合の予算制約式は,生涯にわたる消費の割引現在価値の合計＝生涯にわたる所得の割引現在価値の合計,となります.割引現在価値については,COLUMN 1, 2を参照してください.

書き換える必要があります．

　それでは，政府がある年に減税をしたら，個人の予算制約はどう変わるでしょう？　もちろん，減税をした年の可処分所得は増えます．しかし，政府の支出が変わらない限り，減税した政府は，やがて増税しなければなりません．なぜなら，減税した年には，政府は国債を発行します（つまり，国が借金をします）が，いずれこの国債は償還する（つまり，国が借金を返済する）必要があります．国債を償還する年には，それだけ増税しなければなりません．したがって，国債を償還する年には，個人の可処分所得は減ります．減税分（つまり国債発行額）と，増税分（つまり国債償還額）は，ちょうど一致するので，結局，「生涯にわたる可処分所得（税引き後所得の合計額）」は変わりません[2]．

　減税によって，個人の生涯にわたる予算制約が変わらないということは，個人が生涯にわたって毎年選ぶ消費額も，やはり変わらないということになります．なぜなら，個人は，各年の可処分所得でその年の消費額を決めているのではなく，生涯にわたる可処分所得の合計額で毎年の消費額を決めているからです．

　したがって，減税した年は，可処分所得が増える分だけ，**貯蓄**（可処分所得から消費額を引いた額）を増やします．そして，増税の年に，その貯蓄を取り崩すのです．

　例えば，政府が今期と来期に50兆円ずつ，合計100兆円の支出を予定している場合，①今期も来期も税収は50兆円ずつの場合と，②今期の税収が40兆円で，来期の税収が60兆円の場合を比較すると，②のケースでは，今期10兆円の減税が行われています．この場合，家計は増えた可処分所得の額10兆円をまるまる貯蓄して，来期の10兆円の増税に備えるわけです．今期と来期の消費額は，①と②のケースで変わりません．

　減税の恩典を受けた個人が死んでから増税が行われる場合はどうでしょうか？　その場合も，もし，親が子供の幸せを慮って，減税分だけを貯蓄して，

---

[2] これは金利がゼロの場合です．金利がプラスの場合は，国債発行額と，国債償還額の「割引現在価値」が一致するので，結局，個人の「生涯にわたる可処分所得（税引き後所得）の割引現在価値の合計」は，減税の影響を受けません．つまり，金利がプラスの場合も，減税によって，生涯にわたる個人の予算制約は変わりません．

その分子供に遺産として渡してやれば，子供は増税の苦しみから逃れられます．したがって，親が子供の幸せを十分に考慮する場合には，やはり，減税が消費を喚起する効果はなくなります．

　政府が一定の支出を賄うために，減税をして国債を発行しようが，増税をしようが，民間の支出行動には影響を及ぼすことはありません．これは，**リカードの等価定理**と呼ばれています．

　リカードの等価定理は，家計も政府も，現在から将来にかけての収入と支出は一致しなければならない，という予算制約だけから導くことが出来るという点で，強力な定理です．この定理は，金利がゼロでもプラスでも成り立ちます．ただし，この定理が成り立つためには，いくつかの前提条件が必要です．そのひとつは，個人が自由に借入できることです（第7節参照）．また，増税がなされる将来（場合によっては，子供の世代になるかもしれない）まで十分に視野に入れて消費額を決定していることが必要です．さらに厳密に言えば，税金は，所得や消費水準に応じて税額が変化しない，**一括税**（労働供給や消費額に関わりなく，一人当たりの税額が決まっている税）である必要があります．所得税や消費税の場合には，労働供給や消費額に影響を及ぼすので，リカードの等価定理が厳密には成り立たなくなってしまいます．

　これらの前提は現実には成り立たないので，リカードの等価定理が厳密に成立しているわけではありません．しかし，現在の日本のように，すでに国債発行残高が多額に上っている状況では，減税をしても，人々は将来の増税を予想して，ほとんど支出を増やさないだろうと考えられます．例えば，1999年に実施された「地域振興券」（各地域で使用できる商品券．15歳以下の子供一人当たり2万円分が支給された）の実証分析は，支給された金額の1～2割は半耐久財の支出に回ったものの，耐久財やサービスへの支出にはまわらず，残りは貯蓄されたことを明らかにしています[3]．

---

3) Hsieh, C.-T., Shimizutani, S. and Hori, M. (2010), "Did Japan's shopping coupon program increase spending?" *Journal of Public Economics* 94, 523-529. 半耐久財は，被服，履物，コンピュータハードウェア・ソフトウェア，書籍です．厳密に言えば，地域振興券は減税とは異なりますが，所得水準や消費水準に依存しない一括支給によって可処分所得を引き上げる効果がある点では，リカードの等価定理が前提とする一括税と同じです．

4　恒常所得仮説・ライフサイクル仮説

恒常所得仮説

　第1節で述べた，消費理論のエッセンス①と②を組み合わせると，人々は，生涯の平均的な所得（**恒常所得**と呼びます．第1節の例では700万円）に応じて消費額を決めるので，恒常所得に比べて一時的に所得が高いときには貯蓄をし，一時的に所得が低いときには貯蓄を取り崩すか借入を行って，恒常所得に応じた消費額を維持することがわかります．これは，**恒常所得仮説**と呼ばれています．恒常所得仮説によれば，一時的な所得の増加（例えば「地域振興券」の配布）が消費を増やす効果はごく小さいものとなります．

　そこで，所得を恒常所得と一時的所得に分けて考えると，消費は，恒常所得の一定割合であると考えられます．つまり，消費を C，恒常所得を Y^P，a を定数（1以下の正数）とすると，

(2)　$C = a \cdot Y^P$

と表すことができます．したがって，所得のうち消費にまわす割合（**消費性向**と呼びます）は，(2)式の両辺を所得（Y で表す）で割ると，

(3)　$\dfrac{C}{Y} = a \cdot \dfrac{Y^P}{Y}$

となります．(3)式より，所得に占める恒常所得の割合が高いほど，消費性向は高く，所得に占める恒常所得の割合が低い，つまり，一時的所得の割合が高いほど，消費性向は低くなることがわかります．

　ある年をとって見ると，一国には所得の高い人から低い人までさまざまな人がいますが，こうした所得格差は，一時所得による格差が比較的大きいと考えられます．つまり，所得の高い人は，その年にたまたま一時的な所得が高かった人が多いでしょうから，消費性向は低くなるでしょう．たとえば，その年に退職して退職金を受け取った人は，一時所得の割合がきわめて大きいので，消費性向は低くなります．逆に所得の低い人は，その年にたまたま一時的な所得

第8章 消費と投資

図2 ●勤労者世帯の家計の収入と消費（2013年）

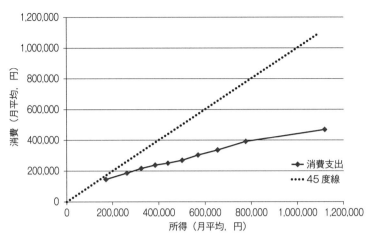

（注）総務省統計局「家計調査平成25年年報」（www.stat.go.jp）全世帯年間収入10分位別表より作成．なお，収入は，年間収入を12で割って月平均に換算したものであり，税・社会保障負担などを控除していない．

が低かった人が多いでしょうから，消費性向は高くなるでしょう．図2は，2013年における日本の家計の所得を10分位（トップ10％からボトム10％までの10分類）に分けて，各分位の平均消費額を描いたものです．これによると，月平均所得がボトム10％の平均所得（月額）は約11万円ですが，消費はこれとほぼ同額の11万1千円となっています．これに対し，トップ10％の平均所得（月額）は約110万6千円ですが，消費は所得のわずか4割に過ぎない43万8千円となっています．このように，一時点でさまざまな家計を比較したときに，所得が高い人ほど消費性向が低くなるというのは，恒常所得仮説と整合的です．

次に，一国全体の所得の時間を通じた変化を考えると，短期的（例えば1年ごと）には景気変動による一時的所得の変動が大きいものの，長期的（例えば10年ごと）には経済成長による恒常所得の変化の影響が大きいと考えられます．したがって，(3)式より，長期的には，消費性向もほぼ一定となるはずです．図3は，日本の1955年から2013年にわたる59年間の実質GDPと実質消費を描いていますが，消費性向は，ほぼ60％前後で安定しています．これも，恒常所得仮説と整合的です．

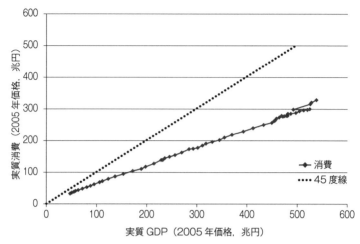

図3 ●GDPと消費（1955～2013年）

（注）内閣府経済社会総合研究所（www.esri.go.jp）『国民経済計算年報』より作成．
1955年から1979年までは，旧68SNA（1990年基準）の値を，1980年の旧68SNA
（1990年基準）と93SNA（1995年基準）の値を乗じる．1980年から2004年は
93SNA（1995年基準）の値．

ライフサイクル仮説

　図1の例にも示したように，通常，現役期は比較的所得が高く，退職後は所得が低くなりますから，現役期に貯蓄を行い，退職後に貯蓄を取り崩すという，ライフサイクルを描くことができます．これは，**ライフサイクル仮説**と呼ばれています．

　図4は，2013年の日本の家計について，世帯主の年齢別に**貯蓄率**（貯蓄÷可処分所得）を見たものですが，59歳までの勤労者世帯では25％～35％の間であるのに対し，65歳以上では，勤労者世帯で9.0％，無職世帯では－29.7％と低下しています．貯蓄率がマイナスというのは，これまでの貯蓄残高を取り崩すか，あるいは借入を行っているという意味です．少子高齢化の進展は，日本全体の家計貯蓄を減らす要因となっています．

図4 ●貯蓄率（世帯主の年齢階級別，2013年）

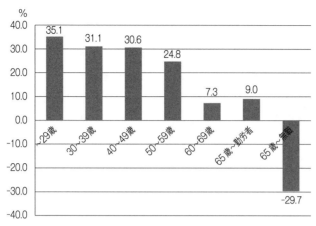

(注) 貯蓄率＝（可処分所得－消費支出）/可処分所得．
　　64歳以下は，すべて勤労者世帯．65歳以上は，勤労者世帯と無職世帯に分けて表示．
(出典) 総務庁家計調査年報平成25年統計表．www.stat.go.jp

5　金利と主観的割引率が消費に及ぼす影響

　金利が高くなると，消費は増えるでしょうか，減るでしょうか？　実は，金利の上昇は，消費を増やす効果と減らす効果があります．金利が上昇すると，将来の金利収入が増えるので，現在の消費を増やそうとする効果（**所得効果**と呼びます）がありますが，その一方で，現在貯蓄して将来の消費に回すことが有利になるので，現在の消費を抑えようとする効果（**代替効果**と呼びます）があります．所得効果と代替効果のどちらが大きいかによって，金利が消費に及ぼす影響が異なってきます．ただ，金利が上昇すると，今期から来期にかけての消費の伸び率は，上昇すると考えられます．なぜなら，所得効果は今期と来期の消費をほぼ同程度に増加させるのに対し，代替効果は，今期の消費を減らして来期の消費を増やすからです．

　消費の伸び率に影響を及ぼすものには，金利のほかに，**主観的割引率**と呼ばれるものがあります．人々は，将来の消費から得られる**効用**（満足度）は，少

し割り引いて考えるのが常です．「明日おいしいレストランに行くから，今日はまずいもので我慢しなさい」と言われても，「今日おいしいレストランに行きたい」と思うことが多いのではないでしょうか．もちろん予算制約がありますから，今日おいしいレストランに行けば，明日は粗食で我慢しないといけないわけですが，それでも今日はおいしいものを食べたい，と思うのが人情でしょう．このように，将来の効用を割り引く割合を，**主観的割引率**と呼びます．主観的割引率が大きいということは，人々が現在を重視する，つまり，近視眼的になっているということです．こうした場合，現在の消費を多くして，将来の消費を少なくするので，消費の伸び率は低くなります．

以上をまとめると，金利が高いほど，また，主観的割引率が低いほど，今期から来期にかけての消費の伸び率は高くなります．

6　不確実性と消費

前節までの議論は，将来にわたる所得が確実にわかっていると想定していましたが，実際には，20年後の所得はもちろん，1年後や今年の所得ですら，不確実なものです．

将来の所得が不確実な場合，人々は，将来の所得を予想して，予想される将来所得の合計に依存して，今期の消費を決めることになります．予想ですから，外れることもあります．予想が外れれば，また新たな予想に基づいて将来所得の合計を計算しなおし，その平均値（**期待恒常所得**と呼びます)[4]に応じて消費水準を決めます．つまり，人々が消費を変動させるのは，期待恒常所得に変化があった場合です．具体的には，「予想外に昇給したのでしばらく高所得が続くだろう」，「予想外に失業してしまったので，しばらく低所得が続くだろう」といったことです．これに対して，「うちの会社は65歳定年なので，65歳を過ぎれば所得が半減するだろう」というのは，すでに予想済みのことですから，65歳になって消費が半減することはないはずです．退職後の所得減少に備えて，人々は貯蓄を蓄えているでしょうから．同様に，「来年からの増税法案

---

[4] 経済学では，「予想」のことを「期待」と呼びます．特にいい予想だけを「期待」と呼ぶわけではありません．

が国会を通った」というニュースが飛び込んできた時点で，人々は来年の増税に備えて貯蓄を増やすでしょうから，来年の増税は来年からではなく，今年から消費に影響する可能性があります．

このように，将来所得に関する新たな情報が飛び込んできたときに，人々は消費を変動させるわけですが，こうした情報は，それ以前には予想がつかず，いい情報もあれば悪い情報もある，**ランダム**（不規則）なものです．したがって，消費の変動もランダムなものとなります[5]．

将来の消費や所得が不確実な場合，リスクを回避したい個人は，消費を減らして貯蓄を増やすことがあります[6]．例えば，将来の怪我や病気や失業など，不測の出費や所得減などへの備えとして貯蓄する場合です．これは，**予備的貯蓄**と呼ばれています．予備的貯蓄や第7節で述べる借入制約の存在は，子供のために遺産を残したいという動機とならんで，人々が恒常所得を使い切らずに貯蓄する根拠になっています．

7　借入制約と消費

恒常所得仮説やライフサイクル仮説は，消費を理解する上で重要な仮説で，現実の近似としては有益なものですが，必ずしも厳密な形で成立しているわけではありません．例えば，いくつかの実証研究[7]では，恒常所得仮説に反して，

---

[5] 例えば，「金利がゼロ％」，「将来の消費から得られる効用を割り引かない」，という前提条件のもとでは，消費の限界効用（消費財を1単位増やすことで，どれだけ効用が増えるか）がランダム・ウォークになり，特に消費の限界効用が消費の線形関数の場合には，消費がランダム・ウォークになります．ランダム・ウォークの厳密な定義は統計学の教科書を参考してください．ここでは，翌期の値と今期の値の差がランダム（不規則）な変数だと理解しておけばいいでしょう．

[6] これは，消費の限界効用が（原点に向かって）厳密な凸関数の場合です．この場合，不確実性が大きく，消費の変動が大きくなるほど，限界効用の期待値は高くなります．これは，平均的にみて，消費水準が低くなることを意味します．詳細は，David R. (2006) *Advanced Macroeconomics*, third edition. McGrow-Hill. Chapter 7 を参照してください．

[7] 例えば Shea, J. (1995), "Union Contracts and the Life-Cycle/Permanent Income Hypothesis." *American Economic Review* 85, 186-200 は，アメリカの労働組合の契約によって予想されている所得の伸びと消費の伸びが相関していることを示しました．

すでに予想されていた所得の変化が消費の変化をもたらすという結果を得ています．こうした理由を探るために，いくつかの要因が指摘されていますが，ここでは特に，**借入制約**（**流動性制約**とも呼ばれる）について紹介します．

これまでの議論は，個人が借入をするときは，返済能力がある限り，貯蓄するときと同じ金利で借りたいだけ借りられることを前提としていました．しかし，こうした前提は現実的ではありません．そこで，個人の借入がまったくできないという，やや極端な仮定を置くと，これまでの議論はどのように修正されるでしょうか．

借入ができない場合，貯蓄残高の取り崩しと所得の範囲内でしか，消費できません．個人が望む消費水準が，この範囲を超えている場合，借入制約が効いてきます．借入制約が効くと，望む水準よりも少ない消費しかできません．さらに，将来借入制約が効く可能性がある場合には，できるだけそうならないように，現在時点で消費水準を抑えて貯蓄を増やします．

借入制約が効いている場合，今期の消費は将来にわたる恒常所得ではなく，今期の所得（と貯蓄残高）に依存します．したがって，減税によって，現在の可処分所得が増えると，今期の消費は増えます．つまり，借入制約がある場合，リカードの等価定理は厳密には成り立ちません．

B　投資

8　あなたが会社の社長だったら

あなたは，ある食品会社の社長だとします．長年研究してきた新しいお菓子の開発に，ようやく成功しました．試験的に市内のコンビニの棚に置いてもらったところ，売れ行きも上々でしたので，あなたは，この新製品を本格的に生産することを決意しました．あなたの会社には今，お菓子生産のための機械が10台ありますが，それだけでは十分ではなく，新しく機械を購入しなければなりません．何台機械を入れて，どれだけ新製品を生産すべきか？　あなたは，新しい機械の導入にどれだけコストがかかり，どれだけ収入をアップさせるかを慎重に検討して，購入する機械の台数を決めるでしょう．

第8章 消費と投資

表1 ● 機械の台数と生産量との関係（例）

追加する機械の台数	0	1	2	3
稼動する機械の総台数	10	11	12	13
総生産量（個）	10,000	10,900	11,700	12,400
生産の増加量（個）		900	800	700
収入の増加（円）		90,000	80,000	70,000

（注）もともと10台の機械で1万個の製品を生産している企業について，機械を1台ずつ追加していったら，どれだけ収入が増加していくかを例示したもの．製品価格は，1個100円とする．

　まず，機械導入のコストを考えましょう．機械を買うためには，資金を借りなければなりません．資金を借りれば，金利がかかります[8]．この新しい機械は，1台100万円で，銀行から100万円借りると，金利が3％かかるものとしましょう．また，機械は1年も経つと多少なりとも磨り減ってしまうので，その分は，将来の更新のために資金を置いておく必要もあり，コスト要因となります．1年間に磨り減る割合は，**固定資本減耗率**と呼ばれます．この機械は，20年でまったく使い物にならなくなるので，固定資本減耗率は5％（1÷20年＝0.05）です．結局，機械1台を購入することによって，1年間に費用は，金利と固定資本減耗を合わせて，

$$100万円 \times (3\% + 5\%) = 8万円$$

だけ増加します．機械を1台購入することによる費用は，**資本コスト**と呼ばれます．

　新しい機械の導入がどれだけ会社の収入を増やすことができるかは，新製品の価格と，新しい機械を使って，1年間に何個新製品が作れるかに依存します．新製品の価格は，ライバル会社の似た製品価格から考えて，1個100円に設定するのが妥当だとしましょう．他方，新しい機械を使って作ることのできる新

---

[8] 資金を借りずに，企業が保有する預金などの資金で機械を購入する場合は，機械を購入しなければ得られていたであろう預金金利を失うので，その分がコスト（機会費用）となります．例えば預金金利が3％であれば，100万円の預金を引き出すことで，100万円×3％のコストを被ります．これは，100万円の資金を3％で借りる場合と同じ額のコストです．

製品の個数は，新しい機械を何台導入するかによって，変わってきます（表1）。例えば，すでに持っている10台の機械だけで新製品のお菓子を作ると1万個しか作れませんが，新しく機械を1台追加して，合計11台の機械を稼動させると，新製品を1万900個作れるとしましょう。つまり，1台の機械の追加によって，900個増産することができます。さらに，新しく機械を2台追加して，合計12台の機械を稼動させると，新製品を11,700個作れるとしましょう。つまり，2台目の機械の追加によって，800個（11,700－10,900＝800）増産することができます。なぜ1台目の機械では900個の増産効果があったのに，2台目の機械では800個しか増産効果がないかというと，機械を使いこなせる労働者の人数や能力に限りがあるので，徐々に効果が薄れるのです。さらに3台目の機械の増産効果は700個だとしましょう。以上から，

  1台目の機械を購入することで増加する収入 ＝ 100円×900個 ＝ 9万円
  2台目の機械を購入することで増加する収入 ＝ 100円×800個 ＝ 8万円
  3台目の機械を購入することで増加する収入 ＝ 100円×700個 ＝ 7万円

となります。

 さて，あなたなら，何台機械を購入しますか？
 もし，1台だけ機械を購入したら，利益は，追加収入9万円から追加費用8万円を引いた1万円増加します。もし2台目の機械を購入したら，1台だけのときと比べて，追加収入8万円と追加費用8万円が同じなので，利益は増えも減りもしません。もし3台目の機械を購入したら，2台購入したときと比べて，追加収入7万円に対し，追加費用8万円かかりますから，利益は1万円減少します。したがって，機械を3台購入すれば損をしてしまいます。1台もしくは2台の購入が，利益を最も大きくすることになります。

9　望ましい資本ストック

 投資とは，機械設備などの資本ストックを増加させる行為で，フローの概念です。具体的には，企業による機械設備や建物の購入（**設備投資**），在庫の積み増し（**在庫投資**），および，家計による住宅の購入（**住宅投資**）です。さら

に，企業が技術知識を蓄積する**研究開発投資**や，家計が人的資本（教育や職業経験を通じて蓄積する能力や技術）を蓄積する**教育訓練投資**も，投資に含めることがあります[9]．以下では主に機械の設備投資を例に説明しますが，他の投資にも妥当します．まず，上の例を参考にしながら，企業にとって望ましい資本ストックの水準（例えば，機械の総台数）について考察しましょう．望ましい資本ストックが，企業がすでに保有している資本ストックを上回ったときに，投資を行うと考えられます．

資本コスト

1台の機械を追加することのコスト，つまり資本コストは，

(4)　資本コスト ＝ 機械の価格×（実質利子率＋固定資本減耗率）

と表すことができます．前節の例では，物価上昇を考慮しませんでしたが，物価が上昇している状況では，新製品の価格も上がるでしょうから，実質的な負担はそれだけ減ります．この点を考慮して，(4)式の右辺には，名目利子率（借りるときの契約上の金利）ではなく，実質利子率（名目利子率から物価上昇率を引いたもの）が含まれています[10]．なお，(4)式は，投資税額控除（投資額の一定割合を，支払う税額から控除できる制度）や，借入金金利が税法上の損金（費用）扱いとなり，その分法人税が軽減される効果を考慮していません．こうした税法上の取り扱いを考慮すると，その分だけ，資本コストは低くなります．

資本の限界生産力

企業が機械設備を購入するのは，それによって，生産を増やすことができるからです．1台の機械を追加したときに増える生産量を，**資本の限界生産力**と

---

9) GDP統計上の投資には，これまで研究開発投資や教育訓練投資は含まれていませんでした．しかし，GDP統計の基準が改訂されたため，2016年度以降公表されるGDP統計では，研究開発投資は投資に含まれる予定です．

10) 機械を1年後に売ってしまう場合は，機械の価格が物価上昇率分だけ上がっていて，利益要因になりますから，この分はコストから引いておく必要があると考えてもかまいません．

呼びます．労働力など，機械以外に生産に使う資源が一定だと，資本の限界生産力は，資本ストックが増えるほど減ると考えられます（**資本の限界生産力逓減**，表1）．1台の機械の追加によって増える売り上げ（生産額）は**投資の限界収益**と呼び，次の式で表せます．

(5)　投資の限界収益 ＝ 生産物価格×資本の限界生産力

望ましい資本ストック

企業が利潤を最大化するためには，どれだけの資本ストックを生産に用いればいいのでしょうか？　機械を1台増やすことの追加的なコストは，資本コストを示す(4)式です．他方，機械を1台増やすことの追加的な収入は，投資の限界収益を示す(5)式です．もし，追加的な収入が追加的なコストを上回っていれば，機械を増やすことで，収入からコストを引いた利潤は増加します．逆に，追加的なコストが追加的な収入を上回っていれば，機械を増やすことで，利潤は減少します．企業が利潤を最大化している状況では，機械を増やしても減らしても，もうそれ以上利潤は増えないはずです．したがって，利潤を最大化するためには，投資の限界収益(5)式と資本コスト(4)式が一致することが条件となります[11]．つまり，

(6)　生産物価格×資本の限界生産力
　　　＝ 機械の価格×（実質利子率＋固定資本減耗率）

あるいは，両辺を生産物価格で割って，

(7)　資本の限界生産力 ＝ $\dfrac{機械価格}{生産物価格}$×（実質利子率＋固定資本減耗率）

となります．右辺は資本コストを生産物価格で割った，**実質資本コスト**です．図5で，資本の限界生産力は，資本ストックを増やすほど減少するので右下がりに描かれています．一方，実質資本コストは，資本ストックの量にかかわらず一定なので，水平に描かれています．資本の限界生産力と実質資本コストが

---

[11] 投資の限界収益と資本コストが一致するという条件は，利潤を最大化するための条件です．利潤がゼロになる条件ではありません．

第8章　消費と投資

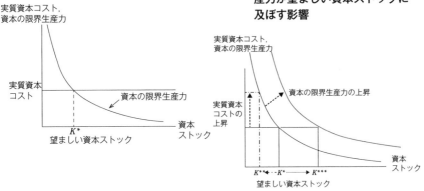

図5 ●望ましい資本ストック

図6 ●実質資本コストと資本の限界生産力が望ましい資本ストックに及ぼす影響

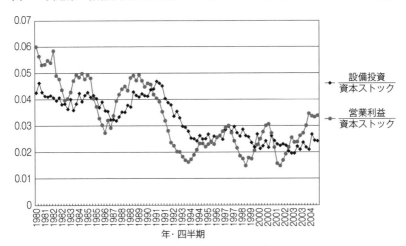

図7 ●製造業の設備投資と営業利益（1980年第3四半期～2005年第1四半期）

（注）財務省財務総合研究所『法人企業統計季報』（http://www.mof.go.jp/1c002.htm）より作成．資本ストックは，1980年度第1四半期をベンチマークとする恒久棚卸法により作成．データ作成の詳細は，Hosono, K. (2005), "Debt overhang, soft budget, and corporate investment." 京都大学経済論叢 176(3), 25-50参照．

等しくなる K^* が,利潤を最大化する,望ましい資本ストックの量です.

図6で,金融引き締め策などにより実質金利が上昇すれば,実質資本コストが上昇するので,K^* から K^{**} に,望ましい資本ストックは低下します.逆に,投資税額控除などの導入により資本コストが低下すれば,望ましい資本ストックは上昇します(図は省略します).また,技術革新などにより資本の限界生産力が上昇すれば,望ましい資本ストックは K^* から K^{***} に上昇します.

図7は,日本の製造業の営業利益と設備投資(ともに,対資本ストック比率)の推移を示しています[12].営業利益率が高い年は設備投資も増え,営業利益率が低い年は設備投資も低いという相関が見て取れます.これは,営業利益率が資本の限界生産力の近似値になっており,これが高い年は望ましい資本ストックが上昇するので,設備投資も増えるからだと考えられます.

10　投資の調整コスト

望ましい資本ストックが増えれば,企業は投資を増やし,望ましい資本ストックが減れば,企業は投資を減らします(あるいは,既存の設備等を売却します(マイナスの投資)).しかし,新しい機械を設置しようとすると,機械を購入するコストがかかるだけではなく,生産ラインを組み替えたり,労働者に新しい機械の操作を訓練したりと,新たな機械に適応するためのさまざまな追加的なコストがかかることがあります.これを,**投資の調整コスト**と呼びます.調整コストがある場合,企業は望ましい資本ストックをすぐに実現するのではなく,時間をかけて,徐々に望ましい資本ストックに近づけていきます.このため,現在における資本の限界収益だけではなく,将来における資本の限界収益も投資に影響を及ぼします.当期だけではなく,将来にわたる収益を慎重に考慮した上で投資の意思決定がなされるのが通常でしょう.

具体的には,現在から将来にかけての投資の限界収益の合計(正確には,限界収益の**割引現在価値**の合計.割引現在価値については,COLUMN 1,COLUMN 2を参照してください)が機械の価格(資本ストックの価格)を上回っ

---

[12] 営業利益とは,売上から売上原価(仕入れ,製造原価など)と販売管理費を引いたものです.

ていれば，機械を増やす，つまり，投資をしたほうが得です．逆に，投資の限界収益の合計（正確には，限界収益の割引現在価値の合計）が機械の価格を下回っていれば，機械を減らしたほうが得です．式に表すと，

(8) $\dfrac{\text{投資の限界収益の割引現在価値の合計}}{\text{資本ストックの価格}} > 1$

が成り立っているときに投資がプラスになります．

11 株価と投資

あなたが上場企業の社長で，新製品の開発に成功したと発表したら，株価はどう変化するでしょうか？ 新製品の開発によって，会社の利益が増え，株主が受け取る配当も増えると予想されれば，株価は上昇するでしょう（COLUMN 3 参照）．そして，こういう時こそ，積極的に投資をして，新製品の増産につなげるべきです．このように，株価と投資とは，密接な関係があります．

さて，一定の条件のもとで[13]，投資の限界収益（機械1台追加することによる収益の増加分）は，資本の平均収益（総収益を機械の台数で割ったもの）と等しくなります．この条件が成り立つ場合，(8)式の左辺の分母と分子に資本ストックの量（機械の台数）をかけると，

(9) $\dfrac{\text{平均収益の割引現在価値の合計} \times \text{資本ストックの量}}{\text{資本ストックの価格} \times \text{資本ストックの量}} > 1$

(9)式左辺の分子は，将来にわたる（金利支払いを控除する前の）企業利益の割引現在価値の合計を表しています．これを，**企業価値**と呼びます．左辺の分母は，企業が保有する資本ストックを現在の価格で評価したもので，これを，**置き換え費用**（または**再取得費用**）と呼びます．そして，分子と分母の比率を，イェール大学の経済学者の名前をとって，**トービンの Q**，あるいは単に Q と呼びます．

---

[13] 投資の調整コストが投資額と資本ストックに関して一次同次であることなどが必要です．Hayashi, Fumio (1982), "Tobin's marginal q and average q: A neoclassical interpretation." *Econometrica* 50, 213-224. 参照．

(10) $$Q = \frac{企業価値}{資本ストックの置き換え費用}$$

Qが1を上回る,つまり,企業価値が資本ストックの置き換え費用を上回る場合には,投資を行い,逆にQが1を下回る,つまり,企業価値が資本ストックの置き換え費用を下回る場合には,資本ストックを減らします.投資は,Qが高いほど増えます.

企業の利益は,銀行などの債権者(資金の貸し手)が元本・利子として受け取るか,株主が配当として受け取るかのいずれかです.将来にわたって債権者が受け取る金額は,企業の**負債額**です.配当として株主が受け取る額の合計(割引現在価値の合計)は,企業が発行する**株式の時価総額**(株価×発行済株式数)です.したがって,企業価値,すなわち企業利益の割引現在価値の合計は,負債額と株式の時価総額の合計となります.以上をまとめると,

(11) $$Q = \frac{企業の負債額+株式時価総額}{資本ストックの置き換え費用} > 1$$

が成り立っていれば,プラスの投資が行われます.

(11)式より,一定の負債額と資本ストックの置き換え費用のもとで,株価が高く,株式時価総額が高い企業ほど,投資を活発に行うことがわかります.株価が高いということは,投資家が,この企業の将来収益を高く見込んでいるということです.したがって,企業の収益機会に関する情報が十分に投資家に行き渡っており,投資家がこうした情報を十分に活用している限り,株価が企業の投資機会のシグナル(情報伝達)の役割を果たしているのです.株価が高い企業は,どんどん投資を行って拡大していく成長企業だとも言えます.

図8は,日本の上場企業について,1971年から1999年の期間について,各企業ごとのトービンのQと設備投資比率(設備投資÷資本ストック)を算出し,これを各年ごとに平均した値を描いています.これによると,実際にQが高い年ほど設備投資比率も高いことがわかります[14].

---

14) 図8の基である,細野薫・渡辺努(2002)「企業バランスシートと金融政策」『経済研究』2(2),117-133では,各年について,企業ごとのトービンのQと投資比率との間に相関があることを示しています.

図8 ●日本の上場企業の設備投資比率とトービンの Q(1971〜1999年)

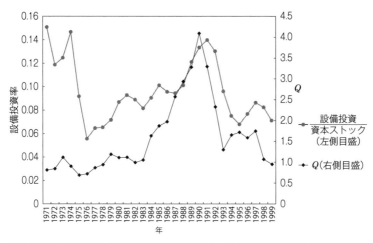

(注)細野薫・渡辺努(2002)「企業バランスシートと金融政策」経済研究53(2),117-133表1より,設備投資率,Q の各年の平均値をプロットした.データ作成の詳細は,本論文を参照のこと.

12　借入制約と投資

　企業の投資プロジェクトの収益やリスクに関する情報は,必ずしも外部の株主や銀行などの債権者に伝わるとは限りません.企業だけがこうした情報をもち,外部者が情報を持たない場合,**情報の非対称性**があるといいます.情報の非対称性がある場合,外部の資金供給者が情報を手に入れようとすると,コストがかかります.例えば,銀行などの債権者は,契約どおり資金を返済してもらっている時には,特に企業の収益や資産の状況について詳しく調べる必要はありませんが,資金の返済が滞った場合(**債務不履行**)には,企業の収益や資産を詳しく調査し,できるだけ多くを返済してもらう必要が生じます.この場合,銀行などの債権者は,事前にこの費用の期待値(平均値)を金利に上乗せする必要があります.

(12)　調査費用の期待値＝債務不履行の確率×債務不履行時にかかる調査費用

したがって，債務不履行になる確率が高い企業ほど，高い金利を支払わなくてはいけません．例えば，すでに多額の債務を負っており，自己資本が少ない企業の場合，新たに借入をすると，債務不履行になる確率は高くなります．そうした企業は，金利が高くなり，資本コストが高まるので，投資は抑制されてしまいます．

　情報の非対称性が特に深刻な場合，企業はまったく資金を借りられない場合があります．例えば，債務不履行の確率が高いので貸し手が金利を上げようとすると，どうせ返せっこないと考える，質の悪い（つまり，債務不履行の確率が高い）借り手ばかりが集まってくる可能性があります（**逆選択**と呼びます）．あるいは，貸出金利を上げると，よりリスクの高い投資プロジェクトを手がけて，一か八かの勝負に出ようという企業が出てくる可能性もあります（**モラル・ハザード**と呼びます．第5章COLUMN 1参照）．いずれの場合も，貸し手の採算が合わなくなるので，誰も貸出を行おうとしなくなります．

　このように，外部から資金を借りられないか，あるいは借りられるとしても，情報の非対称性のために高い金利を支払わなくてはいけない場合，企業の投資は，プロジェクト自体の採算性だけではなく，企業が保有する**内部資金**（利益のうち配当にまわさずに企業内部に貯め込んだ資金など）に依存することになります．内部資金が多い企業ほど，外部から資金を調達せずに多くの投資ができるからです．

　会計制度や金融システムが発展して，情報の非対称性の問題が緩和されるほど，企業は借入，社債，株式発行などの外部資金調達によって投資でき，経済も成長することが知られています．

13　不確実性と投資

　企業にとっても外部の資金提供者にとっても，投資プロジェクトが将来もたらす収益は，不確実なものです．したがって，現実には，現在ある情報をもとにできるだけ正確に将来収益を予想して，その予想値をもとに，投資が行われるのが通常です．

　ところで，設備を設置する場合よりも，これを撤去する場合のほうがコスト

第8章 消費と投資

が大きいことがあります．つまり，投資の調整コストに，設備を増やすときよりも減らすときのほうが大きいという非対称性がある場合です．これを**投資の不可逆性**と呼びます．投資に不可逆性があり，かつ将来収益が不確実な場合，いったん投資をしてしまって当てがはずれた場合，収益が低くても，なかなか設備を撤去できなくなります．この結果，不確実性が大きいほど，より投資に慎重になります．したがって，できるだけ将来の経済政策などに関する不確実性を減らすことが，投資の促進につながります．

| COLUMN 1 |

今日100万円もらうのと，1年後に105万円もらうのとでは，どちらが得か？

もし，金利が10％であれば，今日100万円もらって預金しておけば，1年後には元本の100万円と利息の10万円（＝100万円×0.1）の合計110万円が手に入ります．したがって，1年後に105万円もらうより，今日100万円もらったほうが得です．

他方，金利が2％であれば，今日100万円もらっても，1年後に102万円（＝100万円＋100万円×0.02）にしかならないので，1年後に105万円もらったほうが得です．

ちょうど金利が5％であれば，今日100万円もらうのと，1年後に105万円もらうのとを比較すると，優劣はつきません．つまり，金利が5％のときは，1年後の105万円は，今日の100万円と同じ価値を持つのです．このことを，「金利が5％のとき，1年後の105万円の**割引現在価値**は100万円である」と言います．「割引現在価値」とは，将来の金額を現在の価値に評価しなおしたものです．

| COLUMN 2 |

金利が5％の場合，今日100万円もらうのと，2年後に110万円もらうのとでは，どちらが得か？

もし，金利が5％であれば，今日100万円もらって預金しておけば，1年後には元本と利息を合わせて105万円が手に入ります．その時点で引き続き金利が5％であれば，受け取った105万円を再び預金すれば，その1年後，つまり今から2年後には，元本105万円と金利5万2,500円（105万円×0.05）の合計110万2,500円が手に入ります．したがって，2年後に110万円をもらうより，今100万円をもらったほうが得です．

この例でわかるように,金利5％が続く場合,今の100万円と2年後の110万2,500円が同じ価値を持ちます.つまり,2年後の110万2,500円の割引現在価値は100万円です.

一般に,金利が r で続くとき,現在の1円は,元本と利息を合わせて,1年後には $(1+r)$ 円,2年後には $(1+r)^2$ 円,…,t 年後には $(1+r)^t$ 円になります.したがって,2年後の $(1+r)^2$ 円,…,t 年後の $(1+r)^t$ と現在の1円が同じ価値を持ちます.

逆に,2年後に元本と利息を合わせて1円を受け取るためには,現在 $1/(1+r)^2$ 円を預金しなければなりません.また,t 年後に1円を受け取るためには,現在 $1/(1+r)^t$ 円預金しなければなりません.つまり,t 年後の1円は,現在の $1/(1+r)^t$ 円と同じ価値を持ちます.したがって,t 年後の1円の割引現在価値は $1/(1+r)^t$ 円です.

| COLUMN 3 |

配当と株価

毎年一株あたり1万円の利益をあげて,これを配当に回す企業を考えてみましょう.この企業の株価は,いくらになるでしょうか？ 金利は,r で続くと仮定しましょう.

来年の1万円を割引現在価値に直すと,$1/(1+r)$ です.2年後の1万円を割引現在価値に直すと,$1/(1+r)^2$ です.したがって,この株券を持つことで得られる配当の割引現在価値の合計は,

$$\frac{1}{(1+r)}+\frac{1}{(1+r)^2}+\frac{1}{(1+r)^3}+\cdots = \frac{1}{r}$$

です(計算方法は,6章のCOLUMN 1を参照してください).例えば,金利が5％であれば,これは20万円（$1 \div 0.05 = 20$)となります.したがって,投資家はこの株価が $1/r$ 万円より安ければ,できるだけ多く買いたいと思うでしょうし,$1/r$ 万円よりも高ければ誰も買わないでしょう.結局,株価は $1/r$ 万円となります.仮に将来にわたって期待される配当額が1万円より増えて2万円になれば,株価も $2/r$ 万円と2倍になります.

| COLUMN 4 |

無形資産投資

第4章 COLUMN 3でも述べましたが,IT（情報通信）技術の進展に伴い,近年の企業経営では,機械設備などの物的資本（**有形資産**とも呼びます）だけでなく,技術知識,ブランド,ソフトウェア,人的資本などのいわゆる**無形資産**の重要性が

図9 ●日本の実質有形資産投資と実質無形資産投資の推移（1985-2010年）

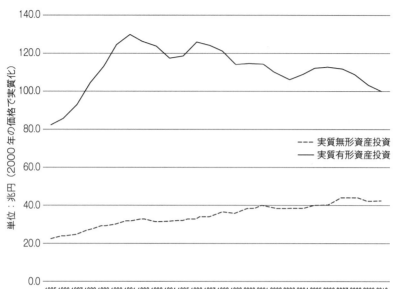

（注）実質有形資産投資には，受注ソフトウェアを含む．
（出典）独立行政法人経済産業研究所『JIPデータベース2015』．

益々高まっています．このため，研究開発投資，広告宣伝，ソフトウェア開発，従業員の教育訓練，組織改編などの無形資産投資が活発に行われています．

図9は，日本の有形資産と無形資産それぞれの実質投資額の推移を示していますが，1990年代以降，有形資産投資が減少傾向にあるのに対し，無形資産投資は増加傾向を示しており，2010年時点では，有形資産投資の4割強の水準にまで達しています．このため，無形資産投資が企業の生産性や有形資産投資に与える影響などの研究が盛んに行われています[15]．

---

15) 例えば，宮川努・淺羽茂・細野薫編『インタンジブルズ・エコノミー―無形資産投資と日本の生産性向上―』東京大学出版会，2016年（予定）を参照してください．

●練習問題

問1 リカードの等価定理が成り立っていると仮定して，以下の問いに答えなさい．なお，金利，人口成長率はともにゼロ％とします．

(1) 二つの政党が，景気対策として，次の政策を打ち出しました．
政党A：今年一人当たり10万円減税，来年一人当たり10万円増税
政党B：今年一人当たり20万円減税，来年一人当たり20万円増税
この二つの政策が家計消費に及ぼす影響を比較しなさい．また，家計貯蓄に及ぼす影響も比較しなさい．

(2) さらに，政党Cが次の政策を打ち出しました．
政党C：今年一人当たり10万円減税，来年一人当たり10万円減税
この政策が実行された場合，2年後以降，どのような政策が実行されると予想されますか？ また，この政策が家計消費と家計貯蓄におよぼす影響を，(1)の二つの政策と比較しなさい．

(3) あなたの所得（税引き前所得）は，今年，来年ともに500万円だとする．また，何も政策が講じられない場合，あなたは今年，来年ともに500万円ずつ消費するとする．仮に政党Aの政策が実行された場合，あなたは今年いくら貯蓄しますか？ 政党Bの政策が実行された場合はどうですか？ なお，あなたの現在の貯蓄残高はゼロであり，2年後の年末には貯蓄残高をゼロにするものとします．

問2 毎年平均800万円の所得を得て，その8割を消費に充てている人がいます．たまたま，今年は景気がよくてボーナスが出たので，年収が1000万円に増えました．恒常所得仮説によると，この人は，今年およそいくら貯蓄しますか？

問3 ある自動車メーカーが，何台のロボットを購入しようかと検討しています．次の表から，何台のロボットを購入すれば利益が最も大きくなると考えられますか．ただし，ロボットの価格は1台5億円，金利は5％，減価償却率は10％，販売する自動車の価格は100万円とします．

ロボットの台数	0	1	2	3	4	5
自動車の生産台数	0	80	155	225	290	350

問4 有望な新製品を開発し，事業を大幅に拡大したいと考えている企業が，内部資金を僅かしか保有しておらず，外部からも資金を借りられずにいる場合，その企業のトービンのQは1より高いでしょうか，低いでしょうか？

第9章 景気循環のメカニズム

　景気のよしあしは，常に多くの人の関心を集めてきました．景気がよければ，ボーナスが増えたり，就職がしやすくなりますが，インフレ（物価の上昇）が生じがちです．逆に景気が悪ければ，給与がカットされた，職を失ったりし，デフレ（物価の下落）が生じがちです．なぜ，景気は変動するのでしょうか？　また，「景気対策」は，歴代内閣に希望する政策のリストで，常に上位に位置していますが，景気を安定化するためには，どういう政策があるのでしょうか？　9章と10章では，景気循環のメカニズムをとりあげます．9章では特に，景気循環の特徴と，景気循環を分析するための基本的な道具について学びます．

1　景気循環の特徴

　景気がいいときは，企業の生産活動が活発になり，人々の所得も増え，失業は減ります．逆に景気が悪いときは，企業の生産活動は停滞し，人々の所得は伸びず，失業が増えます．
　図1は，日本の実質GDPの推移を1955年から2014年まで描いたものですが，決して一直線に成長しているわけではありません．まず，1973年頃と1990年頃にグラフの傾きが屈折していることがわかります．さらによく見ると，小さな波を打っているように見えます．図2は，こうした特徴を概念的に示したものですが，平均的な動き（**トレンド**）の回りで実質GDPが波を打ち，**山**（トレンドに比べて最も高いとき）と**谷**（トレンドに比べて最も低いとき）が繰り返されて生じている様子を示しています．トレンド自体も一定ではありませんが，

図1 ●日本の実質 GDP（対数値）（1955年第2四半期〜2014年第2四半期）

（注）実質 GDP のデータは，内閣府経済社会総合研究所 www.esri.go.jp
1955年第2四半期から1979年第4四半期は1998年度国民経済計算（1990年基準・68SNA）の値に，1980年の平均リンク係数（93SNA 系列と68SNA 系列の比率）を乗じたもの．1980年第1四半期から1993年第4四半期までは平成17年基準支出系列簡易遡及．1994年第1四半期から2014年第2四半期までは平成17年基準2014年4-6月期1次速報値．

図2 ●景気循環（概念図）

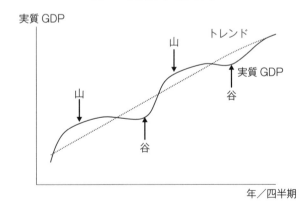

通常，このトレンドと比べて高くなったり低くなったりする動きを，**景気循環**と呼んでいます．図3は，日本の実質 GDP のトレンドを推計し[1]，実質 GDP がトレンドからどれだけ離れているか，その割合を図示したものです．

第9章 景気循環のメカニズム

図3 ●日本の実質GDP（対数値）のトレンドからの乖離（%）

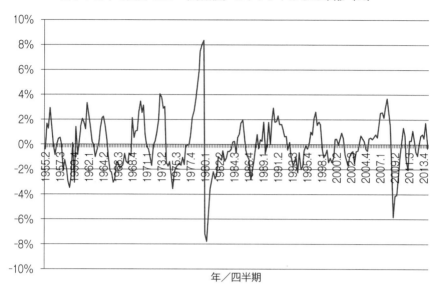

（注）トレンドは，ホドリック・プレスコット・フィルターによる推計値．

　実際には，鉱工業生産や残業時間など様々な経済統計を用いて，景気の局面が判断されています．表1は，戦後の日本の景気の山と谷の年月を示したものです．景気の谷から山への拡張期間は平均3年ですが，最長の6年1カ月から最短の1年10カ月まで，幅があります．また，景気の山から谷への後退期間は平均1年3カ月と，拡張期間に比べると短いですが，最長3年から最短8カ月まで，やはり幅があります．

　景気について科学的に分析するためには，まず，景気に関する規則性を見出す必要がありますが，拡張期間や後退期間を見る限り，景気には決まった周期があるわけではなく，気まぐれな動きをするように見えます．

　しかし，一見ランダム（不規則）に見える景気にも，ある程度の規則性はあります．例えば，図4は消費，設備投資，およびGDPの各実質値の伸び率

---

1) トレンドの推計方法はいくつかありますが，ここでは，ホドリック・プレスコット・フィルターを用いています．これは，図2のように，実際の実質GDPを滑らかな線で結んだもので，8年以上の低周波を取り除く効果があります．

表1 ●景気の山・谷

	谷	山	谷	期間		
				拡張	後退	全循環
第1循環		昭和26年6月	昭和26年10月		4ヵ月	
第2循環	昭和26年10月	昭和29年1月	昭和29年11月	27ヵ月	10ヵ月	37ヵ月
第3循環	昭和29年11月	昭和32年6月	昭和33年6月	31ヵ月	12ヵ月	43ヵ月
第4循環	昭和33年6月	昭和36年12月	昭和37年10月	42ヵ月	10ヵ月	52ヵ月
第5循環	昭和37年10月	昭和39年10月	昭和40年10月	24ヵ月	12ヵ月	36ヵ月
第6循環	昭和40年10月	昭和45年7月	昭和46年12月	57ヵ月	17ヵ月	74ヵ月
第7循環	昭和46年12月	昭和48年11月	昭和50年3月	23ヵ月	16ヵ月	39ヵ月
第8循環	昭和50年3月	昭和52年1月	昭和52年10月	22ヵ月	9ヵ月	31ヵ月
第9循環	昭和52年10月	昭和55年2月	昭和58年2月	28ヵ月	36ヵ月	64ヵ月
第10循環	昭和58年2月	昭和60年6月	昭和61年11月	28ヵ月	17ヵ月	45ヵ月
第11循環	昭和61年11月	平成3年2月	平成5年10月	51ヵ月	32ヵ月	83ヵ月
第12循環	平成5年10月	平成9年5月	平成11年1月	43ヵ月	20ヵ月	63ヵ月
第13循環	平成11年1月	平成12年11月	平成14年1月	22ヵ月	14ヵ月	36ヵ月
第14循環	平成14年1月	平成20年2月	平成21年3月	73ヵ月	13ヵ月	86ヵ月
第15循環	平成21年3月	平成24年3月	平成24年11月	36ヵ月	8ヵ月	44ヵ月
平均				36ヵ月	15ヵ月	52ヵ月

（出典）内閣府経済社会総合研究所 http://www.esri.go.jp

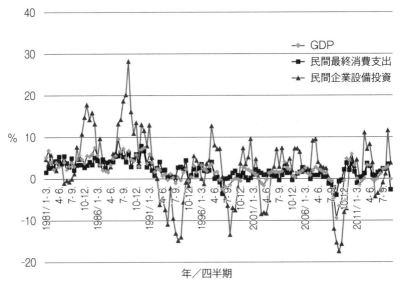

図4 ●GDP，消費，投資（実質，四半期，対前年同期比）1981:1-2014:1

（注）内閣府経済社会総合研究所 http://www.esri.go.jp． 1981:1は1981年第1四半期，2014:1は2014年第1四半期を示す．以下同様．

第9章 景気循環のメカニズム

図5 ●実質 GDP 成長率と労働生産性上昇率（1991:1-2014:2）

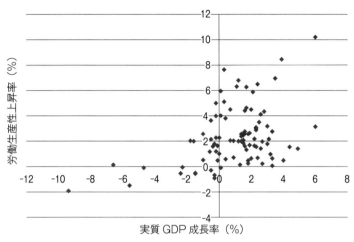

（注）実質 GDP 成長率，労働生産性上昇率ともに，四半期データの対前年同期比（％）．労働生産性は実質 GDP/（就業者数×総労働時間）．

図6 ●実質 GDP 成長率と失業率の変動幅：1980:1-2014:2

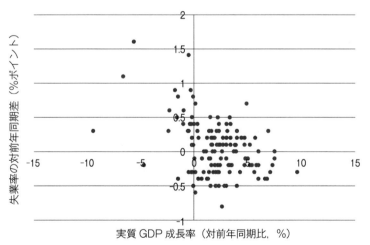

（注）実質 GDP 成長率，失業率ともに四半期データ．

(対前年同期比)の推移を示していますが,消費に比べ設備投資の変動が大きいことがわかります.また,図5は労働生産性と実質GDPの各伸び率(対前年同期比)を示していますが,労働生産性は景気の拡張期(実質GDP成長率の高い時期)には上昇し,後退期(実質GDP成長率の低い時期)には低下する傾向があることがわかります.実質GDP成長率が高い時は失業率が下がるという関係も見られます(図6).この両者の関係は,**オークンの法則**と呼ばれています.日本の1990年代に関する推計結果[2]によると,実質GDPが6.5%ほどトレンドを上回ると,失業率が1%ほどトレンドよりも低くなるようです.

2 景気循環の理論——ショックと波及過程——

景気循環の期間に規則性がないということは,決まった周期に沿って景気が変動しているわけではなく[3],むしろ経済は不規則に生じる様々なショックによってかく乱されており,このショックが経済全体に浸透していく過程で景気循環が起こると考えられます.そこで,どのようなタイプのショックが重要で,そのショックが波及していく過程はどのようなものなのかを明らかにすることが,景気循環の理論の役割となります.もちろん,様々なショックや波及メカニズムが考えられますが,そのなかで,1節で述べた規則性をうまく説明できるものが妥当な理論といえます.以下では,代表的なショックとその波及過程について,簡単に見てみましょう.

供給ショックと需要ショック

まず,一国の経済にふりかかるショックとしては,一国の生産能力に影響を及ぼす**供給ショック**と,支出に影響を及ぼす**需要ショック**が考えられます.供給ショックには,新技術の開発(生産を増やす効果),休日の増加(生産を減

---

2) 竹田陽介・小巻泰之・矢嶋康次(2004)「日本におけるニュー・ケインジアン・フィリップス曲線の推計」日本大学経済科学研究所ワーキング・ペーパー04-03.
3) 古典的には,キチン循環(在庫投資を起因とする.約3年周期),ジュグラー循環(設備投資を起因とする.約10年周期),クズネッツ循環(建築投資を起因とする.約20年周期),コンドラチェフ循環(技術革新を起因とする.約50年周期)などが唱えられましたが,いずれも,実証は困難です.

らす効果），原油価格の上昇による生産コストの増大（生産を減らす効果）などがあります．他方，需要ショックには，政府支出の増加，金融緩和策，外国における日本製品の人気の高まり（すべて，需要を増やす効果）などがあります．

景気が変動したときに，需要ショックと供給ショックを見極めるのは，それほど容易ではありません．例えば，自動車メーカーが燃費を向上させる新技術を開発して，この新技術を導入した新型車を売り出したとしましょう．この新型車がよく売れて増産すると，タイヤやガラスや鉄板などの部品メーカーにとっては，自分たちの製品が多く売れるようになります．さらに，自動車メーカーや部品メーカーの従業員は，給料やボーナスが増えるので，消費を増やそうとするかもしれません．そうすると，スーパーやデパートなどの売上も増えるでしょう．この場合，部品メーカーやスーパーなどにとっては，売上が増えた分だけ需要ショックが生じたように感じるでしょうが，そもそも，自動車・自動車部品の生産やスーパーの売上を増やすきっかけとなったのは，自動車メーカーによる新技術の開発という供給ショックです．一企業の立場ではなく，経済全体で生じたショックを見極めることが重要です．

技術ショックの波及過程

経済にショックが生じたときに，どのようにそのショックが伝わるかという，波及過程を調べるのも，景気循環の理論の重要な課題です．

例えば，新たな技術革新という供給ショックが生じたとしましょう．新技術によってまず生産が増え，その結果，人々の所得が増えます．所得が増えれば，その一部は消費にまわり，残りは貯蓄にまわります（どれだけ消費が増えるかは，技術開発の効果がどれだけ持続し，人々の恒常所得を増やす効果があるかによります）．生産の増加は，新たな雇用を作り出し，人々の労働時間も増えます．また，家計の貯蓄が増加すれば，その資金が企業の設備投資に回ります．設備投資が増えれば，将来の資本ストック（機械設備・建物）が増えます．そして，資本ストックが増加することで，将来の生産も増えるでしょう．こうして，ある時期に起こった技術ショックは，その時期の生産や雇用を増やすだけではなく，将来の生産や雇用も増やすという波及メカニズムが存在します．こ

のように，景気循環における技術ショックなど実体経済のショックを重視し，その波及過程を調べる理論を，**リアル・ビジネス・サイクル論**と呼んでいます．

金融政策ショックの波及過程

次に，金融緩和政策によって，マネーストックが増加した場合の伝播過程を見てみましょう．マネーストックが増えたときに，仮に物価が同じ率だけ上昇しなければ，実質貨幣残高（マネーストックを物価指数で割ったもの）は増えます．人々がモノやサービスを購入するのに貨幣が必要だとすると，実質貨幣残高の増加は，人々が購入できる財・サービスの量を増やします．この需要増加に応じて，生産が増え，雇用も増えます．ただし，需要増加に伴って物価が上昇していけば，やがて実質貨幣残高はもとの水準に戻り，需要と生産の拡大はストップします．こうした金融政策の波及効果については，近年，**ニュー・ケインジアン・エコノミックス**と呼ばれる分野で活発に研究されています．

3　総需要と総供給

需要ショックと供給ショックの波及過程を詳細に分析するために便利な図が，総需要・総供給曲線です．**総需要曲線**は，物価水準が変化したときに，家計の消費や企業の設備投資などの支出がどう変化するかを示すもので，縦軸に物価水準をとり，横軸に実質 GDP をとって描くと，右下がりになります（図7）．これは，物価水準が上がると総需要が減少することを意味しています．他方，**総供給曲線**は，同じく物価水準が変化したときに，企業が生産したいと考える生産量がどう変化するかを示すもので，**短期の総供給曲線**と**長期の総供給曲線**があります．やはり縦軸に物価水準をとり，横軸に実質 GDP をとって描くと，短期の総供給曲線は右上がり，長期の総供給曲線は垂直に描くことができます（図8）．これは，短期的には物価が上昇すると総供給は増加するけれども，長期的には物価が上昇しても総供給は変化しない（つまり，もとの水準に戻る）ことを意味しています．

前期の物価水準に比べて今期の物価水準が高いということは，インフレ率が高いということですので，縦軸にインフレ率，横軸に実質 GDP をとって，

第9章 景気循環のメカニズム

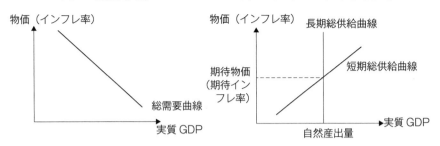

長・短期の総供給曲線，総需要曲線を描くこともあります．この場合も，総需要曲線は右下がり，短期総供給曲線は右上がり，長期総供給曲線は垂直に描くことができます[4]．

なぜ，こうした総需要，総供給曲線が描けるのでしょうか？ また，経済に様々なショックが加わったとき，総需要曲線，総供給曲線は，どのように移動（シフト）するのでしょうか？ この結果，物価水準や実質GDPはどう変化するのでしょうか？ 以下，こうした問いに順番に応えていきましょう．

4　総需要曲線はなぜ右下がりか？

物価水準が高くなると，あるいはインフレ率が上昇すると，家計や企業の支出は減少すると考えられます．この理由について詳しく考えてみましょう．以下の議論では，次の手順で，総需要曲線が右下がりであることを示します．

①ある物価水準のもとで，支出面からみた実質GDP（総需要）がどのように決まるのかを考察する（そのための道具が，IS曲線とMP曲線です）．
②物価水準が変化したときに，①で求めた総需要がどう変化するかを分析する．

IS曲線

家計の消費や企業の設備投資は，来期以降の実質GDPの期待（予想）値と

---

4) 厳密には，時間を通じて物価や生産がどう変化していくかを分析する場合，物価水準とインフレ率を同じようにみなすことはできません．

実質金利(名目金利から期待インフレ率を引いたもの)の影響を受けます(詳しくは,第8章を参照してください).たとえば,来期以降の期待実質GDPが高いほど,来期以降の企業収益が高くなると予想されるので,設備投資は増えます.他方,実質金利が高くなると,実質資本コストが上昇するので設備投資は減少します.また,来期以降の期待実質GDPが高いほど,消費者の恒常所得が高まるので,消費も増えます.他方,実質金利が高くなれば,貯蓄が有利になるので,今期から来期にかけての消費の伸び率は上昇します.仮に,実質金利が高くなることにより,貯蓄をする意欲が高まれば(代替効果が十分強ければ),今期の消費は減少します.

したがって,今期の消費支出も投資支出も,実質金利が上昇すれば減少し,来期の実質GDPが増加すれば増加します.

以上をまとめると,

となります.ここで,──→ は減少させる効果,──→ は増加させる効果を示しています.

したがって,来期の実質GDPの期待値を一定として,縦軸に実質金利,横軸に実質GDPをとると,右下がりの曲線を描くことができます(図9).これは,IS (investment-savings) 曲線として知られています.

金融政策ルール(MP曲線)

総需要を決めるもうひとつの重要な要因は,金融政策です.ここでは,中央銀行が金利をコントロールする場合について,総需要への影響を考えます(中央銀行がマネーストックをコントロールする場合については,COLUMN 1を参照してください).

実際,ほとんどの国の中央銀行は,マネーストックではなく,短期金利をターゲットにしています[5].たとえば景気が過熱してインフレになれば,短期金

---

5) ただし,短期金利がゼロ%近くになると,それ以上金利を下げることが困難になるので,中央銀行は他の政策手段を用います.第11章を参照してください.

第9章　景気循環のメカニズム

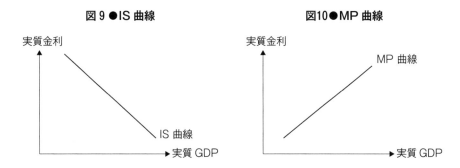

利を引き上げて金融を引き締めようとし，景気が悪くなってデフレになれば，短期金利を引き下げて金融を緩和しようとします．

インフレになったときにどの程度金利を引き上げるかについては，通常，インフレ率の上昇幅以上に名目金利を引き上げることが行われています．こうすることにより，実質金利を引き上げ，総需要を抑制し，インフレを押さえ込もうとするのです．したがって，インフレ率が上昇したときは，実質金利（名目金利から期待インフレ率を引いたもの）が上昇します．また，実質GDPがトレンド（正確には，労働力，資本ストック及び技術水準によって決まる実質GDPの水準．すなわち，**自然産出量**）を上回って上昇したときも，景気の過熱を抑えるために，実質金利が上昇するように名目金利を引き上げて，金融を引き締めます．ここで，実質GDPが自然産出量を上回る率は，GDPギャップと呼ばれています．

(1) GDPギャップ ＝ (実質GDP － 自然産出量)／自然産出量

以上をまとめると，金融政策ルールは，

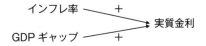

となります[6]．したがって，仮にインフレ率と自然産出量が一定であれば，実質GDPが高いほど，実質金利は上昇するように金融政策が運営されます．つまり，縦軸に実質金利，横軸に実質GDPをとると，右上がりの曲線を描くことができます（図10）．これは，**MP**（monetary policy）**曲線**と呼ばれていま

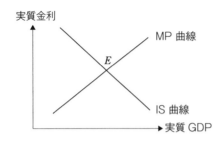

図11●IS 曲線と MP 曲線

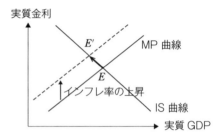

図12●インフレ率の上昇の効果

す．図11は，IS 曲線とともに MP 曲線を描いています．一定のインフレ率のもとでは，IS 曲線と MP 曲線の交点で，実質金利と実質 GDP（総需要）が決定します（図11の E 点）．

総需要曲線

インフレ率が高まると，中央銀行は金融を引き締めようとして，実質金利を引き上げますから，MP 曲線は上に移動します（図12）．この結果，IS 曲線と MP 曲線の交点は左上に移動します（図12の E 点から E' 点に移動）．つまり，インフレ率が高いと，実質 GDP で表される総需要が減少します．

以上より，インフレ率が高いほど，総需要が減少すること，つまり，図7で示したように，総需要曲線が右下がりに描けることが理解できたと思います．

5 総供給曲線

5.1 長期総供給曲線はなぜ垂直か？

物価水準が上昇したときに，企業が生産したい供給量はどう変化するでしょ

---

6) こうした金融政策ルールは，アメリカの金融政策がこうしたルールに沿っていることを見出したスタンフォード大学のテイラー教授の名前にちなんで，**テイラー・ルール**と呼ばれています．詳しくは，第11章を参照してください．なお，中央銀行が金利をコントロールする場合，マネーストックは，その金利水準における貨幣需要（COLUMN 2 参照）を満たすように供給されるとみなします．

第9章 景気循環のメカニズム

うか？ 単純化のために，企業は労働だけを使って財を生産すると仮定しましょう．企業の利潤は，

(2) 利潤 ＝ 製品価格×生産量－賃金×労働量

となります．ここで，右辺第1項は売上，第2項は労働コストです．企業，あるいは，その企業の株を保有している家計にとって重要なのは，何円の利潤が得られたかではなく，得られた利潤でどれだけのものを買えるかという，実質的な利潤です．実質的な利潤が増えれば，企業は生産を増やそうとするでしょうし，実質的な利潤が増えなければ，企業は生産を増やそうとはしないでしょう．実質利潤は，利潤を物価水準（様々な製品の価格を平均した値）で割ったものですから，

(3) 実質利潤 ＝ $\dfrac{利潤}{物価}$ ＝ $\dfrac{製品価格}{物価}$ ×生産量 － $\dfrac{賃金}{物価}$ ×労働量

となります．したがって，製品価格の平均値である物価に比例して，この企業の製品価格や賃金が上昇すれば，物価が上昇しても実質利潤は一定となります．実際に，一般的に物価が上昇しているときは，各企業の製品価格は上昇しやすいでしょうし，労働者も賃上げを要求するでしょうから，長期的には，物価と製品価格，賃金は比例して動くと考えられます．したがって，物価が上昇しても，長期的には，企業の実質利潤は変化しないでしょう．実質利潤が変化しなければ，企業は生産量を増やそうという意欲はもちませんから，長期的には，企業が生産したいと考える生産量，つまり総供給は，物価が上昇しても一定にとどまります．したがって，図8で長期の総供給曲線は，垂直に描かれています．

　物価水準に依存しない，長期の総供給量は，**自然産出量**と呼ばれています．自然産出量は，経済全体にある労働力，資本ストック，および技術水準の影響を受けて変化します．たとえば技術進歩が生じれば，自然産出量は増えますから，長期総供給曲線は右にシフトします．これは，長期的な経済成長が生じる基本的なメカニズムです．

　また，次節で述べるような不完全情報や価格の硬直性などの問題がなく，市場メカニズムが有効に機能している場合には，短期的にも，総供給曲線は垂直

になります．第10章のCOLUMN 2で述べる**リアル・ビジネス・サイクル論**は，短期総供給曲線は長期供給曲線と同じく垂直であり，技術進歩などのショックが自然産出量を変動させることで景気循環が生じると考えています．

5.2　短期総供給曲線はなぜ右上がりなのか？

短期的には，平均的な物価の上昇率と自社製品の価格上昇率が異なったり，あるいは一般的な物価上昇率と賃金上昇率が異なることがあります．こうした場合，企業は自然産出量よりも多く生産しようとしたり，逆に自然産出量以下の生産に抑えようとすることがあります．一般には，物価水準（あるいはインフレ率）が事前に予想していたよりも高ければ生産は増え，事前に予想していたよりも低ければ生産は減ります．つまり，短期の総供給曲線は右上がりとなります（図8）．なぜ，製品価格の平均値である物価と個別の製品価格が乖離するのか，また，物価と賃金が同じように動かないのか，それらが企業の増産・減産意欲とどう結びつくのかについては，いくつかの理論が考えられています．主な二つの理論について順にみていきましょう．

不完全情報

消費者は気まぐれで，あるときはA社の製品を買いたい消費者が増え，別のときは，A社のライバル企業であるB社の製品を買いたい消費者が増えます．A社から見れば，自社製品の価格が上がった場合，一般的に需要が旺盛で物価が上がったのか，それともライバルのB社からA社に消費者の嗜好が変わってきたために，A社の製品だけの需要が増えて価格が上がったのか，即座に判別することはできません．通常は，両方の要因が働いているでしょうから，A社は，自社製品の価格が上昇したとき，その何割かは一般物価の上昇によるもので，残りの何割かは消費者の嗜好の変化によるものだと推測するでしょう．そして，消費者の嗜好の変化によると推測される部分，つまり，物価水準と比べた自社製品価格の上昇のみが，実質的な利潤を増やす要因となるので，この部分に応じて，生産量を増やそうとします．逆にB社は，実際には消費者の嗜好が離れてしまっていたとしても，物価の上昇に伴って自社製品の価格も上がっている限り，そのことに気付かずに，A社と同じように考えて増産しようとす

第9章 景気循環のメカニズム

るでしょう.

　この結果,短期的には,A社とB社を合わせた総供給は増加します.つまり,短期総供給曲線は右上がりとなります.しかし,やがては物価水準に関する情報が手に入るので,消費者の嗜好の変化によって需要が増えたA社だけが生産量を増やし,逆に嗜好の変化によって需要が減ったB社は生産量を減らします.この結果,物価水準に関する情報が公開された時点で,総供給はもとの水準(自然産出量)に戻ります.

　この理論で,短期的に物価の上昇に応じて総供給が増加するのは,企業は自社製品の価格はすぐにわかる一方,一般物価水準はすぐにはわからないと想定されているからです.仮に一般物価水準に不確実性がなく,事前に一般物価水準を完全に予想できれば,消費者の嗜好が増えた企業だけが生産を増やし,嗜好が減った企業は生産を減らすので,総供給は増えません.つまり,物価水準に関する事前予想(**期待物価**)が外れた部分(「驚き」,「サプライズ」)にのみ,企業が反応します.したがって,

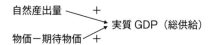

となります.

　これを式で表すと,aをある正の定数として,

(4)　実質 GDP ＝ 自然産出量 ＋ a・(物価－期待物価)

となります.定数aは企業が物価水準に関する「サプライズ」にどの程度反応するかを示しており,縦軸を物価,横軸を実質 GDP に取った図8では,$\frac{1}{a}$ が短期総供給曲線の傾きになります.(4)式は,不完全情報に基づいて短期総供給関数を導き出したシカゴ大学のルーカス教授の名前にちなみ,**ルーカス型総供給曲線**と呼ばれています.

　(4)式の物価と期待物価をそれぞれインフレ率と期待インフレ率に置き換えて整理しなおすと,

(5)　インフレ率 ＝ 期待インフレ率 $+\frac{1}{a}\cdot$（実質 GDP － 自然産出量）

となります．(5)式の右辺第 2 項の（実質 GDP － 自然産出量）を GDP ギャップに置き換えた，

(6)　インフレ率 ＝ 期待インフレ率 $+\frac{1}{a}\cdot$ GDP ギャップ

は，(期待インフレ付きの) フィリップス・カーブと呼ばれています．

　短期総供給曲線の傾き $\frac{1}{a}$ はどのように決まるのでしょうか？　たとえば中央銀行が頻繁に金融の引き締めと緩和を行うようになると，一般物価の変動が大きくなります．このため，企業は自社価格の変動の大部分は一般物価水準の変動であると推測し，物価の変動に応じて供給量を増減することは少なくなります．この結果，短期の総供給曲線の傾きは急になります．短期の総供給曲線が右上がりである，つまり，生産が増えると物価も上昇してしまうというトレード・オフがあるからといって，中央銀行が金融政策を頻繁に変更すると，短期総供給曲線の傾き自体が急になってしまい，例えば金融緩和をしても，生産はほとんど増えずに物価だけが上昇してしまう結果となります．

不完全競争と粘着的価格

　前節では，ライバル企業の製品と自社の製品との間で，消費者の需要が変化する可能性を考慮しましたが，この節では，そうした可能性はないものとして議論します．そのかわりに，他社との競争が少ない**不完全競争**の市場を考えます．

　同種の製品を作っている企業が数多くあり，市場が競争的な場合，他社製品の価格よりも少しでも高い価格をつけた製品は，まったく売れなくなってしまいます．こうした場合，個々の企業に価格設定の力はなく，市場で決まる価格を受け入れるしかありません．

　しかし，同種の製品をつくっている企業の数が少なく，他社との競争が厳しくない企業の場合，他社より高い価格をつけてもある程度は売れます．つまり，企業に価格設定の力があります．こうした不完全競争市場のもとでは，企業が

自社製品の価格を上げれば販売量は減り，価格を下げれば販売量は増えます．価格を上げること自体は，利潤の増加要因となりますが，価格上昇によって販売量が減るので，その点では利潤の減少要因となります．

企業は，価格上昇が利潤に及ぼすプラス，マイナスの要因を考慮して，最適な価格を設定します．こうして設定される最適な価格は，**限界費用**よりも高くなることが知られています．限界費用とは，生産物を1単位増やすために費用がどれだけ増えるかを示すものです．引き続き単純化のために，企業は労働だけを使って財を生産すると仮定します．たとえば，1人の労働力を追加することで生産物が1単位増えるとすれば，限界費用は1人分の賃金となります．1人の労働力を追加することで生産物が2単位増えるとすれば，限界費用は0.5人分の賃金となります（なぜなら，1単位の財を増やすためには，0.5人分だけ新たに雇えばよいので）．一般的に，1人の労働力を追加することで増える生産量を**労働の限界生産力**と呼びますが，労働だけを使って生産する場合，限界費用は，賃金を限界生産力で割ったものとなります．また，価格と限界費用の比率は，**マークアップ比率**と呼ばれています．まとめると，不完全競争市場での製品価格の設定は，

(7) 　製品価格 ＝ マークアップ比率×限界費用

$$= マークアップ比率 \times \frac{名目賃金}{労働の限界生産力}$$

と表すことができます．完全競争市場ではマークアップ比率は1（つまり，価格は限界費用と等しい）となりますが，不完全競争市場ではマークアップ比率は1よりも高く（つまり，価格が限界費用よりも高く）なります．そして，企業が価格を1％上げたときに需要が減る割合（**需要の価格弾力性**と呼びます）が小さいほど，最適なマークアップ比率は高くなります（COLUMN 3を参照してください）．

実際には必ずしもすべての企業が常に(7)式で表される最適な価格設定をしているわけではありません．企業によっては，価格の変更にコストがかかったり，長期契約などによって価格を自由に変更できない場合（**粘着的価格**，あるいは，**硬直的価格**と呼びます）があります．たとえば，ファミリー・レストランのチ

ェーン店では，野菜や肉の値段が変動するたびに写真入りのメニューを書き換えるのは印刷費用がかかりますし，スポーツクラブの月会費などは入会時点で決まっているので，年度途中で変更することは困難です．価格の変更に必要な，需要や製造コストに関する情報の収集・分析にもコストがかかります．

そこで，各企業がいつでも自由に価格変更できるわけではない状況を考えてみましょう．自由に価格を変更できる場合，企業は，(7)式のとおり，その時点の名目賃金に応じた価格を設定しますが，価格が硬直的な場合，一度価格設定を行うと，それからしばらくはその価格を維持しなければなりません．このため企業は，価格設定ができる時点では，その時点の限界費用だけではなく，将来の限界費用も考慮に入れて，価格を設定します．つまり，価格が硬直的な場合に企業が設定する製品価格は，

(8) 　今期新しく設定される製品価格

$$= マークアップ比率 \times 将来の限界費用の平均値$$

$$= マークアップ比率 \times 将来の\left(\frac{名目賃金}{労働の限界生産力}\right)の平均値$$

となります．二番目の等式は，労働だけをインプットとしている企業を想定した場合，限界費用＝名目賃金÷労働の限界生産力が成り立つことによります．「平均値」というのは，現在から，今設定した価格が続く将来時点までの平均値のことです．実際には，将来の名目賃金は不確実ですから，限界費用の期待値（予想値）の平均値となります．

(8)式にある名目賃金を，実質賃金（名目賃金÷物価）を使って書き換えると，名目賃金＝実質賃金×物価なので，

(9) 　今期新しく設定される製品価格

$$= マークアップ比率 \times 将来の\left(\frac{実質賃金}{労働の限界生産力} \times 物価\right)の平均値$$

となります．

(9)式にある $\frac{実質賃金}{労働の限界生産力}$ は実質限界費用と呼ばれるもので，生産を

1単位増やすために,労働者に支払わなければならない財の数量を表しています.実質限界費用は自然産出量を上回って生産を増やすとき(GDPギャップがプラスで大きいとき)には,増加すると考えられます.なぜなら,生産を増やそうとすると,分母にある労働の限界生産力は低減するからです.また,労働者により多く働いてもらうためには,より高い実質賃金を提供する必要もあります[7].

(9)式には,将来の物価が含まれていますが,これは,現在の物価に,現在から将来にかけての期待インフレ率を掛けたものになります.以上をまとめると,

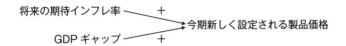

となります.

ところで,物価とは,いろんな製品価格の平均値です.ある時点で販売されている製品価格には,その期に新しく価格が変更されたものと,1期前あるいはそれ以前に価格変更されたものがありますが,1期以上前に価格変更されたものの平均値は1期前の物価です(図13).したがって,1期前に比べて今期どれだけ物価が上昇するか(今期のインフレ率)は,今期設定される製品価格が前記の物価に比べてどれだけ高いかによって決まります.

今期新しく設定される価格 $\xrightarrow{+}$ 今期のインフレ率

したがって,今期のインフレ率は,GDPギャップと,「将来の期待インフレ率」によって決まると言えます.結局,

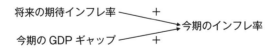

です.ここで,将来の期待インフレ率は,来期の期待インフレ率と来期以降の期待インフレ率との平均ですから,これを式にあらわすと,

---

7) 労働の限界不効用が逓増する,あるいは,余暇の限界効用が逓減するためです.

図13●価格が硬直的な場合の物価

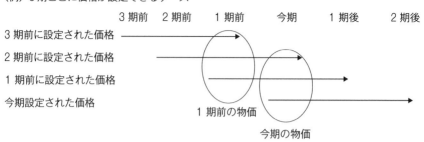

(例) 3 期ごとに価格が設定できるケース

3 期前に設定された価格
2 期前に設定された価格
1 期前に設定された価格
今期設定された価格

1 期前の物価
今期の物価

(10)　今期のインフレ率
　　= 来期の期待インフレ率 + $b \cdot$ GDP ギャップ

となり，(6)式と同様に右上がりの短期総供給曲線が得られます[8]．ここで b は正の数で，今期自由に価格設定できる企業の割合が高いほど，大きくなります．これは，今期の実質限界費用が今期の物価に強く反映されるからです．このように導出された(10)式は，**ニューケインジアン・フィリップス・カーブ**と呼ばれています．b が小さく，今期自由に価格設定できる企業の割合が低いほど，つまり，価格が硬直的なほど，生産の増加に伴う物価の上昇は小幅にとどまるので，このフィリップス・カーブの傾きは穏やかになります．

　以上をまとめると，生産の増加に伴い，実質限界費用が逓増するので，短期総供給曲線は右上がりになります．また，来期のインフレ期待が高まれば，それを見込んで今期の価格設定がなされるので，今期の短期総供給曲線は上にシフトします．

---

8) (10)式は，主観的割引率がゼロとした場合の近似値です．主観的割引率を考慮した場合の正確なニューケインジアン・フィリップス・カーブは，たとえば，Calvo, G. (1983), "Price Stability in a Utility-Maximizing Framework." *Journal of Monetary Economics* 12, 383-398，平田渉・加藤涼 (2004)「フィリップス曲線・粘着価格モデルと一般物価変動―米国のディスインフレの経験から―」日本銀行ワーキング・ペーパー No. 04-J-11. を参照してください．

図14●長期均衡

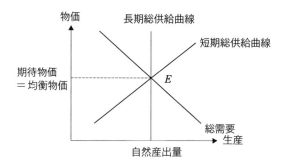

6　物価と実質GDPはどのように決まるか？

　以上，景気の分析を行うための基本的な三つの曲線，総需要曲線，長期総供給曲線，短期総供給曲線を導出しました．図14は，これら3本の線を一つの図に描いています．この3本の線が交わるE点は，総需要と総供給が短期的にも長期的にも一致する物価（あるいはインフレ率）と実質GDPの組み合わせであり，長期均衡点です．E点では，実質GDPは自然産出量と一致しており，期待物価と実際の物価（あるいは期待インフレ率と実際のインフレ率）が一致しています．

　しかし，経済は長期均衡のE点にじっととどまるわけではありません．常に様々なショックにさらされているので，総需要曲線や短期・長期の総供給曲線は常に移動（シフト）しています．この結果，長期均衡点が動いたり，短期的に長期均衡点から離れて，物価（あるいはインフレ率）や実質GDPが変動します．具体的に，様々なショックが生じたときに，物価や実質GDPがどう変化するのか，その波及過程については，10章で詳しく分析することにしましょう．

| COLUMN 1 |

IS-LM 分析

本文では，中央銀行が金利をコントロールする場合を分析しましたが，このコラムでは，マネーストックをコントロールする場合について分析しましょう．これは，伝統的に **IS-LM 分析** と呼ばれており，従来のマクロ経済学の入門書にしばしば登場するものです．

財・サービスを購入するためには，貨幣が必要です．物価が上昇すれば，同じ貨幣量でもより少量の財・サービスしか購入できません．つまり，マネーサプライが一定であれば，物価の上昇に伴って実質的な貨幣残高（名目貨幣残高÷物価水準）が減少するので，消費支出や投資支出も減少します．つまり，物価が上昇すれば，総需要は減少します．これを，**実質貨幣残高効果**と呼びます．

この点をもう少し詳しく分析するために，貨幣に対する需要と供給を考えます．まず，貨幣に対する需要は，名目 GDP（＝物価×実質 GDP）が増えるほど取引が活発になるので増加します．したがって，貨幣残高を物価で割った実質貨幣残高に対する需要は，実質 GDP が増えるほど増加します[9]．また，現金通貨などの貨幣には金利がつかないので，名目金利が増えるほど貨幣以外の債券（国債など，金利がつくもの）が有利になり，実質貨幣残高に対する需要は減少します．したがって，実質貨幣残高に対する需要は，

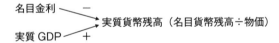

と表せます．図15は，一定の物価のもとで，中央銀行がマネーストック（名目貨幣残高）をコントロールする場合の貨幣市場の均衡を示しています．縦軸は名目金利，横軸は実質貨幣残高です．ある実質 GDP の水準のもと，貨幣需要（正確には実質貨残高需要）は名目金利が低いほど多くなるので，右下がりで描けます．他方，実質貨幣残高の供給量は中央銀行によって決定される名目貨幣残高を物価で割った水準で一定になるので（つまり，名目金利に依存しないので）垂直に描けます．この貨幣需要と貨幣供給が一致する点 E で，名目金利が決まります．

ここで，実質 GDP が増えた場合を考えてみましょう．実質 GDP が増えると，

---

9) 貨幣に対する需要が名目 GDP に比例するとします．このとき，k を比例定数として，貨幣残高＝k×物価×実質 GDP となります．（物価×実質 GDP は名目 GDP です）．この両辺を物価水準で割ると，貨幣残高／物価＝k×実質 GDP となり，実質貨幣残高（左辺）が実質 GDP の影響を受けることがわかります．なお，第 6 章では，単純化のため，実質貨幣残高に対する名目金利の影響は考慮していませんでした．

図15●一定の物価水準のもとでの貨幣市場の均衡

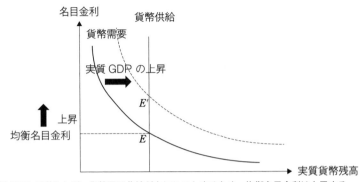

実質 GDP が増えれば，貨幣需要曲線が右にシフトするため，均衡名目金利は上昇する．

図16●一定の物価水準のもとでの財市場の均衡

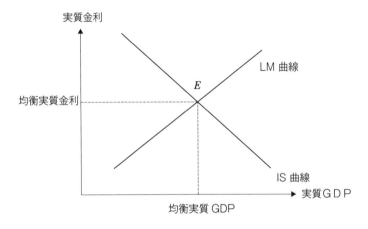

貨幣需要も増えるので，貨幣需要曲線は右にシフトします．このため，均衡点は E から E' に移り，均衡名目金利は上昇します．

　名目金利は，実質金利（名目金利から期待インフレ率を引いたもの）と期待インフレ率を足したものですから，期待インフレ率が一定であれば，実質 GDP が増えると，均衡実質金利も上昇します．

　この関係は，実質金利を縦軸にとり，実質 GDP を横軸にとって描くと，右上がりの曲線で描けます（図16）．これを，**LM 曲線**と呼んでいます．一定の物価水準のもとで，財市場では IS 曲線と LM 曲線の交点 E で，実質金利と実質 GDP が決

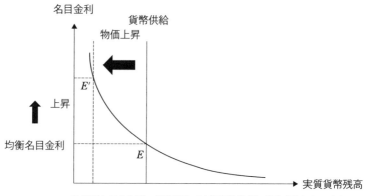

図17●物価上昇の貨幣市場への影響

物価が上昇すれば，貨幣供給（実質貨幣供給）曲線が左にシフトし，均衡名目金利および均衡実質金利は上昇する．

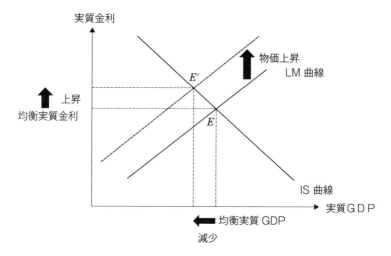

図18●物価上昇の財市場への影響

定します（図16）．

次に，物価上昇の影響を考えてみましょう．まず，貨幣市場では，名目貨幣供給量（マネーストック）が一定でも，物価が上昇すると，実質貨幣供給量が減少するため，均衡名目金利は上昇します（図17）．このため，実質金利も上昇します．このため，財市場では，LM曲線が上方にシフトし，IS曲線とLM曲線の交点は左上

に移動します（図18の E 点から E′ 点に移動）．つまり，物価水準が上昇すると，実質金利が上昇し，実質 GDP で表される総需要は減少します．したがって，やはり総需要曲線は右下がりに描くことができます．

| COLUMN 2 |

粘着的賃金と短期総供給曲線

短期総供給曲線が右上がりである理由として，賃金が固定的であることが指摘されることがあります．実際，多くの企業で，基本給は組合との交渉などによって年度当初に決定され，1年間は変更されません．実際には，ボーナスが変動することで，企業収益に応じて賃金も変動しますが，ある程度の固定的な部分があるのも事実です．そこで，名目賃金は硬直的であり，また，実質賃金の水準に関係なく，企業の労働需要に応じて個人が労働を供給すると仮定します．また，不完全競争のもとで，企業は柔軟に価格を設定できるものと仮定します．したがって，企業は限界費用に最適なマークアップ比率を乗じて価格を設定します．

いま，総需要が増えて物価が上昇すると，名目賃金が固定されているので，実質賃金が下落します．したがって，企業はより多くの雇用者を雇って，生産を増やします．つまり，賃金交渉をする時点で予想されていたよりも高い物価の上昇は，短期的に総供給を増やします．したがって，賃金が固定的な場合も，(6)式あるいは(10)式と同様の短期総供給曲線が得られます．

ただし，この理論だけでは生産が増大する拡張期に実質賃金が減少していることになり，現実的だとは言えません．粘着的価格と組み合わせて分析することが必要だと考えられます．

| COLUMN 3 |

不完全競争下の価格設定：マークアップ・プライシング

自動車や電気製品などのように，同じ種類の商品でもメーカーによってブランドや性能が異なる市場（不完全競争市場）において，企業がどのような価格付けを行うかを考えてみましょう．

企業は価格を上げることで，1個の製品を売ることから得られる利益は増えますが，値上げによって他社製品に需要が移るので，販売できる製品の数量は減少します．逆に言うと，販売数量を1財増やすためには，価格を引き下げなくてはなりません．今，企業が価格 P をつけたときに，売れる製品の数量（需要量）を Q と表すことにします．また，販売数量を1財増やすために引き下げなくてはならない価格幅を $\frac{\varDelta P}{\varDelta Q}$ と表すことにします．（販売数量の増加量を $\varDelta Q$（デルタ・キュー），そ

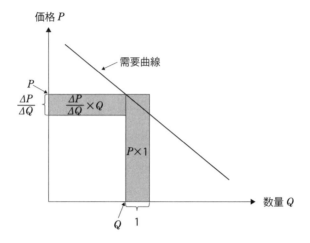

図19●不完全競争化の価格付け

のときに引き下げなくてはならない価格の幅を ΔP（デルタ・ピー）と表すと，1単位販売を増やすために引き下げなくてはならない価格の幅が，$\Delta P \div \Delta Q$ となります．）このとき，企業が販売数量を1財増やすことで増える売上金額を**限界収入**と呼ぶことにすると，

(11)　$\text{限界収入} = P \times 1 - \dfrac{\Delta P}{\Delta Q} \times Q$

となります．右辺第1項は，1単位販売量が増えたことによる直接的な売り上げ増加効果，第2項は，価格を $\dfrac{\Delta P}{\Delta Q}$ だけ引き下げたことによる減収効果です（図19）．(11)式は，次のように書き換えることができます．

(12)　$\text{限界収入} = P \times \left(1 - \dfrac{Q}{P} \times \dfrac{\Delta P}{\Delta Q}\right) = p \times \left(1 - \dfrac{\dfrac{\Delta P}{P}}{\dfrac{\Delta Q}{Q}}\right)$

ここで，価格が1％上がったときに，需要が何％減少するかを，**需要の価格弾力性**と呼び，ε（イプシロン）で表すこととすると，

(13)　$\varepsilon \equiv -\dfrac{\dfrac{\Delta Q}{Q}}{\dfrac{\Delta P}{P}}$

です．ここで，≡ は定義式であることを示しています．以下，$\varepsilon>1$ を仮定します．(13)式の右辺の分子 $\frac{\Delta Q}{Q}$ は需要量が何％増加したか，分母 $\frac{\Delta P}{P}$ は価格が何％増加したかをそれぞれ示しています．定義より，分子を分母で割ってマイナスをつけたものが需要の価格弾力性になります．(13)式を(12)式に代入すると，

(14) $\quad 限界収入 = P \times \left(1 - \frac{1}{\varepsilon}\right)$

となります．

　他方，1財生産を増やすためには，限界費用だけ費用が増加します．もし，限界収入のほうが限界費用よりも高ければ，利潤は増えますから，企業は生産を増やすでしょう．逆に，限界収入のほうが限界費用よりも低ければ，生産を増やすことによって利潤は減りますから，生産を減らすでしょう．結局，利潤を最大化するためには，限界収入と限界費用が等しくなるように，企業は生産量を決めることになります．つまり，利潤最大化の条件は，

(15) $\quad P \times \left(1 - \frac{1}{\varepsilon}\right) = 限界費用$

です．両辺を $\left(1-\frac{1}{\varepsilon}\right)$ で割ると，

(16) $\quad P = \frac{1}{\left(1-\frac{1}{\varepsilon}\right)} \times 限界費用$

が得られます．ここで，$\frac{1}{\left(1-\frac{1}{\varepsilon}\right)}$ がマークアップ比率です．つまり，(16)式は，企業が限界費用にマークアップ比率をかけた価格付けをすることを示しています．需要の価格弾力性 $\varepsilon>1$ の仮定のもとでは，マークアップ比率は正で1よりも大きく，また ε が大きいほど，マークアップ比率は低くなることがわかります．

　多くの企業が同じ商品を作っている完全競争の場合は，少しでも他社より高い価格をつけたら全く売れなくなりますので，需要の価格弾力性 ε は無限大となります．このとき，マークアップ比率は1となり，価格は限界費用に等しくなります．

　不完全競争と完全競争を比較すると，不完全競争市場の方がマークアップ比率分だけ価格が高く，生産量（＝需要量）は小さくなります．

● 練習問題

問1 次の各ショックは，日本経済にとって，主に供給ショックですか，需要ショックですか？
  (1) 少子高齢化による労働力人口の減少
  (2) 中国の高成長に伴う中国向け輸出の増大
  (3) 世界的なバイオエタノールの増産に伴う輸入穀物価格の上昇
  (4) 国民の休日の増加

問2 問1の各ショックは，経済全体にどのように波及していくと考えられますか？ それぞれのショックについて，予想される波及過程を述べなさい．

問3 本文の表1に掲げている景気循環を一つ選び，景気後退をもたらした理由，つまり，どのようなショックが景気後退をもたらしたか，調べてみましょう．「経済白書」(あるいは「経済財政白書」)を参考にするとよいでしょう．

問4 次の文章は，間違っています．なぜ間違っているのか，その理由を述べなさい．
「リンゴの価格が上がればリンゴの需要は減って，リンゴの供給は増えます．つまり，縦軸にリンゴの価格をとり，横軸にリンゴの数量をとると，リンゴの需要曲線は右下がり，供給曲線は右上がりです．同様に，ミカンの需要曲線は右下がり，供給曲線は右上がりです．また，その他の財も同様です．総需要は，経済全体の需要，つまり，リンゴやミカンやその他の財の需要の合計ですから，右下がりになります．総供給は経済全体の供給，つまりリンゴやミカンやその他の財の供給の合計ですから，右上がりになります．」

第10章 景気循環と失業

前章に引き続き,景気循環のメカニズムについて見て行きましょう.経済に加わるショックは,大きく分ければ需要ショックと供給ショックがあります.これらのショックが加わったときに,生産(実質GDP)や物価はどのように変動するのでしょうか? この問いに答えるためには,前回学んだ総需要・総供給曲線を用いるのが便利です.ショックによって,これらの曲線が移動し,総需要と総供給が一致する均衡点,つまり,総需要曲線と総供給曲線の交点(生産と物価の組み合わせ)が移動します.この均衡点の移動を見ることで,物価や生産の変化がわかります.

また,景気循環に伴って,失業率,雇用量,労働時間なども変動します.本章では,労働市場にも焦点をあてて,これらが変動するメカニズムについて学びましょう.

A 景気循環のメカニズム

1 需要ショックとは?

総需要曲線が移動(シフト)する要因としては,金融政策ショック,政府支出ショック,純輸出ショックなどの需要ショックがあります.

金融政策ショック

前回学んだように,金融政策は,インフレ率が高いほど,また,GDPギャ

図1 ●金融緩和ショック

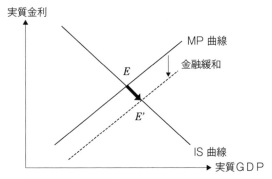

金融政策ルール以上に金利を低下させると，MP曲線が下にシフトする．

ップが大きいほど，実質金利を高く誘導する引き締め策がとられます．

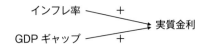

したがって，あるインフレ率と自然産出量のもとで，実質GDPが増えるほど実質金利は高くなるので，縦軸に実質金利，横軸に実質GDPをとれば，金融政策ルール（MP曲線）は，右上がりの曲線で表すことができます（図1）．しかし実際には，そのときどきの様々な状況に応じて，ルールより実質金利を引き上げたり，逆にルールほどは引き上げなかったりと，機動的に運営されています．そこで，たとえば，ルール以上に実質金利を引き下げる金融緩和策がとられた場合を考えてみましょう．このとき，MP曲線は下にシフトしますから，IS曲線[1]との交点は右下に移動（図1で E 点から E' 点に移動）し，この結果，実質金利は下落し，実質GDP（総需要）は増加します．つまり，金融緩和ショックは総需要曲線を右にシフトさせます[2]．

---

1) 実質金利が高くなるほど，消費や投資などの支出が減少することを示す曲線です．詳しくは，9章を参照してください．

図2 ●政府支出増加ショック

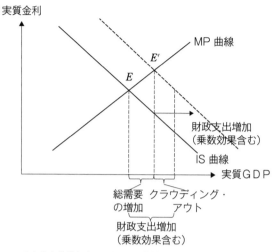

政府支出を増加させると，IS曲線が右にシフトする．政府支出の増加⇒実質金利の上昇⇒投資の減少というクラウディング・アウト効果があるので，総需要の増加幅は，IS曲線のシフト幅よりも小さい．

政府支出ショック

　公共投資などの政府支出は，実質GDPの構成要素の一つですから，政府支出を増やすと，IS曲線が右にシフトします（図2）．政府支出を1兆円増やした時，IS曲線はどれだけ右にシフトするでしょうか？　これは，政府支出の増加に伴って，消費など他の支出項目がどう変化するかによります．もし，公共投資の増加⇒建設労働者等の所得の増加⇒建設労働者等の消費の増加⇒商業

2）中央銀行がマネーストックをコントロールしている場合はどうでしょうか？　中央銀行がマネーストックを増やすと，一定の物価水準のもとで貨幣の需要と供給が一致するためには，実質金利が低下するか，実質GDPが増える必要があります．つまり，第9章の図15で，貨幣供給が増えると，均衡名目金利が低下し，この結果，均衡実質金利も低下します．このため図16でLM曲線が右下にシフトします．この結果，IS曲線とLM曲線の交点は右下に移動します．つまり，マネーストックを増やすと，実質GDPで表される総需要は増加します．したがって，金利をコントロールしている場合と同様に，金融緩和策をとれば，総需要曲線は右にシフトします．

における労働者等の所得の増加⇒商業労働者等の消費の増加，というように，支出の増加と所得の増加の連鎖がつながれば，1兆円の政府支出の増大は，消費の増大を伴うので，IS曲線は1兆円以上右にシフトします．これを，**乗数効果**と呼びます．たとえば1兆円の政府支出の増加が0.5兆円の消費支出の増加を伴う場合，政府支出と消費合わせて1.5兆円増加するので，政府支出の乗数は1.5だと言います．こうした総需要の増加が企業収益を高め，投資も増えれば，乗数はさらに大きくなります．しかし，政府支出の増加は，増税かあるいは国債発行を伴います．国債発行の場合は，将来の増税が不可避です．したがって，家計が将来にわたる可処分所得（税引き後所得）の減少を考慮して現在の消費支出を決定すれば，家計の消費は減ります．この場合，乗数は1未満となり，IS曲線のシフト幅は，1兆円未満にとどまります．いずれにしても，図2で，IS曲線が右にシフトすると，MP曲線と交わる点は，EからE'に右上に移動します．ここで，実質GDP（総需要）の増加幅は，IS曲線の増加幅よりも小さくなっています．これは，政府支出が増加すると，民間の投資に回る資金が減るので，実質金利が上昇し，その結果，民間投資が減るからです．このように，政府支出の増加が実質金利の上昇を通じて民間投資を減らす効果を，**クラウディング・アウト**と呼びます．

なお，政府が意図的に政府支出や税収を増減しなくとも，実質GDPの増減に応じて，自動的に政府支出や税収が変化することがあります．たとえば，不況になると企業の収益や家計の所得が減るので，税収が減り，他方で失業者が増えるので，失業給付などの政府支出が増えます．このように，総需要が減って不況になった場合に，自動的に政府支出が増加し，税収が減少することによって，総需要減少の一部を相殺する仕組みのことを，**ビルト・イン・スタビライザー**（**自動安定化装置**）と呼びます．

純輸出ショック

外国の景気がよかったり，外国で日本製品の人気が高まると，日本製品の海外での売れ行きが良くなります．つまり，日本製品に対する需要が増加します．これは，純輸出を増やし，IS曲線を右にシフトさせます．この結果，図2と同様に，総需要が増大します．

図3 ●総需要ショックの効果

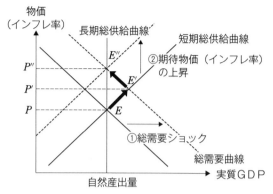

金融緩和ショックなどにより総需要曲線が右にシフトすると，均衡点が E から E' に移動する．これは物価の上昇をもたらすので，期待物価も上昇し，短期総供給曲線を上にシフトさせる．この結果，長期的には均衡点は E' から E'' に移動する．

2　需要ショックが物価と生産に及ぼす影響

　上記のような需要ショックが生じると，総需要曲線がシフトします．たとえば，金融緩和ショック（金利引き下げ）が生じると，総需要曲線は右にシフトします（図3）．ここで，総供給が変化しなければ，総需要と短期総供給が一致する均衡点は，図3の E から E' へと，右上に移動します．つまり，総需要の増加により，物価は上昇し，実質 GDP は増えます．しかし，E' は，長期的な均衡点ではありません．なぜなら，実際の物価水準は P' となり，期待物価水準である P を上回っているからです（期待物価水準と実際の物価水準が一致するのは，生産量が自然産出量に一致する場合，すなわち，短期総供給曲線と長期総供給曲線が交わる点であったことを思い出してください．第9章の(6)式，あるいは(10)式，図14参照）．このとき，現実の物価水準の上昇に伴って，期待物価水準も上昇します．この結果，短期総供給曲線は徐々に上にシフトしていきます．そして最終的には，実質 GDP の水準が自然産出量に一致し，期待物価水準が現実の物価水準に一致する点 E'' に到達します．ショックが生じる前の点と，ショックが生じた後の最終的な点を比べると，物価が高くなり，

生産量は自然産出量の水準で変わりません．

　総需要ショックが，長期的には実質 GDP を変化させないというのは，重要な結論です．結局のところ，労働量や技術水準などの供給要因が変動しなければ，実質 GDP が持続的に増えることはありません．

　ただし，短期的には，総需要の増加によって実質 GDP は増大します．「短期」というのがどれぐらいの期間かというのは，期待物価がどの程度速やかに現実の物価に応じて調整されるか，価格がどの程度伸縮的に変更されるかといった要因に依存しますが，現実には 1～2 年，せいぜい 5 年以内だと思われます．

3　供給ショックとは？

　短期総供給曲線に関しては，前節でみたように，いくつかの理論がありますが，いずれの理論でも，自然産出量が増加するか，物価水準が予想以上に上昇すれば，総供給は増加します．したがって，自然産出量に影響を及ぼす供給ショックがあれば，短期総供給曲線はシフトします．以下では，いくつかの重要な例をあげます．

生産性ショック

　技術革新により生産性が上昇すれば，自然産出量が増加します．たとえば IT 分野では，インターネットの技術が次々と新しい製品やサービスを生み出していますが，このように技術革新には，いったん画期的な技術革新が起こると，次々と新しい技術が派生して生まれるという特徴があります．つまり，技術革新は一時的ではなく，長く続くことが通例です．このため，自然産出量の増加も，一時的ではなく，永続的なものとなります．したがって，技術革新によって，短期総供給曲線と長期総供給曲線が永続的に右にシフトします．長期総供給曲線がシフトするのは，技術革新によってより多くの財・サービスを生産できるようになるからです．また，短期総供給曲線がシフトするのは，技術革新によって，限界費用が低下し，より低い価格でより多く生産できるようになるからです．

なお，技術革新のように，自然産出量を増加させるショックは，**好ましい総供給ショック**と呼ばれます．

原油価格ショック

原油価格が上昇すると，企業はこれまでより原油を節約せざるを得ないので，製品の販売価格が一定であれば，生産量が減少します．あるいは，これまでと同じだけ生産するためには，価格を上げざるを得ません．この結果，原油価格の上昇は自然産出量を低下させ，短期総供給曲線と長期総供給曲線を左にシフトさせます．ただし，原油価格の上昇が一時的なものであれば，原油価格が元の水準に戻った時点で，自然産出量ももとの水準に戻り，短期総供給曲線と長期総供給曲線も元の位置に戻ります．

なお，原油価格の上昇のように，自然産出量を減少させるショックは，**好ましくない総供給ショック**と呼ばれます．

4 供給ショックが物価と生産に及ぼす影響

生産性ショックと原油価格の例で明らかなように，供給ショックが物価と生産に及ぼす影響を分析するためには，ショックが一時的なものか永続的なものか，好ましいショックか好ましくないショックかを区別する必要があります．

永続的な供給ショックの効果

たとえば，ITなどの技術革新によって生産性が永続的に高まった場合の効果を考えましょう．上で述べたように，自然産出量が増えるので，短期総供給曲線と長期総供給曲線がともに右にシフトします．しかし，永続的な供給ショックの効果は，これだけにとどまりません．将来にわたって所得が増えると予想されれば，恒常所得が増えるので，家計は消費を増やします．また，生産性の上昇は，資本の限界生産力を高めるので，企業は設備投資を増やします．こうした消費と投資の増加は，総需要曲線を右にシフトさせます．図4では，永続的な供給ショックが，短期・長期の総供給曲線と総需要曲線をすべて右側にシフトさせる結果，均衡点は E から E' に移動し，実質 GDP が増加すること

図4 ●永続的で，望ましい総供給ショックの効果

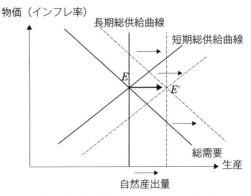

技術革新など，永続的な効果をもち，かつ，望ましい総供給ショックは，自然産出量を増加させ，短期総供給曲線と長期総供給曲線を右にシフトさせるだけではなく，消費や投資を増加させ，総需要曲線も右にシフトさせる．

を示しています．このとき，物価が上昇するか下落するかは，総需要曲線と長・短期の総供給曲線のどちらがより右側にシフトするかに依存します．たとえば，総需要曲線よりも長・短期の総供給曲線のほうがより右側にシフトすれば，物価は低下します．

一時的な供給ショックの効果

原油価格の上昇のように望ましくない総供給ショックが生じると，上で述べたように，自然産出量が減少し，短期総供給曲線と長期総供給曲線を左にシフトさせます．では，原油価格の上昇は，総需要にはどのような影響を及ぼすのでしょうか？

原油価格が上昇すると，石油を輸入する国では，**交易条件**（輸出財価格と輸入財価格の比率．輸出財を1単位輸出することで，何単位の輸入財を輸入できるかを示す．）が悪化（低下）するので，実質的な所得が減少します．つまり，同じ量の原油を輸入するために，以前よりも多くの財を輸出しなければならなくなるので，同じ生産量でも国内で消費できる量が減ります．この結果，消費が減少し，総需要曲線が左にシフトします．原油価格の上昇が一時的な場合は，総需要への影響は小さいものですが，原油価格の上昇が永続的に続く場合には，

図5 ●一時的で，望ましくない総供給ショックの効果

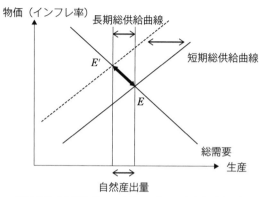

原油価格の上昇など，一時的で，かつ，望ましくない総供給ショックは，一時的に自然産出量を低下させ，短期総供給曲線と長期総供給曲線を左にシフトさせるが，総需要曲線はほとんどシフトさせない．

総需要への影響は大きなものとなります．

　原油価格の上昇が一時的な場合，短期総供給曲線と長期総供給曲線は一時的に左にシフトしますが，総需要曲線はほとんどシフトしません（図5．なお，図5では，総需要曲線のシフトは描かれていません）．この結果，短期総供給曲線と総需要が一致する均衡点は図5で点Eから点E'に移動します．つまり，物価が上昇し，実質GDPは減ります．このように，インフレと不況が同時に生じている状況は，**スタグフレーション**と呼ばれています．しかし，原油価格が元の水準に戻れば，短期総供給曲線と長期総供給曲線はもとの位置に戻るので，均衡点は再びE'からEに戻り，物価や実質GDPも元の水準に戻ります．

　ただし，実質GDPの減少（不況）に対応して金融緩和策がとられる場合には，総需要曲線が右側にシフトするので，物価はE'の水準よりもさらに高くなります．

5　総需要・総供給を超えて

　総需要と総供給の図は，景気循環を分析するのに便利な道具ですが，注意すべきことがいくつかあります．

まず，総需要のショックが，総供給も変化させる可能性がある，あるいはその逆に総供給のショックが総需要も変化させる可能性があるということです．前節では，技術革新などの永続的な供給ショックが総需要を変化させることを指摘しましたが，これ以外にも，こうした例は多くあります．たとえば，政府が国債を発行して公共投資を行う場合を考えましょう．この政府支出ショックは，（消費や投資の減少が大きくない限り）総需要を増大させます．しかし，この政策は，資本ストックや労働供給を変化させ，総供給も変化させます．なぜなら，政府支出の増加によって実質金利が上昇しますが，もし家計が，実質金利が高いときにはたくさん働いて貯蓄したほうが得だと考えれば，労働供給が増えます．他方，実質金利の上昇により，民間の設備投資が減少すると，将来の資本ストックが減るので，将来の自然産出量が減ります．別の例として，たとえば将来生産性が低下するという情報が入ってくると，家計は将来所得の減少を予想して，その時点で消費を減らすかもしれません[3]．この例では，将来的には物価を上昇させるはずの「好ましくない総供給ショック」（生産性の低下）が，現在の総需要の低下によって物価を下落させる効果を持ちます．このように，総需要と総供給は，時間を通じて互いに影響を及ぼします．

また，総需要・総供給の図では，さまざまなショックが生じた後，生産や物価が時間の経過とともにどう変化していくかを分析するには限界があります．たとえば，需要ショックが生じたときに，短期総供給曲線と総需要曲線の一致する短期均衡から，長期総供給曲線と総需要曲線が一致する長期均衡へと移行するということはわかっても，生産や物価が実際にどういう経路をたどって長期均衡に移行するのか，その間，消費や投資はどう推移するのか，といったことは分析できません．

総需要・総供給の図を用いて経済政策の効果やその他のショックの影響を分析する際には，これらの限界に十分注意を払うことが大事です[4]．これらの限界を超えて，経済が時間を通じて変化していく様子を明らかにするためには，

3）正確に言うと，将来の生産性が，従来予想されていたものより低くなるだろうというニュースが入ってくると，人々は恒常所得を引き下げて，消費を抑えます．このように，期待の変化が景気循環を引き起こすきっかけになります．こうした例は，**ニュース・ショック**として，近年盛んに研究されています．

図6 ●労働市場のフロー（流れ）図

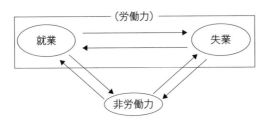

動学を用いた分析が必要になります（COLUMN 1 参照．なお，総需要・総供給による分析は，時間の経過に伴う変化を考慮していないので，**静学**と呼ばれています）．

B　労働市場

1　失業率とは？

　失業者とは，簡単に言うと仕事を探している人々のことです．正確に言うと，まず，毎月の月末一週間を調査期間とし，15歳以上の者について就業しているかどうかを調査して，その結果を次の3区分に分類します[5]．

A．**就業者**（調査期間中に，収入を伴う仕事を1時間以上したか，仕事を持ちながら，休んでいた者）

B．**完全失業者**（調査期間中に仕事がなかったが，仕事があればすぐに仕事ができ，仕事を探していた者）

C．**非労働力人口**（15歳以上で，就業者でも完全失業者でもない者．学生，専業主婦，退職者など）

　人々は，就業，失業，非労働力の状態を行き来しています（図6）．そして，

4）さらに，人々の意思決定が背後に隠れてしまっており，生産や物価の変動が人々の効用（満足度）をどう変化させるのかが明らかではないので，政策の是非を判断しにくいという問題もあります．

5）日本では，総務省統計局が，無作為に選定された約40,000世帯に居住する，15歳以上の者約10万人を対象に毎月調査しています．

就業者と完全失業者の合計を**労働力人口**と呼び，労働力人口に占める完全失業者の割合を，**完全失業率**と呼びます（以下，完全失業者，完全失業率を，それぞれ簡単に失業者，失業率と呼びます）．

(1) 労働力人口 ＝ 就業者＋完全失業者

(2) 完全失業率 ＝ $\dfrac{完全失業者}{労働力人口}$

いわゆるフリーターと呼ばれる人たちでも，月末の1週間に1時間以上のアルバイトをしていれば，就業者となり，失業者にはカウントされません．他方，ニートと呼ばれる人たちで，仕事を探していない人たちは，非労働力人口となり，失業者にはカウントされません．また，実際には仕事に就く意思があるにもかかわらず，職探しをあきらめている人たち（**求職意欲喪失者**と呼ばれます）は，非労働力人口に含まれ，失業者には含まれません．逆に，実際には働く意欲がないにもかかわらず，失業保険の給付を受けたいがために，職探し（のふり）をしている人は，失業者に含まれています．

15歳以上人口のうち，労働力人口の占める割合は，**労働力人口比率**（あるいは，簡単に，**労働力率**）と呼ばれています．

(3) 労働力率 ＝ $\dfrac{労働力人口}{15歳以上人口}$

2 失業と就業の実態

表1は，日本の2013年における労働力率と失業率を示したものです．これによると，約1億1000万人の15歳以上人口のうち，働く意思のある人（労働力人口）は約6割の6577万人いました．このうち6311万人は就業者となりましたが，残りの265万人は失業者となりました．この失業者の数は，労働力人口の4.0％に相当します．

なお，2013年時点で，いわゆるフリーターは182万人，ニートは60万人と推計されています[6]．また，就業者のうち，有期契約労働者やパートタイム労働者，派遣労働者といった非正規雇用労働者は1990年代以降増加傾向にあり（図

第10章 景気循環と失業

表1 ●日本の失業率・労働力率（2013年平均）

(万人)

	男女合計	男	女
15歳以上人口	11088	5349	5738
労働力人口	6577	3773	2804
就業者	6311	3610	2701
完全失業者	265	162	103
非労働力人口	4506	1574	2932
労働力人口比率（％）	59.3	70.5	48.9
完全失業率（％）	4.0	4.3	3.7

（出典）総務庁統計局『労働力調査』www.stat.go.jp

7），2013年には約1906万人と，役員を除く雇用者全体の約3分の1超を占めていました[7]．他方，非労働力人口のうち，就業を希望しつつも「適当な仕事がありそうにない」という理由で求職活動をしていない求職意欲喪失者は，非労働力人口の32.0％を占めていました[8]．

表1を見ると，女性の労働力率が男性と比べて低くなっていますが，これは主に，子育ての時期に相当する30歳代の女性の労働力率が低いことによります．図8は，女性の年齢別労働力率を示していますが，30歳代前半と後半の労働力率がその前後の年齢階層と比べて低くなっていることがわかります．

6）厚生労働省『平成26年版厚生労働白書』による．本白書では，フリーターを，15歳から34歳で，男性は卒業者，女性は卒業で未婚の者のうち，①雇用者で「パート・アルバイト」の者，②完全失業者で探している仕事の形態が「パート・アルバイト」の者，③非労働力人口のうち，希望する仕事の形態が「パート・アルバイト」で家事も通学も就業内定もしていない「その他」の者，と定義している．他方，本白書では，15歳から34歳までの非労働力人口のうち，家事も通学もしていない者を「若年無業者」と定義しており，ここでは，この若年無業者をニートと呼んでいる．

7）厚生労働省『平成26年版厚生労働白書』による．ここでは，正規雇用労働者を「①労働契約の期間の定めがない（無期雇用），②フルタイム労働，③直接雇用の3つを満たす者や，勤め先での呼称が「正規の職員・従業員」あるいは「正社員」等である者」と定義し，非正規雇用労働者を「上記①〜③のいずれかを満たさない者や，統計上の「非正規の職員・従業員」（勤め先での呼称が，「パート」「アルバイト」「労働者派遣事業所の派遣社員」「契約社員」「嘱託」等である者）」と定義している．

8）厚生労働省『平成27年版労働経済の分析—労働生産性と雇用・労働問題への対応』による．

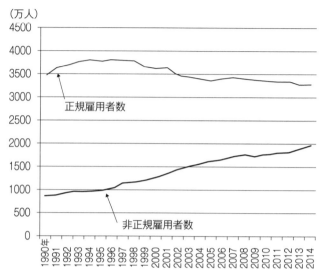

図7 ●正規・非正規雇用者数の推移

(出典)江刺英信,宮下佳孝（2015）「最近の正規・非正規雇用の特徴」総務省統計局『統計 Today』 No.97

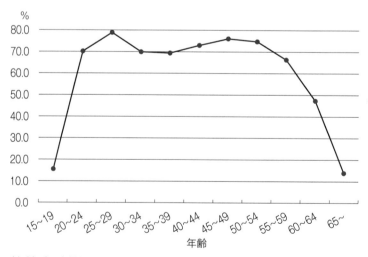

図8 ●女性の年齢別労働力率（2013年平均）

(出典)表1と同じ。

図9 ●年齢階層別失業率（2013年平均）

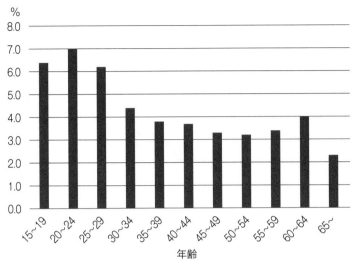

（出典）表1と同じ．

2013年の日本の失業率は4.0％でしたが，実際の失業率は，地域や年齢によって大きく異なります．図9は，年齢別の失業率を示しています．大卒が多い20歳から24歳の失業率が7.0％なのに対し，50歳から54歳の失業率は3.2％と，65歳未満のなかでは最も低くなっています．

　失業については，いったん失業すると，どれぐらいの期間にわたり失業状態が続くか，ということにも関心が向けられています．同じ失業率でも，失業期間が短い場合は，多くの人が失業者になりやすいけれども，すぐにまた職が見つかる状況です．他方，失業期間が長い場合は，失業者にはなりにくいけれども，いったん失業するとなかなか職が見つからずに長い間失業者でいつづける状態です．2013年の失業者265万人のうち，1年以上の長期失業者は104万人，このうち2年以上の失業者は62万人でした[9]．このように，半数以上は1年以内に失業状態から抜け出せていますが，一部には長期にわたり失業状態が続く人もいます．失業期間が長くなると，正社員への就職がますます困難になると

---

9) 厚生労働省『平成27年版労働経済の分析―労働生産性と雇用・労働問題への対応』による．

図10●日本の失業率の推移（1953年～2013年）

（出典）表1と同じ．

いわれています．

3　失業率の変動

　図10は，1953年から2013年までの日本の失業率の推移を示しています．失業率の変動に関しては，次の三つの特徴があることがわかります．
①失業率は，景気がいいときは低くなり，景気が悪いときは高くなる傾向がある．
②景気の良し悪しにかかわらず，失業は常に存在する（失業率がゼロになることはない）．
③景気の良し悪しにかかわらず存在する失業率は，時間を通じて一定ではなく，変化する．
　①に関しては，第9章で，実質GDP成長率が高いほど失業率は低下する傾向にあることを指摘しました（**オークンの法則**と呼ばれます．第9章図6参照）．このように景気の変動に応じて増減する失業率を，**循環的失業率**と呼び

ます．他方，②と③に関して，景気の良し悪しにかかわらず存在する失業率は，**自然失業率**と呼ばれます．

4　自然失業率の要因

　なぜ失業率はゼロにならず，自然失業率が生じるのでしょうか？

　一つの要因は，職探しのためには，時間がかかることです．解雇された人や，会社が倒産してしまって職を失ってしまった人は，次の仕事がすぐに見つかるわけではなく，自分の希望やスキル・経験に合った仕事を見つけるまでに時間がかかります．自ら進んで転職しようとするときも，現在の仕事をいったんやめて次の仕事を探すことがあります．企業の側も，求めている人材を探すのに，時間がかかります．企業は求職している人に関する情報をすぐには入手できず，労働者は求人情報がすぐには手に入らないために，求職と求人をマッチング（一致）させるのには時間がかかるのです．このように職探しに時間がかかることによって発生する失業を**摩擦的失業**と呼ぶことがあります．

　技術革新などによって，企業が労働者に求める技能（スキル）や経験が大きく変化するときには，労働者が実際に保有しているスキルや経験とあわずに，ミスマッチが拡大します．たとえば，IT化が急速に進むと，プログラマーやシステムエンジニアが不足しがちになります．このようなときには，摩擦的失業が増えます．90年代に失業率が上昇傾向にあったのは，実質GDP成長率が長期間にわたり低かったことに加えて，ミスマッチが増えたことも影響しています．しかし，時間がたてば，企業が求めるスキルを身に付ける労働者も増えて，やがてミスマッチは減少していきます．摩擦的失業は，経済がダイナミックに変化している証左であるとも言えるでしょう．

　失業率がゼロにならないもう一つの理由は，実質賃金がなんらかの理由で，労働需要と労働供給が一致する水準まで低下せずに，高止まりしてしまうことです．図11では，実質賃金が高いほど，より多くの人々が働きたいと考えるので，労働供給は右上がりに描かれています．他方，企業は，実質賃金が高いほど雇う人を減らそうとするので，労働需要は右下がりに描かれています．実質賃金が均衡実質賃金（労働需要と労働供給が一致する水準）よりも高いと，労

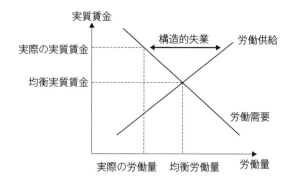

図11●構造的失業

働者による労働供給が企業による労働需要を上回り，この差が失業となります．実質賃金が高止まりすることによる失業は，**構造的失業**と呼ばれています．構造的失業が発生する要因としては，法律によって最低賃金が規制されていることや，労働組合が既に雇用されている組合員の利益のみを考えて高い賃金を要求することなどが指摘されています．また，一部の企業は労働者のやる気や努力を引き出し，転職を防ぐために，他の企業よりも高めの賃金を設定することがあります（この仮説を「**効率賃金仮説**」と呼びます）．

日本では，少子高齢化が進む以前に設定された年功序列型賃金（入社後の年数が増えるにつれて賃金が上昇する体系）が，高齢化が進んだ90年代にもある程度維持されたために，賃金の高い高齢労働者が増加し，平均的な実質賃金が上昇しました．このため，若年層の採用が抑制され，若年層の構造的失業率が上昇した一因になったと考えられます[10]．

5 循環的失業率とフィリップス曲線

景気がよくなれば，企業は多くのモノを生産し販売するために，より多くの人を雇おうとします．労働需要が増加し，実質賃金が高くなると，より多くの労働者が働こうとします．こうして，失業率は低下します[11]．逆に，景気が悪

---

10) 非正規雇用が増えたのも，年功序列型賃金体系のもとで平均的な実質賃金が上昇したことと関係があると考えられます．

図12 ● フィリップス曲線（1956年から2013年）

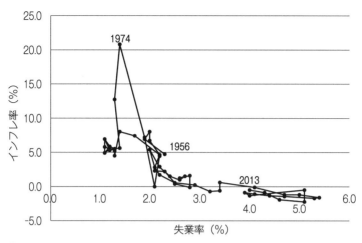

（注）インフレ率は，GDP デフレータの対前年比．

くなれば，企業は生産量を減らさざるを得ないので，採用を抑制したり，解雇をします．この結果，失業率は高まります．これが，実質 GDP 成長率の増減に伴って失業率が変動する要因です．

失業率は，実質 GDP 成長率だけではなく，インフレ率とも関係があります．図12は，横軸に失業率，縦軸にインフレ率（GDP デフレータ上昇率）をとって，日本の1956年から2013年のデータをつなげたものです．これは，**フィリップス曲線**と呼ばれています[12]．

従来，フィリップス曲線は，右下がりだといわれていました．その根拠は，総需要が増加すれば，実質 GDP が増加しインフレ率が上昇するが（図3では，$E \to E'$），実質 GDP の増加は失業率の低下を伴うので（オークンの法則），インフレ率が上昇しているときは失業率が低下している（逆に，インフレ率が低

---

11) ただし，景気回復の初期には，これまで職探しをあきらめていた非労働力の者が職探しを始めるようになるため，失業率が一時的に高まることがあります．
12) 縦軸にインフレ率，横軸に GDP ギャップ（実質 GDP の自然産出量からの乖離率）をとったものをフィリップス曲線と呼ぶこともあります．第9章の(6)式あるいは(10)式を参照してください．

下しているときは失業率が上昇している），というものでした．つまり1970年代までは，景気循環を引き起こすショックとして，総需要ショックが重要視されていたので，短期総供給曲線上の動きが観察されると考えられていたのです．第9章で紹介したルーカス型総供給曲線やニューケインジアン理論に基づく短期総供給曲線を（期待インフレ付きの）フィリップス・カーブと呼ぶのも，こうした経緯によるものです．

しかし，現実のフィリップス曲線を見ると，1970年代前半には，失業率があまり変動せずに，インフレ率が急上昇しましたし，逆に1990年代以降は，失業率が大幅に上昇したにもかかわらず，インフレ率の低下は小幅にとどまるなど，右下がりの関係が安定的に見られるわけではありません．この理由としては，

- 1970年代前半のように，原油価格が上昇し，一時的な総供給ショックが生じると，インフレ率の上昇と実質GDPの減少（図5では，$E \to E'$）が起こるが，実質GDPの減少は失業率を上昇させること．
- （金融緩和などによって）期待インフレ率が上昇した場合，短期総供給曲線と総需要曲線がともに上にシフトし，インフレ率は上昇するが，実質GDPや失業率はほとんど変化しないこと．
- 求人と求職のミスマッチが拡大すると，インフレ率が変動せずに，摩擦的失業率が増加すること．

などが挙げられます[13]．

COLUMN 1

開放経済における財政金融政策の効果

本文では，財政金融政策の効果を考える上で，貿易や資本移動を通じた影響は考慮しませんでした．貿易や資本移動のある開放経済では，それらのない閉鎖経済と比べて，財政金融政策の効果はどのように変わるのでしょうか？　まず，IS曲線

---

[13] 渡辺努（2012）「ゼロ金利下の長期デフレ」日本銀行ワーキングペーパーシリーズ12-J-3は，1990年代以降，フィリップス曲線の傾きが緩やかになっている理由として，企業がライバル店を意識して，小幅の価格改訂を頻繁に行うようになった可能性を指摘しています．

図13●開放経済におけるIS曲線とMP曲線

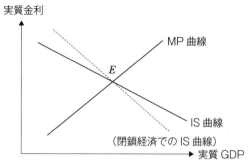

開放経済下では，実質金利の上昇⇒実質為替レートの増価⇒純輸出の減少という効果があるので，IS曲線の傾きは緩やかとなる．

図14●開放経済における長期均衡

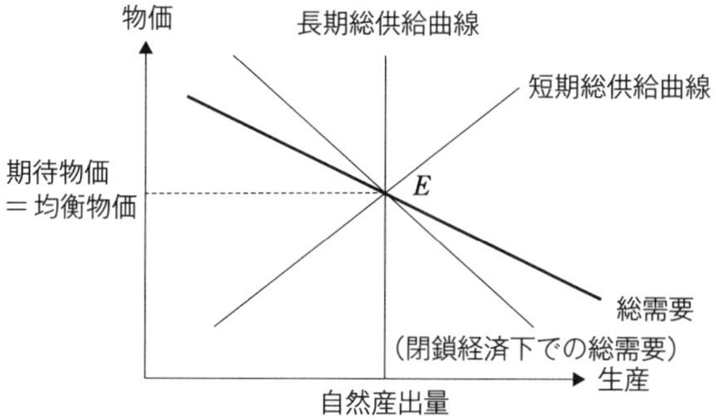

開放経済下では，物価の上昇⇒金融引き締め⇒実質金利の上昇⇒実質為替レートの増価⇒純輸出の減少という効果があるので，総需要曲線の傾きは緩やかとなる．

とMP曲線が，これまでの閉鎖経済を前提とした議論からどう修正されるかから見てみましょう．変動為替相場制を前提に考えます．

IS曲線は，消費や投資に加えて，純輸出等を考慮する必要がありますが，純輸出等は，実質為替レートの影響を受けます．実質為替レートが増価（上昇）するほど，自国の財が外国の財に比べて割高になるので，純輸出は減少します（第7章を参照してください）．そして，実質為替レートは，自国と外国の実質金利の影響を受けます．自国の実質金利が外国の実質金利に比べて高いほど，外国から資本が流入するので，実質為替レートは増価します（第7章参照）．したがって，外国の実

図15●開放経済における金融緩和ショックの効果

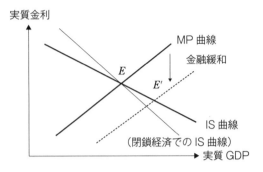

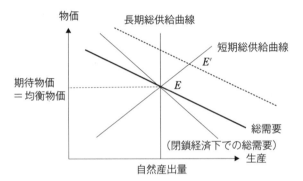

開放経済下では，金融緩和⇒実質金利の低下⇒実質為替レートの減価⇒純輸出の増加という効果があるので，総需要曲線のシフト幅は大きくなる．

質金利が一定だとすると，純輸出は，自国の実質金利が高くなるほど減少します．

　自国の実質金利上昇　⇒　実質為替レート増価　⇒　純輸出減少

　このように，実質金利の上昇は，消費や投資だけではなく，純輸出も減少させる効果があります．したがって，開放経済においても，縦軸を実質金利，横軸に実質GDPをとってIS曲線を描くと，右下がりになります．（図13参照．なお，閉鎖経済の場合と比べると，純輸出を通じた効果がある分，傾きは緩やかになる．）

　MP曲線は，金融政策ルールによって異なりますが，中央銀行がインフレ率と実質GDPのみに反応している場合は，閉鎖経済の場合と変わりません．

　したがって，総需要曲線を，縦軸に物価（インフレ率），横軸に実質GDP（生産）をとって描くと，やはり閉鎖経済の場合と同様に，右下がりに描くことができます．（図14参照．なお，閉鎖経済の場合と比べると，傾きは緩やかになる．）

図16●開放経済における政府支出増加ショックの効果

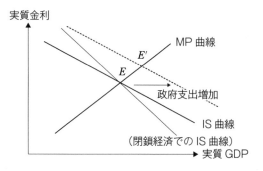

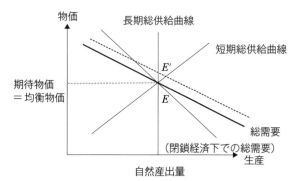

開放経済下では，政府支出の増大→実質金利の上昇⇒実質為替レートの増価⇒純輸出の減少という効果があるので，総需要曲線のシフト幅は小さくなる．

中央銀行が，ルール以上に実質金利を引き下げる金融緩和策をとるケースを考えてみましょう（図15）．MP曲線は下にシフトするので，IS曲線との交点は右下に移動します（$E \to E'$）．実質金利が低下し，実質為替レートが減価するので，純輸出が増えます．この結果，総需要は閉鎖経済のケースと比べて，より大幅に増大します．

　財政政策の効果はどうでしょうか？（図16）財政支出を増加させると，IS曲線が右にシフトするので，MP曲線との交点は右上に移動します（$E \to E'$）．実質金利が上昇し，実質為替レートが増価するので，純輸出が減ります．この結果，総需要は閉鎖経済のケースと比べて，小幅な増加にとどまります．

　このように，変動相場制下の開放経済では，閉鎖経済と比べると，金融政策の効

果はより大きくなり，財政政策の効果はより小さくなります．

| COLUMN 2 |

リアル・ビジネス・サイクル論

　経済にさまざまなショックが加わったときに，実質 GDP などの主要な経済変数が時間を通じてどのように変化していくかを分析するには，**動学的一般均衡理論**と呼ばれる枠組みが有益です．「動学的」というのは，本文で説明したように，時間を通じた変化を考慮するという意味です．「一般均衡理論」というのは，財市場や労働市場など，すべての市場で需要と供給が一致している状態を分析するという意味です．

　ここでは，動学的一般均衡理論の例として，**リアル・ビジネス・サイクル理論**を簡単に紹介しましょう．一口にリアル・ビジネス・サイクル理論といっても，さまざまな理論がありますが，最も単純なものは，第9章で紹介した不完全情報や不完全競争の問題がなく，人々が合理的に（つまり，現在の情報を十分に活用して）将来を予測し，消費や投資などの意思決定を行うと仮定します．このとき，実質 GDP は，常に自然産出量に等しくなります．そこで，たとえば技術革新などの生産性のショックが生じたときに，実質 GDP，消費，資本ストック，総労働時間などがどのように時間を通じて変化するかを分析します．

　人々が消費・貯蓄の意思決定をする際には，将来の消費から得られる効用（満足度）を，現在の消費から得られる効用と比べてどの程度重視するのか（主観的割引率）が重要となります．また，労働時間を決定する際には，余暇時間（つまり，働かない時間）から得られる効用を，財・サービスを消費することから得られる効用と比べてどの程度重視するかが重要です．企業が投資の意思決定をする際には，現在の生産技術において，資本ストックがどの程度生産を増やすかという資本の限界生産力が重要となります．一般に動学的均衡理論では，まず，こうした重要な変数（パラメータ）を，長期的な経済成長や既存の実証分析からみて妥当な値に設定します[14]．その上で，ショックに対する実質 GDP などの反応をシミュレーションするのです．

　図17では，「(7) 生産性ショック」に描かれているような生産性ショックが生じたときに，実質 GDP などが時間を通じて変化する様子を示しています[15]．永続的な

---

14) データから直接推計することもあります．
15) 阿部修人『上級マクロ経済学 Summer2015 講義ノート（RBC）』http://www.ier.hit-u.ac.jp/~nabe/rbc2015.pdf に記載されているパラメータと MATLAB プログラムを使用して，図17を作成しました．

図17●リアル・ビジネス・サイクル理論の例(生産性ショックへの反応)

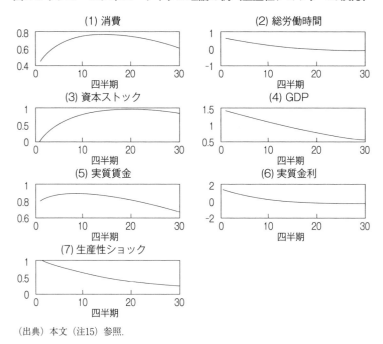

(出典)本文(注15)参照.

　生産性ショックにより,恒常所得が上昇し,消費が増加しているのがわかります.また,資本の限界生産力が増加するので,投資が増えて資本ストックが増加しています.さらに,労働の限界生産力が増加し,労働需要も増えるので,実質賃金が増加し,総労働時間も増加しています.景気循環の研究では,このようにして理論モデルから得られるショックへの反応と,現実経済のデータから推計されるショックへの反応を比較することで,理論モデルの現実妥当性がチェックされています.
　リアル・ビジネス・サイクル理論は動学的一般均衡理論の一つの例ですが,それ以外にも,価格の硬直性を考慮して金融政策ショックの波及効果を分析する**ニューケインジアン理論**,金融市場の不完全性を考慮して金融危機の波及効果を分析する理論モデルなど,動学的一般均衡理論は,景気循環に関するさまざまな問題に応用されています.

●練習問題

問1 政府が国債を発行して公共投資を増加させたとき，実質 GDP にはどのような影響がありますか．総需要・総供給の図を用いながら説明しなさい．その際，実質 GDP を増やす効果と減らす効果のすべてに言及したうえで，ネットの効果（増加効果マイナス減少効果）について，短期的影響と長期的影響を区別して答えなさい．

問2 現実の景気変動が需要ショックによって生じているのか，供給ショックによって生じているのかを判断することは容易ではありませんが，望ましい財政金融政策を考えるうえで，両者の識別は重要です．そこで，実質 GDP に対して長期的に効果が永続するショックを供給ショック，短期的な効果しかないショックを需要ショックとして識別する考え方があります．こうした考え方の根拠を述べるとともに，その限界を指摘しなさい．

問3 ある国の15歳以上人口の構成が，下表のとおりでした．

	（万人）
15歳以上人口	10000
労働力人口	6000
就業者	5700

(1) 労働力率を求めなさい．
(2) 失業率を求めなさい．

問4 日本のフィリップス曲線（239ページの図12）をみると1970年代は，ほぼ垂直に近い動きをしています．この理由を，総需要・総供給の図を用いて答えなさい．

第11章 資産価格と金融政策

 日本では，1980年代後半に，地価，株価などの資産価格が高騰し，それとともに好景気が訪れました．その後，1990年代初頭の資産価格の下落（「**バブルの崩壊**」）を契機に，およそ20年にわたり国内生産は低迷しました（「**失われた20年**」と呼ばれます）．アメリカでは，2000年代前半に住宅価格が高騰しましたが，2006年頃をピークに住宅価格が下落を始めると，サブプライムローン危機，さらにはグローバル金融危機が発生し，世界経済は不況に陥りました．このように，資産価格の変動と生産や物価などの実体経済とは，密接に結びついています．また，資産価格の変動の背景には，しばしば金融政策の変更があります．本章では，資産価格がどのように決まるのか，資産価格の変動が生産にどのように影響するのか，さらに，金融政策はどのように資産価格や実体経済に影響するのかについて，詳しく学びます．

A 資産価格

1 資産価格の決まり方

ファンダメンタルズ

 株価や地価は，どのように決まるのでしょうか？ 株価については，第8章 COLUMN 3 でも触れましたが，基本的には，将来にわたって受け取る配当の**割引現在価値**で決まります（第8章 COLUMN 1-3 を参照してください）．地

価も同様に，将来にわたって受け取る地代の割引現在価値で決まります．以下，株価を例に説明しましょう．例えば，将来にわたって一定の配当 D を受け取ることのできる株式の t 期における価格 P_t は，将来にわたる金利が r で一定であれば，

(1) $P_t = \dfrac{D}{1+r} + \dfrac{D}{(1+r)^2} + \dfrac{D}{(1+r)^3} + … = \dfrac{D}{r}$

です．では，将来にわたって，配当が一定の伸び率 g_d で伸びていく場合はどうでしょうか？ ただし，$r > g_d$ を仮定します．この場合の割引現在価値を求めると，株価 P_t は，

(2) $P_t = \dfrac{D}{1+r} + \dfrac{(1+g_d)D}{(1+r)^2} + \dfrac{(1+g_d)^2 D}{(1+r)^3} + … = \dfrac{D}{r - g_d}$

となります[1]．より一般的に，$t+1$ 期の配当が D_{t+1}，$t+2$ 期の配当が D_{t+2}，となる場合の割引現在価値を求めると，t 期における株価 P_t は

(3) $P_t = \dfrac{D_{t+1}}{1+r} + \dfrac{D_{t+2}}{(1+r)^2} + \dfrac{D_{t+3}}{(1+r)^3} + ….$

となります．

もちろん，実際には将来の配当がいくらになるかを正確に予想することはできませんから，将来にわたる配当の伸び率は期待値（予想値）です．また，将来の配当には不確実性があるので，(3)式の「金利」は，安全な資産（例えば国債）の金利にリスク・プレミアムを足したものになります．(3)式は，株価について，重要な次の 2 点を示しています．

・将来にわたる配当が高いほど，株価 P は高くなる．
・将来にわたる金利が低いほど，株価 P は高くなる．

配当は，企業の利益から払われるものですから，現在の企業利益が高く，また今後企業利益の成長が高く見込まれるような好景気には株価も高くなる傾向にあります．また，金融緩和によって金利が低下すれば，株価は高くなります．

1）(2)式を，$t+1$ 期に適用すると，

$P_{t+1} = \dfrac{(1+g_d)D}{1+r} + \dfrac{(1+g_d)^2 D}{(1+r)^2} + \dfrac{(1+g_d)^3 D}{(1+r)^3} + … = (1+g_d)P_t$

となるので，配当が g_d の率で増える場合，株価も g_d の率で上昇することがわかります．

第11章 資産価格と金融政策

図1 ●土地と株式の時価評価額（対名目GDP比）

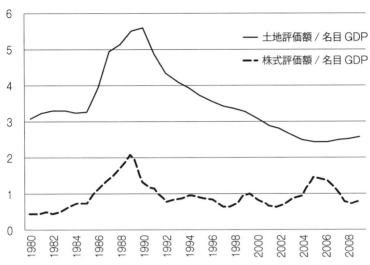

（出典）内閣府経済社会総合研究所「国民経済計算年報」

地価についても，同様です．

(3)式は，資産価格は，資産の価値のもととなる収益（配当や地代）を基に決まることを示しており，このようにして決まる価格は**ファンダメンタルズ**（あるいは**ファンダメンタル価格**）と呼ばれます．

バブル

実際の株価や地価は，(3)式で決まるファンダメンタルズから乖離することがあります．図1は，日本の株式と地価の時価評価額の対GDP比を示していますが，1980年代後半に大きく上昇し，その後1990年代初めに急落しているのがわかります．こうした急激な上昇・下落の動きを，将来にわたる配当・地代や金利に関する期待の変化だけで説明するのは困難です．実際の資産価格とファンダメンタルズとの差を，**バブル**と呼びます．

(4) 実際の資産価格＝ファンダメンタルズ＋バブル

では，なぜ資産価格はファンダメンタルズから乖離し，バブルが生じることが

あるのでしょうか？ 説明を簡単にするために，配当 D が将来にわたってずっと 0 の株式を考えてみましょう．このとき，(1)式よりファンダメンタルズは 0 です．したがって，もしこの株式にプラスの価格がつけば，それはバブルです．なぜ，配当のない株式を，プラスの価格で買う人がいるかといえば，それは値上がり益を期待してのことでしょう．t 期に価格 P_t でこの株を購入した人は，$t+1$ 期に価格 P_{t+1} で売却すれば，$P_{t+1} - P_t$ の値上がり益を得ることができます．この場合の 1 円当たりの収益率は，$\frac{P_{t+1} - P_t}{P_t}$ です．これは，この株式（以下，バブル資産と呼ぶことにします）の価格の上昇率です．他方，同じ 1 円を例えば預金した時に得られる金利を r とし，リスクを無視すると，この人は，このバブル資産の収益率と預金の金利を比較し，収益率が高い方に投資します．多くの人々がこのような行動をとると，結局，両者の収益率は等しくなります．

$$(5) \quad \frac{P_{t+1} - P_t}{P_t} = r$$

つまり，バブル資産の価格は金利の率で上昇していきます．次に，こうしたバブル資産の価格上昇が持続する条件を考えましょう．人々は，貯蓄の一部をバブル資産の購入に充てます．したがって，貯蓄に比べて，あまりにバブル資産の価格が高くなりすぎると，バブル資産を購入することができません．逆に，もし，バブル資産の価格上昇率，すなわち金利と同じかそれ以上の率で貯蓄が増加すれば，常にバブル資産を購入できるだけの貯蓄があります．長期的に見ると，貯蓄は所得（GDP）と同じスピードで増えますから，結局，GDP 成長率が金利と同じかそれ以上であれば，バブル資産の購入はいつまでも可能になります．したがって，

(6) 金利≤GDP 成長率

という条件が成り立っていれば，将来にわたってバブル資産を売却することが可能になるので，人々は現時点でバブル資産を購入するのです．以上，ファンダメンタルズがゼロの場合で説明しましたが，ファンダメンタルズがプラスの場合も，同じ条件を導くことができます．なお，(6)は名目金利と名目 GDP 成

図2 ● 名目金利（コールレート）と名目GDP成長率

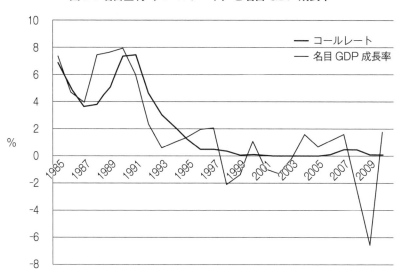

長率の大小関係を示していますが，両辺から物価上昇率を引けば，実質金利と実質GDP成長率の大小関係を示していることにもなります．

　図2を見ると，資産価格が高騰した1987-1990年の時期は，(6)の条件を満たしていたことがわかります．この時期の日本銀行は，円高が景気に及ぼす悪影響を懸念し，金融緩和を継続しましたが，結果的にバブルを誘発してしまいました．もちろん，金利が成長率を下回っているときに常にバブルが発生するわけではありません．多くの人々が将来の価格上昇を期待することがもう一つの条件です．

2　バブルと金融システム

　金融システムとバブルとは密接な関係があります．まず，金融システムが未発達だと，バブルが発生しやすくなります．なぜでしょうか？　金融市場が未発達で，情報の非対称性による，**モラルハザード**や**逆選択**の問題が深刻な場合，せっかくいいビジネスのアイディアをもっていても，資金を借りられず（**借入制約**），ビジネスを実行できないことがあります（第5章第2節参照）．図3は，

図3 ●借入制約がある場合の資金市場

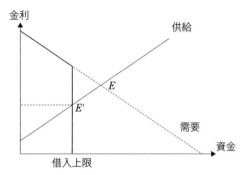

借入制約がない場合の均衡点は E 点，借入制約がある場合の均衡点は E' 点．

借入制約がある場合の資金市場を示しています．借入制約がない場合の均衡点は E 点です．他方，借入制約がある場合，借入上限を超える資金需要は顕在化せず，資金需要曲線は借入上限で屈折するので，実際の資金需要と資金供給が一致する均衡点は E' 点となります．E 点と E' 点を比べると，均衡金利は借入制約のある E' 点のほうが低くなることがわかります．このように，金融市場が未発達で借入制約があると，金融市場が発達していて借入制約がほとんどない場合に比べて，金利が低くなる傾向があります．この結果，金融システムが未発達な経済では，(6)式のバブル発生の条件が満たされやすくなるのです．

また，このように金融システムが未発達で国内の金利が低いと，外国への資本移動が発生しやすくなります．このため，資本の流入先の経済で，バブルが発生することがあります．アメリカでは2000年代前半に住宅価格が高騰し，住宅バブルが発生しましたが，この一因として，中国など，比較的金融市場が未発達な新興市場経済からアメリカへの資本流入があったとされています[2]．

資産価格はバブルによって高騰した後，急落することがあります（**バブルの崩壊**）．そして，資産価格が急落すると，しばしば金融危機が生じます．これは，金融機関が，保有していた金融資産や担保資産[3]の価格の急落に伴って損

---

[2] 例えば，Caballero, R. J., Farhi, E., and Gourinchas, O. E., (2008), "An Equilibrium Model of "Global Imbalances" and Low Interest Rates," *American Economic Review* 98 (1), 358-393を参照してください．

失を被ることが原因です．金融危機が起こると，資金の流れが滞り，必要な人に資金がいきわたらなくなるので，投資や生産が停滞するなど，マクロ経済に甚大な影響を与えます．

3　バブルと実体経済

　資産価格は，生産や物価などの実体経済にさまざまな経路を通じて影響を与えます．設備投資と株価との関係については，すでに第8章11節でトービンのQの理論を紹介しました．この理論は，トービンのQが1を上回っていれば，つまり，株式の時価総額と負債額との合計が資本ストックの置き換え費用を上回っていれば，企業は設備投資を行うというものです．トービンのQの理論は，株価が将来の収益（正確には投資の限界収益）の割引現在価値の合計を反映していることを前提としており，株価のファンダメンタルズと設備投資との関係を示している理論と言えます．

　では，バブルと投資とはどのような関係にあるのでしょうか？　銀行が企業や家計に貸出を行う際，将来返済が滞った場合に備え，土地などの資産を担保として差し出すよう要求することがあります．バブルが発生すると，担保の価値が上昇するので，銀行は貸出を行いやすくなります．土地などの資産を保有している企業や家計は借入がしやすくなるので，設備投資や住宅投資などは増えます（**クラウド・イン効果**）．この結果，資金需要が増えて，金利が上昇するので，土地などの資産を保有していない企業や家計の設備投資や住宅投資は減ります（**クラウド・アウト効果**）．通常は，クラウド・イン効果がクラウド・アウト効果を上回り，バブルの発生によって，設備投資や住宅投資は増える傾向にあります．逆に，バブルの崩壊は，担保価値を減少させ，設備投資や住宅投資を減らす効果があります．バブルの崩壊が金融危機をもたらす場合に

3）担保とは，借り手が約束通り資金を返せなくなった場合に，貸し手側にその資産を移すことをあらかじめ契約しておくものです．貸し手側は，実際に借り手が資金を返せなくなって損失を被った場合，その資産を売却することなどによって，損失を補てんします．借り手は資金を返せなくなった場合，担保を失ってしまうことになるので，そうした事態をできるだけ避けようとします．このため，担保にはモラルハザードや逆選択の問題を緩和する効果があります．

は，第2節で述べたように，資金の流れが滞り，投資や生産は大きな影響を受けます．

B　金融政策

4　インフレとデフレの社会的損失

　日本銀行は，物価の安定を目的に金融政策を行っています．物価の安定がなぜ経済にとって重要なのでしょう？　インフレ（物価の持続的上昇）とデフレ（物価の持続的下落）の社会的損失について考えてみましょう．

インフレの社会的損失

　日本では1990年代後半以降，デフレ傾向が続いていますが，1970年代はインフレ傾向でした．インフレ期には，モノの値段が上がるので，同じ給料だと，これまでより少ししかモノを買うことができなくなります．したがって，インフレは社会にとって損失だ，と考える人もいると思います．しかし，モノの値段が上がるときは，多くの場合，給料も（多少遅れて）上がります．

　そこで，話を単純化して考えるために，まずは，インフレ期にはすべての値段が（モノも賃金も金利も）同じように上がると考えましょう．そのとき，インフレは社会にとって損失になるでしょうか？　モノの値段と賃金が同じ率で上がれば，これまでと同じ時間働けば，同じだけの量のモノを買うことができます．銀行にお金を預けておいても，金利がインフレ率分だけ高くなれば，インフレで預金が実質的に目減りするわけではありません．現金をもっていると，インフレ分だけ目減りするので，その分は損失となりますが，他方で，通貨を発行している中央銀行が，通貨発行分だけの債券を保有していれば，金利収入を得ることができます．中央銀行が得た金利収入を政府に納付金として納め，政府がその分だけ減税をすれば，中央銀行の金利収入は民間に還元されるので，結局，損得が相殺されます．このように考えると，すべてのものの価格が同じ率で上昇している限り，インフレの社会的コストは，ほとんど無いと言えるでしょう[4]．

実際には，インフレ期にすべての値段が同じ率で上昇するわけではありません．賃金の上昇が物価の上昇に比べて遅れがちであったり，財・サービスのなかでも，比較的硬直的な価格（たとえば，スポーツクラブの会費など）のものは，伸縮的な価格（たとえば，野菜や魚など）にくらべて，価格の上昇が遅れがちになります．

　こうして，価格改定のタイミングがずれると，相対価格が変化します．相対価格とは，あるものの価格と別のものの価格との比率です．たとえば，財Ａが１個100円，財Ｂも１個100円だとすると，財Ｂに対する財Ａの相対価格は，100円÷100円＝１です．今，インフレになって，財Ａはすぐに価格改定を行って，150円に上昇したとしましょう．他方，財Ｂは価格改定が遅れて，以前とかわらず100円のままだとします．このとき，財Ａの相対価格は，150円÷100円＝1.5となります．

　相対価格が変化すると，人々の各財に対する購入量が変化します．上の例だと，インフレになって，財Ａの相対価格が上昇し，財Ａは財Ｂと比べると割高になりました．この結果，人々は財Ａの購入量を減らし，財Ｂの購入量を増やそうとするでしょう．たとえば，もしインフレの原因が原油価格の上昇で，財Ａが原油を多く使っている製品なので，財Ａの生産コストが上昇した結果，財Ａの相対価格が上昇し，人々が財Ａを節約するようになるのであれば，これは資源配分上，望ましいことです．しかし，財Ａも財Ｂも似たような財であり，財Ａも財Ｂも同じように生産コストが上がっているにもかかわらず，たまたま財Ｂの価格改定のタイミングが遅くなったために，財Ａの購入量が減ってしまい，財Ｂの購入量が増えてしまうというのは，資源配分上，望ましいことではありません．

　市場が効率的に機能するためには，相対的に希少な資源を用いて生産されている財ほど，高い相対価格がつき，人々がそれを節約するようなインセンティ

4）人々は，インフレ率が高くなると，現金の目減りを避けるために，手持ちの現金は少なめにしておき，より頻繁に銀行やコンビニのATMに通うようになるかもしれません．そのための時間や交通のコストは，靴底コスト（靴が磨り減るコスト）と呼ばれています．しかし，１カ月で物価が50％以上上昇するハイパーインフレーションのような状況を除き，靴底コストは無視しうるほど小さいものだと思われます．

ブを持つことが必要です．逆に，同じ程度に希少な資源を用いて生産されている財であれば，相対価格が同じでなければ，効率的ではありません．しかし，インフレによって相対価格が変化すると，資源配分が非効率になり，社会的に損失が生じます．

流動性の罠とデフレの社会的損失

物価が下落するデフレも，相対価格をゆがめます．なぜなら，デフレに伴って価格改定を速やかに行った財の価格は，価格改定が遅れた財の価格に比べて相対価格が低下するからです．この結果，デフレも資源配分を非効率にし，社会に損失をもたらします．

デフレの社会的コストは，それだけではありません．デフレになると，預金や借入の際の名目金利が低下します．なぜなら，名目金利と実質金利との間には，以下の関係（**フィッシャー方程式**と呼ばれます）があるからです．

(7)　名目金利 ＝ 実質金利＋期待インフレ率

この式は，実質金利を定義した式（第2章9節(16)式）と同じですが，実質金利が資金の需要と供給が一致するように決まる場合には，そうして決まった均衡実質金利に，期待インフレ率を足して名目金利が決まると解釈できます．(7)式から，実質金利が一定であれば，期待インフレ率が低下するほど，名目金利は低くなります．

しかし，いくらデフレになっても，名目金利は一定の水準を超えて下がることはありません．この点を，貨幣の需要と供給を示す図4を使って説明しましょう．縦軸は名目金利，横軸は実質貨幣残高です[5]．貨幣需要は，名目金利が低いほど増えるので，右下がりに描かれています（第9章COLUMN1参照）．しかし，名目金利がある一定の水準に達すると，貨幣需要曲線は水平に描かれています．この名目金利の水準は，ゼロ％あるいはそれを少し下回る程度（マイナス1％程度）であり，この水準で，貨幣需要は無限に大きくなると考えられます．名目金利がマイナスというのは，おかねを貸した人がおかねを借りた

5）横軸は，名目貨幣残高でも以下の議論は変わりません．

第11章 資産価格と金融政策

図4 ●流動性の罠

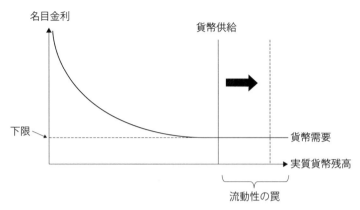

流動性の罠では，貨幣供給を増やしても，名目金利は低下しない．

人に金利を支払うことを意味します．おかねを貸して金利を取られるぐらいだったら，ほとんどの人はおかねを貸そうとはせずに，現金で持っておこうとするでしょう．もちろん，現金を保有するのは盗難などのリスクがあり，運搬にもコストがかかるので，わずかのマイナス金利であれば，おかねを貸してもよいという人もいるかもしれませんが，それでも，名目金利のマイナス幅が大きくなると（たとえばマイナス2％），皆おかねを貸さずに，現金を保有するでしょう．このため，いくら中央銀行が貨幣の供給を増やしても，この水準以上，名目金利は下がりません．こうした状況を，**流動性の罠**と呼びます．

デフレになると，名目金利が低下し，流動性の罠に陥りやすくなります．いったん流動性の罠に陥ると，たとえ貸付資金の供給（預金や債券購入など）が，貸付資金の需要（企業や家計による借入）を上回っていても，名目金利は下限の水準にとどまってしまいます．この結果，物価上昇率がマイナスのデフレ下では，実質金利（名目金利から期待物価上昇率を引いたもの）が，貸付資金の需要と供給が一致する水準[6]よりも，高い水準にとどまることがあります（図5）．そうすると，貸付資金の超過供給が生じます．具体的には，預金金利はゼロでも，物価上昇率を引いた実質金利はプラスなので，銀行には預金が集ま

---

[6] 価格が伸縮的で，資金の需要と供給が一致する実質利子率を，**自然利子率**と呼ぶことがあります．

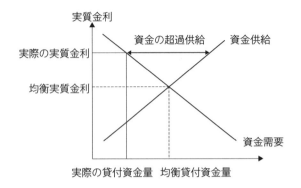

図5 ●流動性の罠のもとでの実質金利

る一方，借入金利は低くても，実質金利は高いので，資金を借りて投資したい企業は少ない状況です．資金の供給は貯蓄（民間貯蓄＋政府貯蓄）であり，資金の需要は投資（開放経済では投資＋対外純投資）ですから，経済全体では，潜在的に，貯蓄が投資を上回っています．このため，総需要が総供給を下回り，物価あるいは物価上昇率を下げる要因となります．しかし，物価上昇率が下がると実質金利はさらに上昇するので，この状況から抜け出すことは困難になります．

5 　金融政策の目的

物価と生産のトレード・オフ

中央銀行は，インフレやデフレによる社会的損失を避けるため，物価の安定を目的として金融政策を運営しています．また，生産の変動は，それ自体が失業の増加などの社会的損失を生むのに加え，物価の変動をもたらす要因にもなります．したがって，金融政策は，物価の安定と生産の安定を目指すべきであると考えられています．

しかし，物価と生産の安定は，必ずしも両立しません．たとえば，原油価格の上昇などの好ましくない供給ショックが生じたときに，生産の減少をくいとめようと，金利を引き下げて金融を緩和すると，物価が上昇してしまいます．

第11章 資産価格と金融政策

図6 ●好ましくない供給ショックに対する金融政策の効果

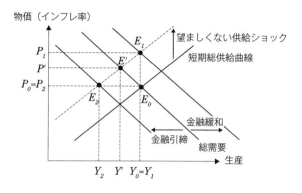

逆に，物価の上昇を抑えようと，金利を上げて金融を引き締めると，生産が減少してしまいます．図6で，当初，長期均衡であるE_0点にあった経済が，望ましくない供給ショックに襲われ，金融政策が変わらなければ，点E'に移動したとしましょう．E'点をE_0と較べると，物価は上昇し，生産は減少しています（**スタグフレーション**）．このとき，もし，生産の減少をくいとめるために，金融緩和を行えば，総需要が増加する結果，点E_1に移動します．点E_1では，生産はショックの発生する前と同じ水準（$Y_1 = Y_0$）ですが，物価は，金融緩和をする前と比べてさらに高くなっています（$P_1 > P'$）．逆に，物価の上昇を抑えるために，金融引き締めを行えば，物価はショックの発生する前と同じ水準（$P_2 = P_0$）となりますが，生産は，金融引き締めをする前と比べてさらに減少します（$Y_2 < Y'$）．

このように，インフレと生産との間に**トレード・オフ**（二つの目標があり，一方が満たされれば，他方が満たされない状況）がある場合，中央銀行は，物価の安定と生産の安定のどちらをより重視するかを決定しなければなりません．実際には，多くの国で，物価の安定がより重視されるようになっています．その主な理由は，生産の安定を重視するとインフレになりやすく，しかも，いったんインフレになると，インフレ期待が醸成され，インフレを抑えることが難しくなることによります．期待インフレ率の上昇は，短期総供給曲線を上にシフトさせるので実際のインフレ率はさらに上昇するからです．

他方，経済に総需要ショックがある場合，金融政策はそれを打ち消すような

図7 ●総需要ショックに対する金融政策の効果

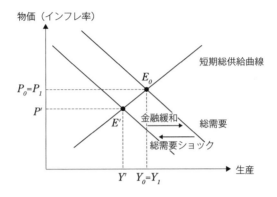

政策をとることで，物価と生産の変動をともに小さくすることができます．図7を見てください．当初，長期均衡点 E_0 にあった経済に，消費，投資，政府支出あるいは純輸出が減少するような，なんらかの総需要ショックが加わると，ほうっておけば，経済は点 E_0 から点 E' に移動し，物価の下落と生産の減少が生じます．しかし，金融緩和をして総需要を刺激すれば，経済は点 E_0 にもどることができ，生産と物価の安定を保つことができます．

6　金融政策ルール

ルールとしての経済政策

　人々は，将来にわたる可処分所得を予想して消費を決定しています．企業は，将来にわたる収益を予想して設備投資を決定しています．そして，将来にわたる可処分所得や収益は，財政・金融政策が将来どのように行われるかに依存しています．したがって，政府や中央銀行が好むと好まざるとにかかわらず，人々は，将来にわたる財政・金融政策を予想しながら現在の行動を決定しています．もちろん，人々が正確に将来の財政・金融政策を予想できるわけではありません．常に予測誤差が伴います．それでも，中央銀行や政府が発するメッセージや過去に実際にとられた財政金融政策を見ながら，予想を形成していま

す．たとえば，不況になったら政府は財政支出を増やすだろうとか，デフレになったら，中央銀行は金融緩和をするだろう，といった具合です．

　この意味で，財政金融政策は，全くでたらめに運営されているわけではなく，多かれ少なかれ，ルールとして運営されているとみなすことができます．ルールと言っても，政府や中央銀行が自ら明らかにしている場合もあれば，人々が過去の政策から推測しているだけの場合もあります．また，首相や中央銀行総裁が代われば，ルールが変わることもありえます．それでも，経済政策をルールとしてとらえるという視点は重要です．

　ある政策ルールのもとで，経済に需要ショックや供給ショックが生じたときに，物価や生産はどのように変化するのかという分析や，需要ショックや供給ショックが生じても，生産や物価の変動が少ない政策ルールはどのようなものかといった分析を行うことが大事なのです．

テイラー・ルール

　名目金利をコントロールする金融政策の場合，物価と生産の変動を小さくする政策ルールの一例として，次のものがあります．

(8)　名目金利 = $a + b \cdot$ インフレ率 $+ c \cdot$ GDP ギャップ
　　　　$a>0,\ b>1,\ c \geq 0$

　まず，インフレ率の係数 b は，1よりも大きな定数です．たとえば b が1.5の場合，インフレ率が1％になると，名目金利を1.5％引き上げます．したがって，一定のインフレ率の下では実質金利（名目金利－インフレ率）は0.5％上昇します．実質金利の上昇は，総需要を減少させ，インフレ率を抑える効果をもたらします．

　次に，GDP ギャップの係数 c は，正またはゼロの定数です．たとえば c が0.5の場合，GDP ギャップがマイナス1％（つまり，実質 GDP が自然産出量を1％下回っている状態）になると，名目金利を0.5％引き下げます．したがって，一定のインフレ率の下では実質金利も0.5％下落します．実質金利の下落は総需要を増加させ，GDP ギャップを0に近づける（つまり，実質 GDP が自然産出量に近づく）効果をもたらします．

インフレ率の係数 b が大きく，GDP ギャップの係数 c が小さいほど，中央銀行が物価安定をより重視していることを示します．なお，定数項 a は，インフレ率がゼロ，GDP ギャップもゼロの場合の名目金利を示しています．

(8)式で表される金融政策ルールは，スタンフォード大学のテイラー教授によって提唱されたもので，**テイラー・ルール**と呼ばれています[7]．テイラー教授によれば，(8)式は，1985年以降のアメリカの金融政策をうまく描写しています．日本でも，(8)式によって，1990年代末までの金融政策はある程度描写できますが[8]，1990年代末以降のゼロ金利の時期はうまく描写できません．単純にテイラー・ルールをこの時期に適用すると，マイナス金利になってしまうのです．この時期は，名目金利がほぼ下限に達し，流動制の罠の状態に陥っていたと言えるでしょう．

7 コミットメント

テイラー・ルールは，これまでの金融政策を分析すると，概ね(8)式のような金利のコントロールが行われている，というものでした．これに対して，中央銀行が，自らルールを明らかにして金融政策運営を行う場合があります．たとえば，日本銀行は，2001年3月に「量的緩和」政策を導入しましたが，その際，「消費者物価上昇率が安定的にプラスになるまで量的緩和政策を継続する」ことを公表しました．「安定的にプラスとなるまで」という点であいまいさが残りますが，これも，一種のルールの明示です．また，将来の政策を約束するという，**コミットメント**（信頼される約束）の例であるともいえます．その後，日本銀行は徐々に具体的な目標を設定し，2013年4月に「量的質的緩和」を公表した際には，「消費者物価の前年比上昇率2％の「物価安定の目標」を，2年程度の期間を念頭に置いて，できるだけ早期に実現する」ことを公表しまし

---

7) Taylor, J.B. (1993), "Discretion versus policy rules in practice." Carnegie-Rochester Conference Series on Public Policy 39, 195-214. を参照してください．

8) 日本におけるテイラー・ルールの推計は，小田信之・永幡崇 (2005)「金融政策ルールと中央銀行の政策運営」（日銀レビュー2005-J-13），細野薫 (2007)「書評：宮尾龍蔵著『マクロ金融政策の時系列分析』」『金融経済研究』（第24号）を参照してください．

た．

　将来の政策に関するコミットメントは，将来の金融政策に関する不確実性を減らし，将来の物価に関する期待を安定化させます．この結果，期待物価の変動によって短期総供給曲線がシフトし，結果として物価が不安定化するという事態を防ぐことができます．

　さらに，中央銀行は，コミットメントを通じて人々の将来における物価の予想（期待物価）に積極的に働きかけることで，政策効果を高めることができる場合があります．それは，経済が好ましくない供給ショックに直面した場合と，デフレ下で流動性の罠に陥った場合です．

供給ショックとコミットメント[9]

　第5節でも述べたように，経済が一時的に好ましくない供給ショックに直面すると，中央銀行は，金融引き締めによって物価の上昇を抑えるべきか，金融緩和によって生産の減少を食い止めるべきか，ジレンマ（トレード・オフ）に直面します．こうした状況において，中央銀行が，将来に金融引き締めを行うことをコミット（約束）したとしましょう．供給ショックが終わった後も金融引き締めが行われるならば，その時点で物価が低下するだろうと，人々は予測するでしょう．この結果，現時点における短期総供給曲線の上方へのシフトは，コミットメントが無い場合に比べると，小幅なものにとどまります．したがって，現時点での物価の上昇と生産の減少は，より小幅なものになり，ジレンマが緩和されます．

　図8では，コミットメントがなければ，短期均衡は E_0 から E_1 に移動しますが，コミットメントがあれば E_2 に移動します．他方，将来時点においては，約束していた金融引き締めを実施する結果，総需要が減少し，物価の下落と生産の減少が生じます．このように，コミットメントをすることは，来期の犠牲のもとに今期の苦痛を和らげることになるのですが，物価と生産の変動に伴う社会的コストが逓増する（つまり，物価と生産の上昇率・下落率が大きくなれ

9）供給ショックとコミットメントの効果に関する分析は，三尾仁志（2005）「新しいケインズ経済学の下での最適金融政策分析：裁量とコミットメントの意義」日銀レビュー2005-J-15を参考にしました．

図8 ●好ましくない供給ショックに対するコミットメントの効果

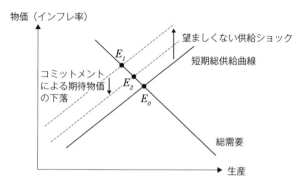

ばなるほど，社会的コストが比例的以上に増える）場合には，今期の物価上昇と生産の減少を抑えるメリットが，来期の物価下落と生産の減少によるコストを上回るので，コミットメントによる政策にはメリットがあると考えられます．

流動性の罠とコミットメント

デフレで流動性の罠に陥っている状況においても，将来の低金利政策にコミットすることで，金融政策が総需要を増大させる効果を持つことがあります．なぜなら，将来，名目利子率が下限から少しでも上昇したときに中央銀行のコミットメントによって低金利が継続されると人々が予想すれば，その時点で総需要が増えて，物価水準も高まると予想するでしょう．この結果，現在の期待インフレ率（現在から将来にかけての物価上昇率の予想）は上昇します．期待インフレ率が高まれば，実質金利（名目金利から期待インフレ率を引いたもの）は低下するので，住宅投資や設備投資が刺激され，総需要が増大し，やがて実際に物価が上昇することになります[10]．

ただし，実際にこうしたコミットメントが効果を持つためには，将来の金融政策に関する約束が，民間に信用される（**クレディブル**である）必要がありま

---

[10] 流動性の罠におけるコミットメントの効果については，活発な議論が行われました．代表的なものとして，Krugman, P. (1998). "It's baaack: Japan's slump and the return of the liquidity trap." *Brookings Papers on Economic Activity* 2, 137-187. を参照してください．

す．仮に，民間が中央銀行のコミットメントを信じ，インフレ期待が生まれ，実質金利が低下したとしましょう．そうすると，設備投資や住宅投資を中心に総需要が増加し，これに伴って物価も上昇し，経済は流動性の罠から抜け出せるかも知れません．しかし，実際にそうした状況になったときに，中央銀行は約束通り名目金利を低く維持するでしょうか？　そうした状況で名目金利を低く維持すると，今度はインフレが発生してしまうかもしれません．物価の安定の維持を目的とする中央銀行は，インフレを防ぐため，その時点で名目金利を上げようとするかもしれません．つまり，流動性の罠に陥っている時点では，「将来にわたって名目金利を低く保つ」という約束を信じさせ，流動性の罠から抜け出た時点では，その約束を破って名目金利を上げるのが，中央銀行にとって最も自らの目的にかなった行動です[11]．しかし，こうした中央銀行の行動を民間部門が予測すれば，初めから中央銀行のコミットメントを信じないでしょう．

　中央銀行が将来にわたって名目金利を低く維持するというコミットメントを民間部門に信頼してもらうには，中央銀行が約束を破ったときには，中央銀行自身がなんらかの損失を被るような工夫が必要になります．例えば，日本銀行では，量的緩和政策や量的質的緩和政策の導入時，将来の金融政策のコミットメントと合わせて，大量に国債などの金融資産を購入することを公表しました．非伝統的金融政策を実施した他の中央銀行も，ほとんどの場合，その政策を継続する条件や期間についてあらかじめ示すとともに，大量の金融資産購入を決定しました．こうした資産購入の一つの目的は，大量のベースマネーの供給ですが，流動性の罠では，それ自体の効果はほとんど期待できません．にもかかわらず，大量の国債購入を行った理由として，将来にわたって低金利を維持することを信じてもらうためであったと考えられます．なぜなら，将来，金利を急速に引き上げれば，その時点で国債の価格は下落し（第5章第1節参照），国債を大量に保有する中央銀行や民間銀行は多大な損失を被ります．これは，金融システムを不安定にさせかねません．中央銀行自身が進んでこうした事態を招くことは，ありえないと考えられます．このため，民間部門は，将来にわ

---

11) こうした中央銀行が直面するジレンマは，**時間を通じた非整合性**（あるいは**動学的非整合性**）問題とも呼ばれます．

たって低金利が持続するであろうと合理的に推測できるようになります．

8　金融政策の波及経路

第10章で説明したように，金融緩和ショックは実質金利の低下を通じて，設備投資や住宅投資を増加させます．また，開放経済では，実質為替レートの減価を通じて，純輸出を増加させます（第10章 COLUMN 1 参照）．逆に金融引き締めショックは，実質金利の上昇や実質為替レートの増価を通じて，総需要を減少させます．実は，金融政策はこうした経路以外にも，総需要に影響を与える経路があります（図9）．金融政策は，伝統的金融政策であれ，非伝統的金融政策であれ，図9に示す三つの経路を通じて実体経済に波及します[12]．

企業・家計のバランスシート経路

第1節でみたように，金利の低下は株価や土地などの資産価格を上昇させます．このため，土地や住宅などの資産を保有している企業や家計は，**純資産**（あるいは**自己資本**）が増加します．純資産（自己資本）とは，資産から負債（借入）を引いた額のことです．図10では，簡単な企業の**貸借対照表**（バランスシートとも呼びます）の例を示しています．貸借対照表とは，ある時点で企業が保有する資産を左側に，借入金などの負債と株主が出資した資本金やこれまで蓄積した利益などの純資産を右側に示したものです．今，この企業が保有する土地の価格が上昇したため，土地の価値が100億円から150億円に上昇したとしましょう．この企業は，50億円の土地の値上がり益を得ました（実際に値上がりした土地を売らない場合は，含み益と呼ばれます）．この値上がり益分だけ，純資産は増えることになります．

ここで，金融市場には情報の非対称性による，**モラルハザード**や**逆選択**の問題が存在するとしましょう（第5章第2節参照）．一般に，こうした情報の問題は，純資産が小さいほど深刻になり，純資産が大きいほど軽微になる傾向に

---

[12] 非伝統的金融政策の場合，COLUMN 2 で説明するように，将来の短期金利に関する期待を通じて，長期実質金利や実質為替レート，資産価格に影響し，さらに資産価格の変動によって家計・企業や銀行のバランスシートに影響します．

図9●金融政策の波及経路

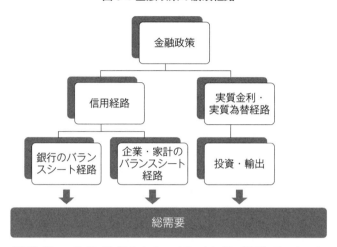

(出典) Ciccarelli, M., Maddaloni, A., and Peydró, J-L. (2015). Trusting the bankers: A new look at the credit channel of monetary policy. *Rev. Econ. Dynamics* 18, 979-1002をもとに，加筆修正．

図10●地価上昇が企業の貸借対照表に与える影響（数値例）

A

資産		負債・純資産	
土地	100	借入	150
機械設備	200	純資産	150

B

資産		負債・純資産	
土地	150	借入	150
機械設備	200	純資産	200

地価の上昇によって，土地の資産価値が50上昇．これに伴い，純資産も50上昇する．

あります．例えばモラルハザードは，事業が失敗したときの損失の一部しか借り手が負担しないことによって生じる問題ですが（第5章COLUMN 1 参照），純資産の小さい借り手ほど，この負担額が小さくなるからです．逆選択の問題も同様です．このため，純資産の小さい借り手は，まったく資金を借りることができないか，借りられても，貸し手から高い金利を要求される傾向にあります．せっかくいいビジネスのアイディアをもっていても，純資産が少ないことで資金を借りられず（**借入制約**），ビジネスを拡大できない企業もいます．

このような状況で，金融緩和によって，保有資産の価値が上昇し，自己資本が増えると，より資金を借りやすくなり，事業を拡大することも可能になるの

です．金融機関は資金を貸し出す際に，借り手が保有する土地などの資産を担保にとることもありますが，こうした場合も，担保となる資産の価値が高くなるほど，より多くの資金が借りられるようになります．こうして，金融緩和が資産価格の上昇を通じて，借り手の純資産を増やし，より資金を借りやすくすることで，設備投資や住宅投資などが増える効果を，**企業・家計のバランスシート経路**と呼んでいます．

銀行のバランスシート経路

銀行は，貸出，社債，国債，株式などのさまざまな金融資産を保有していますが，いずれの金融資産も，金融緩和時には価格（あるいは価値）が上昇し，金融引き締め時には価格（価値）が低下する傾向にあります．例えば，金融緩和によって金利が下がると，借り手は返済負担が減るので，債務不履行が少なくなり，銀行は貸し倒れなどの損失が減ります．また，仮に借り手が債務不履行になっても，借り手が保有する土地などの資産を担保に取っている場合は，当該資産を売却することによって損失の一部を補てんできるので，金融緩和によって土地の価格が上昇していると，損失は少なくなります．このことは，貸出の価値は金融緩和時には上昇することを意味します．社債や国債などの，あらかじめ定められた期日に定められた利払いや元本の支払いが行われる債券も，金融緩和によって金利が下がると，債券価格は上昇します．金利が下がると株価も上昇します．

このように，金融緩和によって，銀行が保有する資産の価値は上昇するので，銀行の純資産は増加する傾向にあります．ところで，銀行は貸出などリスクのある資産額の一定以上の割合を自己資本として維持するよう，規制されています（第5章第3節参照）[13]．そして，純資産の項目の多くが規制上定められている自己資本に該当するので，金融緩和によって銀行の純資産が増加すれば，銀行の自己資本も増加します．自己資本が増えれば，銀行は貸出などの資産を増やすことができるので，貸出を積極的に増やそうとする傾向が出てきます．

図11では，保有する資産価値の上昇によって，自己資本が増えた場合に貸出

---

[13] 銀行自身も，多くの場合，内部のリスク管理の一環として，資産のリスクに対応して一定の自己資本を維持するよう努めています．

第11章　資産価格と金融政策

図11●債券価格の上昇が銀行の貸借対照表および貸出行動に与える影響（数値例）

A
資産		負債・純資産	
貸出	200	預金	270
債券	100	自己資本	30

（自己資本比率）　　10%

B
資産		負債・純資産	
貸出	200	預金	270
債券	120	自己資本	50

（自己資本比率）　　15.6%

C
資産		負債・純資産	
貸出	380	預金	450
債券	120	自己資本	50

（自己資本比率）　　10%

債券価格の上昇によって，債券の資産価値が20上昇．これによって，銀行の自己資本も20上昇（A→B）．銀行が，自己資本比率（対総資産）をもとの10％に維持するために，貸出を増やせば，貸出と預金はともに180増加（B→C）．

が増える例を示しています．まず，当初，銀行の貸借対照表は，パネルAであったとしましょう．ここでは，単純化のため，純資産と規制上の自己資本は等しいと仮定し，銀行は総資産の10％を自己資本として保有すると仮定します．銀行は，200の貸し出しと100の債券，合計300の資産を保有しており，このうち10％の30を自己資本として保有し，残り270を預金（負債）で調達しています．今，金利の低下によって，保有している債券の価値が120に上昇したとしましょう（単純化のため，貸出の価値は200のままと仮定します）．銀行は保有している債券から，20の値上がり益を得たので，銀行の自己資本は20だけ増加し，50となります．この結果，自己資本比率（自己資本／総資産）は50÷320＝15.6％に増えます（パネルB）．自己資本が増えた銀行は，自己資本比率を10％に維持しようと，資産を増やそうとします．どれだけ増やすかというと，50（自己資本）÷10％（自己資本比率）＝500にまで総資産を増やします．仮に，債券は増やさずに貸出だけを増やす場合には，貸出は180だけ増えて，380となります．また，このために預金による調達も，180だけ増やして450とします（パネルC）．これはかなり極端な例ですが，自己資本比率に規制が課せられているもとでは，金融緩和によって自己資本が増えると，貸出は増える傾向にあります[14]．この結果，企業や家計は資金を借りやすくなり，設備投資や住宅投資などの総需要も増加します．これは，**銀行のバランスシート経路**と呼ばれま

す．

　家計・企業のバランスシート経路も，銀行のバランスシート経路も，貸出などの信用（クレジット）が増えるので，あわせて**信用経路**と呼ばれることがあります．ただし，前者は，借り手側の純資産が増加して，より借りやすくなるという，借り入れの需要側への効果であるのに対し，後者は，貸し手側の純資産（自己資本）が増加して，より貸出に積極的になるという，貸出の供給側への効果であるという違いがあります．

| COLUMN 1 |

金融政策は資産価格とリスク・プレミアムの安定を目指すべきか

　株価や地価などの資産価格は，金融政策の影響を強く受けます．金利が下がればファンダメンタルズは上昇し，また，低金利が続けばバブルが発生しやすくなります．資産価格が上昇すると，家計や企業は借入がしやすくなり，銀行も貸出に積極的になります．借り手が債務不履行になっても担保価値が高ければ銀行が被る損失は小さくなるので，貸出金利と安全資産（国債など）の金利の差（リスク・プレミアムあるいは信用スプレッド）は低下します．しかし，いったんバブルが崩壊し，資産価格が急落すると，家計や企業は借入が困難になり，リスク・プレミアムは上昇します．また，銀行は保有する資産の価格下落から損失を被り，金融危機が起こることもあります．

　では，金融政策は資産価格やリスク・プレミアムの安定を目的に金融政策を運営すべきでしょうか？　日米のバブル崩壊後の金融危機の経験から，バブルの発生を防ぐような，あるいは，バブルが発生したら早期にバブルをつぶすような金融政策を運営すべきだという意見がある一方，バブルかどうかの判断は困難であり，バブル崩壊後に金融緩和によってその影響を最小限に食い止めるべきだとの意見もあります．また，仮にリスク・プレミアムの安定を金融政策の目的に加える場合でも，インフレや生産の安定と比べて，リスク・プレミアムの安定をどの程度重視すべきか，という定量的な議論も行われています．さらに，リスク・プレミアムの変動を

---

14) 自己資本比率規制に加えて，注13で述べた，銀行によるリスク管理も，純資産の増加が貸し出しの増加につながる要因となります．また，銀行は預金以外に，社債などの債券発行によって資金を調達していますが，銀行の自己資本が増えるほど，こうした債券発行による資金調達もより容易になります．

もたらす要因が，金融部門の健全性に対するショックによるものなのか，需要ショックや供給ショックなのか，によっても対応が異なる可能性もあります．この点については，特にグローバル金融危機以降，活発に研究が進められていますが，まだ合意は得られていないようです．こうしたなか，現実の中央銀行はその時々の状況に応じて手探りで判断し，金融政策を決定しています．

| COLUMN 2 |

中央銀行のコミットメントと長期金利

　伝統的金融政策は，短期金利（満期が1年未満の金利）をターゲットとして，その上げ下げによって引締め・緩和を行っていました．しかし，短期金利が下限に達しても（流動性の罠），長期金利（満期が1年以上の金利）はまだ引き下げ余地がある場合があります．この点を考えるために，まず，長期金利がどのように決定されるのか，考えてみましょう．

　具体的に，満期が1年（1期）の短期債券の金利と，満期が2年（2期）の長期債券の金利との関係を考えます．第1期における短期債券の金利を r_1，第2期における短期債券の金利を r_2，第1期における長期債券（満期が2年の債券）の金利を年率（1年あたり）r_L とします（図12）．第1期のはじめに1円で短期債券に投資すると，第1期末には $1+r_1$ 円になります．第2期のはじめに，この $1+r_1$ 円で短期債券に投資すると，第2期末には，$(1+r_1)\times(1+r_2)$ 円となります．他方，第1期のはじめに，1円で長期債券に投資すると，第2期末には，$(1+r_L)^2$ 円になります（r_L は年率（1年あたり）の金利であることに注意してください）．もし，このどちらかが得であれば，皆得な方を選ぶでしょうから，結局，どちらの投資も同じ収益をもたらすはずです．

(9) 　$(1+r_1)\times(1+r_2) = (1+r_L)^2$

　(9)式の左辺は，$1+r_1+r_2+r_1\times r_2$ ですが，最後の項 $r_1\times r_2$ はとても小さい値なので（例えば，$r_1 = 0.05 (= 5\%)$，$r_2 = 0.03 (= 3\%)$ だと，$r_1\times r_2 = 0.0015 = 0.15\%$），無視すると，近似的には $1+r_1+r_2$ です．(9)式の右辺は，$1+2r_L+r_L^2$ ですが，最後の項 r_L^2 はとても小さい値なので（例えば，$r_L = 0.04 (= 4\%)$ だと，$r_L^2 = 0.0016 (= 0.16\%)$）なので，近似的には $1+2r_L$ です．したがって，(9)式は，近似的には，

図12●短期金利と長期金利

$1+r_1+r_2=1+2r_L$ となります。これを整理すると，

(10) $\quad r_L = \dfrac{r_1+r_2}{2}$

(10)式は，長期金利 r_L が，現在（第1期）の短期金利 r_1 と将来（第2期）における短期金利 r_2 の平均値となることを示しています．実際には，現時点では，r_1 と r_L しかわからず，r_2 は期待値（予測値）となります．(10)式の r_2 を期待値に置き換えた式は，**純粋期待仮説**と呼ばれます．以上，2期間の長期金利を考えましたが，それ以上の満期の長期金利の場合は，当該期間の短期金利の期待値の平均になります（例えば10年満期の債券の金利は，10年間の短期金利の平均値になります）．ただし，予測値に誤差が伴う分，長期債券はリスクを伴います．このため，長期金利はリスク・プレミアム分だけ(10)式よりも高くなる傾向があります．しかし，長期金利が将来の短期金利の予測値によって変動するという点は重要な点です．

(10)式は，中央銀行が，将来誘導目標とする短期金利をあらかじめ公表することで，民間の予測に影響を与え，長期金利を動かすことができるという可能性を示唆しています．こうした政策が実際に長期金利に影響するかどうかは，中央銀行の約束が民間に信じられる（クレディブルである）かどうかにかかっています．

● 練習問題

問1 現在の配当が10円で，今後，2％ずつ配当が増えることが予想されています．また，金利は3％の水準が続くと予想されています．このとき，（リスク・プレミアムを無視すると）株価はいくらになりますか？

問2 貯蓄率の高い経済と貯蓄率の低い経済では，どちらがバブルが発生しやすいと考えられるでしょうか？ 海外との資本移動を考慮せず，ソローの経済成長モデルを使って，答えなさい．（第3章COLUMN 2参照）

問3 日本銀行のホームページ（www.boj.or.jp）より，最新の金融政策決定会合の議事要旨を読んで，日本銀行が金融政策を決定する際に，どのような経済指標に着目しているのかを調べなさい．

問4 テイラー・ルールに関する次の問いに答えなさい．

第11章　資産価格と金融政策

(1) GDPギャップがゼロのときに実質金利が3％の経済で，中央銀行はインフレ率2％を目標に掲げています．この中央銀行が，以下のようなテイラー・ルールに沿って金融政策を運営するとき，定数項 a はいくらに設定すればよいですか．

　　名目金利 ＝ a ＋1.5・インフレ率＋0.5・GDPギャップ

(2) GDPギャップがゼロのときに実質金利が3％の経済で，以下のテイラー・ルールに沿って金融政策を運営している中央銀行があるとき，この経済の平均的なインフレ率（GDPギャップがゼロの時のインフレ率）は何％になりますか．

　　名目金利 ＝ 2.5＋1.5・インフレ率＋0.5・GDPギャップ

問5　金融政策はインフレ率やGDPギャップだけでなく，資産価格やリスク・プレミアムにも注意を払いながら運営すべきだという意見に対して，賛成・反対それぞれの立場から，その根拠を示しつつ，議論しなさい．

第12章 財政赤字の効率性と持続可能性

　2015年12月末時点で，日本政府の借金である国債は，808兆円ありました．これは，国民一人当たり，約636万円に相当します[1]．また，2014年度のGDP（つまり，国内全体の総所得）が約490兆円ですから，1年間のGDPの1.6倍以上の国債残高を抱えていることになります．はたして，政府がこれだけの借金を抱え続けていて大丈夫なのか，漠然と不安になる人もいるかもしれません．あるいは，将来大幅な増税か歳出削減が必要になるのではと考える人もいるでしょう．市町村の財政破綻などのニュースを見ると，ますます不安が募るかもしれません．他方，一人当たり636万円と聞いても実感がわかない人も多いと思います．実際，政府がこれだけの借金を抱えていても，経済は何の問題もなくうまくまわっているようにも見えます．

　そもそも，なぜ政府は国債を発行するのでしょう？　現在の財政赤字は将来も続けていくことができるのでしょうか？　国債発行のメリットとデメリットは？　最終章となる本章では，財政赤字をマクロ経済学の視点から分析します．

1　日本の財政状況

　日本の政府部門の財政状況について見てみましょう．表1は，中央政府（国），地方公共団体（都道府県と市町村），社会保障基金（公的年金，公的医療保険，公的介護保険等）の抱える負債（借金）と金融資産を2015年末時点で

---

[1]　表1の「国債・財投債」残高を総務省統計局『人口推計月報』www.stat.go.jpによる2016年3月期の日本人人口（1億2771万人）で除しました．

表1 ●日本の一般政府の金融資産・負債残高（20015年12月末）

(単位：兆円)

	中央政府	地方公共団体	社会保障基金	一般政府（合計）
金融資産	238	82	238	557
負債	1026	177	9	1212
国債・財投債	808	0	0	808
地方債	0	72	0	72
その他の負債	217	105	9	332
純金融資産(金融資産－負債)	-788	-96	228	-655

（出典）日本銀行『資金循環表』金融資産・負債残高表 www.boj.or.jp

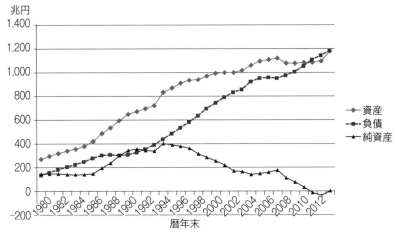

図1 ●一般政府の資産・負債・純資産（1980年末～2013年末）

（注）
1. 一般政府は，中央政府，地方政府および社会保障基金の合計．
2. 純資産は資産から負債を引いた額．正味資産に等しい．
3. 1980年から1993年までは2000年基準．1994年から2013年までは2005年基準．
（出典）内閣府経済社会総合研究所『国民経済計算』www.esri.cao.go.jp

見たものです．中央政府は，金融資産も保有していますが，負債（その主なものは国債）のほうが多く，金融資産から負債を引いた純金融資産は，マイナス788兆円です．地方政府も，金融資産より負債（その主なものは，地方政府の借金である地方債）のほうが多く，純金融資産はマイナス96兆円です．他方，社会保障基金は，将来の年金支払い等に備えて金融資産を多く保有しており，

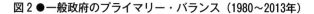

図2 ●一般政府のプライマリー・バランス（1980〜2013年）

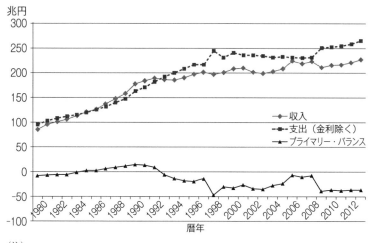

(注)
1. 一般政府は，中央政府，地方政府および社会保障基金の合計．
2. 収入は，所得支出勘定より，生産・輸入品に課される税，所得・富等に課される経常税，社会負担，その他の経常移転，資本調達勘定より，固定資本減耗，資本移転（受取）の合計．支出（金利除く）は，所得支出勘定より，補助金，現物社会移転以外の社会給付，その他の経常移転（支払），最終消費支出，資本調達勘定より，総固定資本形成，在庫品増加，土地の購入（準），資本移転（支払）の合計．
3. プライマリー・バランスは，収入から支出（金利除く）を引いた額．これは，貯蓄投資差額から，財産所得（支払－受取）を引いた額に等しい．
4. 1980年から1993年までは2000年基準．1994年から2013年までは2005年基準．
(出典) 図1と同じ．

純金融資産はプラス228兆円です．これらの3部門を合計したものを一般政府と呼びますが，一般政府ベースでは，純金融資産はマイナス655兆円となっています．

図1は，一般政府ベースの資産（金融資産と，道路や建物などの実物資産との合計）と負債の推移を1980年末から2013年末まで描いたものです．これを見ると，資産も負債も増加傾向にありますが，1992年以降は負債のほうが資産よりも早いペースで増加してきており，資産から負債を引いた純資産は2013年末にはほぼゼロになっていることがわかります．

表1や図1は，ストックの面から政府部門の財政状況を見たものですが，図2は，フローの面から見た状況を示しています．これは，一般政府ベースで見

た，1980年から2013年までの政府収入（税，社会保障負担など）と政府支出（公務員の人件費，公共投資，社会保障給付など．ただし，国債や地方債などの金利払いは除く）の推移を見たものです．これを見ると，1990年以降，政府収入が伸び悩む一方で，政府支出は増加を続け，特に1993年以降は，政府収入から政府支出（金利払いは除く）を引いた差額（**基礎的財政収支**あるいは**プライマリー・バランス**と呼ばれます）はマイナスで推移していることがわかります．つまり，財政赤字が恒常的に続いている状況です．

2 政府の予算制約

政府は税や社会保障の保険料（以下，単に税収と言います）を収入とし，さまざまな公共サービスの提供や社会保障給付のための支出を行っています．支出が税収を上回れば，国債を発行して，民間から資金を借り入れます．国債は，借りた資金を返済する期日が決められており，これを満期と呼びます．満期日が来ると，政府は借りた資金に金利をつけて返済しなければなりません（資金の返済を，国債の償還と呼びます）．そのために，税収の一部を返済に充てるか，あるいは，新たに国債を発行して返済資金を集める必要があります．

国債発行の例として，表2を見てください．いま，金利がゼロ％だとします．1年目は，税収と政府支出が同じ50兆円だったので，国債発行額はゼロでした．したがって，前年度の国債残高がなければ，1年目の終わりにおける国債残高もゼロです．2年目は，20兆円の減税をして，税収が30兆円になったとします．政府支出額が50兆円のままだとすると，減税をした20兆円分の国債を発行します．2年目の終わりにおける国債発行残高は20兆円です．3年目に，国債を償還しなければならないとすると，政府は増税をして，政府支出を20兆円上回る税収をあげなくてはなりません．政府支出が50兆円のままだと，税収は70兆円必要となります．この増税分20兆円で国債を償還する，つまり，2年目の借金を返済するのです．この例からわかるように，政府は減税や増税のタイミングを変えることはできますが，時間を通じてみると，税収の合計（150兆円）と政府支出の合計（150兆円）は一致していることがわかります．

第12章 財政赤字の効率性と持続可能性

表2 ● 国債発行の例1:金利ゼロ%の場合

	1年目	2年目	3年目	合計
税収	50	30	70	150
政府支出	50	50	50	150
国債発行額	0	20	-20	
国債残高（期末）	0	20	0	

（注）国債発行額がマイナスの場合は，国債の償還額を示す．

表3 ● 国債発行の例2:金利5%の場合

	1年目	2年目	3年目	割引現在価値の合計
税収	50	30	71	143.0
政府支出（金利は除く）	50	50	50	143.0
国債発行額（注）	0	20	-21	
国債残高（期末）	0	20	0	

（注）国債発行額がマイナスの場合は，国債の償還額を示す．
税収の割引現在価値の合計 $= 50+50/(1.05)+71/(1.05)^2$
政府支出の割引現在価値の合計 $= 50/50/(1.05)+50/(1.05)^2$

(1) 税収の合計 = 政府支出の合計

　金利がゼロ%ではなく，プラスの場合はどうでしょうか？ 表3を見てください．2年目までは表2と同じで，2年目に国債を20兆円発行したとします．金利が5%だとすると，3年目には，元本20兆円と金利1兆円（=20兆円×5%）の合計額である21兆円を返済しなければならないので，21兆円だけ増税をする必要があります．この場合は，税収と政府支出の単純な合計額が一致するのではなく，税収の割引現在価値の合計（143兆円）と政府支出（金利払いを除く）の割引現在価値の合計（143兆円）が等しくなっています（割引現在価値については，第8章のCOLUMN 1, 2を参照してください）．

$$\text{税収の割引現在値の合計} = 50+\frac{30}{1+0.05}+\frac{70}{(1+0.05)^2} = 143$$

政府支出（金利払い除く）の割引現在価値の合計

$$= 50 + \frac{50}{1+0.05} + \frac{50}{(1+0.05)^2} = 143$$

さらに，当初の国債残高がゼロではなくプラスの場合は，その分も最終的には税収で返さないといけないので，当初の国債残高と政府支出（金利払いを除く）の割引現在価値の合計が，税収の割引現在価値の合計に等しくなる必要があります．

(2) 税収の割引現在価値の合計
　　＝ 国債残高＋政府支出（金利払いを除く）の割引現在価値の合計

(2)式の両辺から「政府支出（金利払いを除く）の割引現在価値の合計」を引くと，

(3) 税収の割引現在価値の合計
　　－政府支出（金利払いを除く）の割引現在価値の合計
　　＝ 国債残高

となります．(3)式の左辺にある税収と政府支出（金利払いを除く）の差額は，プライマリー・バランスなので，(3)式は，

(4) プライマリー・バランスの割引現在価値の合計 ＝ 国債残高

と書くことができます．国債残高があれば，将来にかけて，プライマリー・バランスの割引現在価値の合計をプラスにする必要があるわけです[2]．

---

2) 不確実性がない場合の割引率は，金利です．不確実性がある場合の割引率は，「異時点間の消費の限界代替率」と呼ばれる，確率的な変数になります．これは，安全資産の金利とは異なるので，安全資産の金利で割り引いたプライマリー・バランスの割引現在価値の合計が国債残高と一致するとは限りません．たとえば，安全資産の金利で割り引いたプライマリー・バランスの割引現在価値がマイナスであっても，政府の予算制約が満たされている可能性があります．ただし，プライマリー・バランスをいくらでも赤字にできるわけではありません．詳しくは，Bohn, H. (1995), "The sustainability of budget deficits in a stochastic economy," *Journal of Money, Credit and Banking* 27(1), 257-271. を参照してください．

3 リカードの等価定理

　前節で説明した政府の予算制約は，減税をすると，将来必ず増税しなければならないことを示しています．家計にとってみれば，減税があっても将来増税されるとなると，可処分所得（税引き前所得から税を引いたもの）の割引現在価値の合計は変わらないので，家計の消費額は減税の影響を受けません．これは，第8章でも紹介した，**リカードの等価定理**です．リカードの等価定理は，一定の政府支出のもとでは，どのタイミングで減税し，どのタイミングで増税しようが，経済には影響しないことを意味しています．

4 税によるひずみとタックス・スムージング

　実際には，減税や増税のタイミングによってGDPや経済的な厚生（人々の効用，経済的な満足度）が変動することがあるので，リカードの等価定理は厳密には成り立ちません[3]．こうした例として，税によるひずみの問題があります．

　一括税（国民一人当たり定額の税）でない限り，税は資源の配分になんらかのひずみをもたらします．たとえば労働所得にかかる所得税は，労働供給意欲を低下させます．主婦がパートタイムで働く場合に，所得税の税率が上がらないよう，労働時間を一定以下に抑えるのはその例です．消費税は，消費を抑え貯蓄を促します．逆に金利や配当にかかる所得税は，貯蓄を抑えるように作用します．こうした税によるひずみは，人々の厚生水準を低下させます．また，税率が高くなればなるほど，さらに税率を上げることによる厚生水準の悪化の程度は比例以上に大きくなります（図3．その理由については，COLUMN 1を参照してください）．

　戦争や災害対策などのために，政府支出が急激に増加した場合を考えてみま

---
3) リカードの等価定理が成り立つ条件としては，税による歪みがないこと，家計が自由に借入できること，増税が行われる将来まで十分に視野に入れて消費額を決定していることなどがあります（第8章を参照してください）．

図3 ●税による経済的厚生の損失

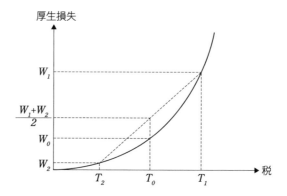

しょう。リカードの等価定理が成り立っていれば、戦争や災害が起こった年に、政府支出に見合うように大幅に増税しても、その年は国債を発行して、その後何年かけて少しずつ増税しても、経済に与える影響は、変わりありません。しかし、税によるひずみを考えると、政府支出が急増した年に大幅な増税をするよりも、その年は国債を発行して、その後少しずつ増税したほうが、社会的な厚生は高くなります。

　具体的に、2期間で考えてみましょう（表4）。第1期に戦争か災害などが起こり、政府支出が80兆円と多額にのぼりましたが、第2期は平時に戻り、政府支出は20兆円にとどまるものとします。簡単化のため、金利はゼロだとすると、政府の予算制約から、第1期と第2期の税収は合計100兆円必要です。いま、第1期と第2期のそれぞれで、**均衡財政**（財政赤字ゼロ）をめざすと、第1期と第2期の税収は、それぞれ80兆円と20兆円になります（表4A）。他方、第1期と第2期の税収を同じ額にする場合は、50兆円ずつになります。この場合は、第1期に国債を30兆円発行し、第2期にこの国債を償還することになります（表4B）。

　図3では、均衡財政の場合と税収を同額にした場合のそれぞれについて、経済的厚生の損失を示しています。まず、均衡財政の場合の第1期の税収（80兆円）を T_1、第2期の税収（20兆円）を T_2 と表し、それぞれに対応する厚生上の損失を W_1、W_2 とします。次に、第1期と第2期の税収を同額にした場合

第12章 財政赤字の効率性と持続可能性

表 4 ● 均衡予算 vs. タックス・スムージング

A. 均衡予算

	1年目	2年目	合計
税収	80	20	100
政府支出	80	20	100
国債発行額	0	0	
国債残高（期末）	0	0	

B. タックス・スムージング

	1年目	2年目	合計
税収	50	50	100
政府支出	80	20	100
国債発行額（マイナスは償還額）	30	-30	
国債残高（期末）	30	0	

（注）金利はゼロ％を仮定.

の各期の税収（50兆円）を T_0，それに対応する厚生上の損失を W_0 とします．二つの場合で，2期間を通じた厚生損失を比較すると，均衡財政の場合よりも，税収を同額にした場合のほうが，厚生損失は小さいことがわかります．図3では，均衡財政の場合の平均的な厚生損失 $\frac{W_1+W_2}{2}$ が，税収を同額にした場合の各期の厚生損失 W_0 よりも大きいことを示しています．

このように，税によるひずみを考慮すると，一時的に多額の政府支出がある年には国債を発行して，税率（税収の対名目GDP比）はあまり変動させないほうが，常に均衡財政をめざして税率を頻繁に変動させるよりは，経済厚生上望ましいことがわかります．これを，**タックス・スムージング**（税率の平準化）と呼びます．実際，多くの国で，戦争などによって政府支出が急増する場合は，国債を発行して戦費などを賄ってきました．

5 財政赤字削減の非ケインズ効果

1980年代に，デンマークやアイルランドなどのヨーロッパの国で財政改革が実施されたとき，財政赤字の縮小に伴って家計の消費が増加しました．財政赤

字の縮小は，増税と政府支出の削減によって達成されるので，家計の可処分所得が減り，消費も減るはずだというのが従来のマクロ経済学者の常識でしたから，これは常識を覆す出来事でした．政府支出の削減や増税は総需要の減少をもたらすという考え方は，特に，イギリスの経済学者ケインズの影響を受けたマクロ経済学者（**ケインジアン**）に強かったのですが，デンマークなどの経験は，この考え方に矛盾するもので，**非ケインズ効果**と呼ばれています．

　非ケインズ効果が生じる理由については，いくつか指摘されています．そのひとつとして，大幅な増税や政府支出の削減が，将来の政府支出に関する人々の期待を変化させて総需要を増大させる経路です．リカードの等価定理やタックス・スムージングの議論は，一定の政府支出に対して，資金調達の方法（税と国債）が経済に影響するかどうかの分析だったわけですが，実際には，税と政府支出は密接にリンクしています．政府支出の削減は，これまで政府支出の恩典を受けているさまざまな人々（年金受給者，建設業，軍需産業，公務員など）の利益を損なうことになるので，政治的には大変な困難を伴います．政府がこうした困難を克服し，大幅な政府支出の削減をすると，人々は，この政権は将来にわたって本格的に政府支出を削減するだろうと予想する可能性があります．

　このように，人々が将来の歳出カットを予想すれば，将来の減税，ひいては将来の可処分所得の増加を予想し，消費を増やす可能性があります．また，財政赤字を放置すると財政が危機的状況に陥るリスクがあるような状況で，政府が財政赤字の削減に取り組むと，国債の債務不履行やインフレの懸念が払拭され，この結果，金利が低下して，総需要が増加する可能性もあります（財政危機については，第7節で詳しく述べます）．

　非ケインズ効果が生じるかどうかは，財政赤字削減の規模とともに，その手段も重要です．ハーバード大学のアレジナ教授たちは，OECD諸国を対象に分析した結果，公務員の削減と移転支出（年金，医療給付，失業給付など）の削減が，増税と公共投資の削減よりも，財政赤字の削減効果が持続し，かつ，景気拡大効果が大きいことを明らかにしました[4]．これは，年金や公務員数など，政治的に困難な政府支出の削減に取り組むことで，政府の財政赤字削減努力への意思が人々により強く認識されるからかもしれません．

第12章　財政赤字の効率性と持続可能性

非ケインズ効果は，常に発生するわけではありません．しかし，国債残高が大きくなり，財政危機が差し迫ってくるような状況では，将来のインフレや増税のリスクが高まるので，徹底した財政赤字の削減がそうしたリスクを軽減し，総需要を増加させる可能性が強いと考えられます．

6　国債の持続可能性

国債は，どれだけ増やすことができるのでしょうか？　仮に，際限なく増やすことができれば，政府は，国債を返済するための資金をすべて新たな国債発行でまかなう，ということを続けることができます．こうした際限のない国債の借り換え政策（国債償還のために国債を発行する政策）は，イタリアの詐欺師の名前にちなんで，**ポンジ・ゲーム**と呼ばれています．

国債の借り換え政策を際限なく続けることができるかどうかは，民間が国債を買い続けるかどうかに依存します．民間は，貯蓄の一部を国債の購入に充てるわけですが，貯蓄は将来消費するためのものなので，民間が貯蓄をいくらでも際限なく増やし続けることはありません．長期的には，所得の一定割合を貯蓄に回すと考えられます[5]．

民間が保有する資産のなかで，国債の割合が増え続ければ，企業に向かう資金がそれだけ減っていきます．その結果，企業が保有する実物資産（機械や建物などの資本ストック）が減っていきます．実物資産が減り続ければ，生産も減り続け，一国経済が立ち行かなくなります．こうした事態になるまで，民間が国債を保有し続けることは，不可能です．民間は，資産に占める国債の割合

---

4) Alesina, A., and Perotti, R. (1997), "Fiscal adjustments in OECD countries: Composition and macroeconomic effects." *IMF Staff Papers* 44(2), 210-248. を参照してください．アレジナたちは，公務員の削減によって，労働組合が直面する労働需要が減少するので，賃金が低下し，企業の収益が増加する効果を指摘しています．

5) 将来，貯蓄を取り崩して消費を増やすことで効用が増えると予想されるのであれば，はじめからそれほど多くは貯蓄しないでしょう．ムダな（過大な）貯蓄をしないための条件は，**横断性条件**と呼ばれています．家計が横断性条件などの条件を満たして効用を最大化する場合，長期的には（定常状態では），所得の一定割合を貯蓄することがわかっています．国債の持続可能性の条件は，家計の横断性条件と表裏一体のものです．

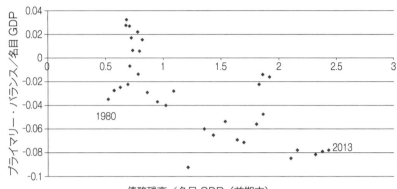

図4 ●日本の一般政府ベースのプライマリー・バランスと債務残高
（対名目 GDP 比，1980年-2013年）

（出典）内閣府経済社会総合研究所『国民経済計算』www.esri.cao.go.jp

を一定水準に抑えようとするでしょう．長期的に貯蓄率が一定であれば，資産は所得（GDP）と同じ率で伸びていきますから，結局，国債残高の対 GDP 比が一定にとどまることが，国債の**持続可能性**の条件だといえます．

国債が持続可能かどうか，つまり，国債残高の対 GDP 比が一定にとどまるのか，それとも時間が経てばたつほど，無限に大きくなっていくのかは，財政政策のあり方に依存します．国債発行残高が大きくなると，プライマリー・バランスを増やすような財政政策運営がなされていれば，持続可能性の条件は満たされやすくなります（COLUMN 2）．

図4は，一般政府（中央政府，地方政府，社会保障基金の合計）の1980年から2013年までのデータを用いて，横軸に前期末の債務残高（対 GDP 比率），縦軸に当期のプライマリー・バランス（対 GDP 比率）をとって散布図を描いたものです．これを見ると，日本の場合は，債務残高が大きいときに，プライマリー・バランスが減る傾向にあります．プライマリー・バランスは，景気変動や財政支出の一時的な変動によっても影響を受けるので，これらの変動要因を考慮しなければなりませんが，過去と同じような財政政策運営を続けると，日本の政府債務は持続可能でない可能性があります[6]．財政構造改革が望まれているのは，このためです．

7　財政赤字の社会的コスト

　財政赤字が社会に負担をもたらすかどうかについては，しばしば誤解が見受けられますので，ここで整理しておきましょう．持続可能なケースと，維持不可能なケースに分けて考えます．

持続可能な場合

　リカードの等価定理が成り立っていれば，財政赤字は経済に何の影響も与えません．しかし，現実にはリカードの等価定理が成り立っていないので，なんらかの影響をもたらします．その際，タックス・スムージングの目的のために財政赤字が用いられている場合，つまり，一時的な政府支出を賄うために財政赤字が生じている場合は，均衡財政を貫くよりも経済厚生を高めます．他方，タックス・スムージングから離れた財政赤字は，民間の設備投資や住宅投資にまわる資金を減らすことで，将来の生産を減らしてしまい，その意味で将来世代に負担を負わせる可能性があります．国債発行によって道路や橋などの社会資本を建設する場合，その**社会的な限界収益**（1単位社会資本を増やすことによって得られる社会的収益の増分）が民間の資本ストックの限界収益を上回らない限り，国債は将来の所得を引き下げます．

維持不可能な場合

　政府債務の持続可能性が満たされないままだと，つまり，対GDP比が一定の値にとどまらず，どんどん大きくなっていくと，実際にはどのようなことが起こるのでしょうか？
　いくつかの可能性が考えられます．
　ひとつの可能性は，政府が**債務不履行（デフォルト）**を起こすことです．これは，国債の保有者に対して，元本・金利の返済が遅れたり，債務を免除してもらう状況です．過去には，ロシア（1998年）やアルゼンチン（2001年）など

6）正確に言うと，債務残高とプライマリー・バランスの正の相関は，持続可能性の十分条件であり，必ずしも必要条件というわけではありません．

が対外債務のデフォルトを起こしたことがあります．ギリシャでは，2009年の政権交代後，財政赤字が従来の公表値よりも大きいことが明らかになったことをきっかけに，ギリシャ国債のデフォルトが懸念され，国債価格の暴落（国債利回りの急上昇）に見舞われました．また，これを契機に，他のユーロ加盟国でも，財政状況が悪かったポルトガル，アイルランド，アイスランド，スペインの国債価格が急落し，**欧州債務危機**が発生しました．いったんデフォルトを起こすと，その国の政府に対する信頼が損なわれ，次に国債を発行することが困難となります．そうなると，急激な増税もしくは政府支出の削減を余儀なくされ，社会的混乱がもたらされるでしょう．

　デフォルト以外の可能性として，**インフレ**になることが考えられます．政府が発行した国債を中央銀行が買い入れ，これにともなって貨幣を増発することで，インフレが発生します．予期しない形でインフレが発生すると，国債の実質的な価値が低下するので，実質的にはデフォルトと似た効果を持ちます．さらに，外国為替市場において通貨が**減価**する（日本で言えば，円安になる）可能性があります．これは，国債に対する信認が失われて，それまで国債を保有していた人々（外国人や当該国の人々）が国債を売りに出し，売却して得た当該国の通貨を外国為替市場で売って，外国の通貨に換えようとするからです．

　これらの変化は，しばしば，急激に生じて，危機を生み出します．このため，デフォルトや急激なインフレ，通貨安などが起こる前に，政府債務を削減せざるを得なくなることも考えられます．そうなれば，医療や福祉など国民生活に直結する公共サービスも削減されます．ギリシャでは，IMF（国際通貨基金）やEU（欧州連合）による金融支援により無秩序なデフォルトは避けられましたが，支援の条件として，増税，年金改革，公務員改革，公共投資削減等の厳しい緊縮財政等が義務付けられたため，景気は大きく落ち込み，大規模なデモや暴動などが発生するなど，社会不安が高まりました．いずれにしても，債務危機は経済に大きな混乱と損失をもたらします．

8　おわりに

　本章で，マクロ経済学の入門は終わりです．第1章に紹介したマクロ経済学

第12章 財政赤字の効率性と持続可能性

の課題については，本書のなかで，できるだけ答えようと努力しましたが，必ずしも満足のいくものではなかったかもしれません．十分な答えを出せなかったのは，著者の力量不足が最大の原因ですが，実は，マクロ経済学自体がまだ完全な答を用意できていない課題も少なくないのです．この教科書を通じて，マクロ経済学に少しでも関心を持っていただいた読者がおられたら，さらに勉強を進めていただき，我々といっしょにマクロ経済学の課題に挑戦していただきたいと希望します．

| COLUMN 1 |

税によるひずみと厚生損失

　たとえば，労働所得に対する税の場合で考えてみましょう．図5では，縦軸に税引き前の実質賃金，横軸に労働時間をとっています．家計による労働供給は実質賃金が高くなるほど多くなるので右上がりの曲線で描かれています．他方，企業による労働需要は実質賃金が高くなるほど少なくなるので，右下がりの曲線で描かれています．労働に対する税がかかる前の均衡は，労働需要と労働供給が一致する E 点です．労働に対する税がかかると，家計は，税引き後の実質賃金に応じて労働供給を決めます．したがって，税引き前の実質賃金がちょうど税率分だけ高くなったときに，税がかかる前と同じだけの労働時間を供給しようとします．つまり，税率分だけ労働供給曲線は上にシフトします．この結果，税がかかった場合の均衡は F

図5 ● 税によるひずみと厚生損失

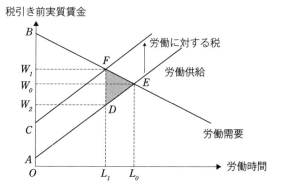

点となります．税がかかる前の均衡 E 点と比べると，労働時間は減少しています（$L_0 \to L_1$）．また，税引き前の実質賃金は上昇していますが（$W_0 \to W_1$），税引き後の実質賃金は低下しています（$W_0 \to W_2$）．

この場合，税による経済厚生上の損失は，三角形 DEF の面積で示すことができます．順を追って説明しましょう．

まず，税がかかる前は，企業は三角形 BEW_0 の面積だけの利潤を得ていました．なぜなら，労働需要曲線の高さは，各労働1単位につき企業が支払ってもいい賃金[7]を表していますから，L_0 だけの労働を雇うのに，払ってもいい賃金の総額は，労働需要曲線の下の四角形 OL_0EB です．他方，実際に企業が労働者に支払う賃金は W_0 なので，労働者に支払う総額は四角形 OL_0EW_0 です．この二つの差額，つまり，四角形 OL_0EB から四角形 OL_0EW_0 を引いた三角形 BEW_0 が，企業が得る利潤（正確には，**生産者余剰**と呼ばれます）となるのです．

次に，税がかかる前は，労働者は三角形 AEW_0 だけの利得を得ていました．なぜなら，労働供給曲線の高さは，労働者が各労働1単位提供するのに最低限もらいたい賃金を表していますから，L_0 だけの労働を供給するのに，最低限もらいたいと思っていた総額は，労働供給曲線の下の四角形 OL_0EA です．他方，実際に労働者が受け取る賃金の総額は四角形 OL_0EW_0 です．この二つの差額，つまり，四角形 OL_0EW_0 から四角形 OL_0EA を引いた三角形 AEW_0 が，消費者が得る利得（**消費者余剰**と呼びます）となるのです．

以上のことより，税がかかる前の経済的厚生，つまり生産者余剰と消費者余剰の合計は，三角形 BEW_0 と三角形 AEW_0 の合計である，三角形 AEB となります．

税がかかった場合も，同様に考えると，企業が支払う賃金は W_1 なので生産者余剰は三角形 BFW_1，消費者が受け取る税引き後賃金は W_2 なので消費者余剰は三角形 ADW_2 となります．さらに，政府の税収が，労働に対する税率 W_1W_2 に労働供給量 L_1 をかけた，四角形 W_1W_2DF となります．政府の税収もなんらかの形で社会に還元されるとすると，社会全体の経済的厚生は，生産者余剰（三角形 BFW_1），消費者余剰（三角形 ADW_2），政府の税収（四角形 W_1W_2DF）の合計，つまり，四角形 $ADFB$ となります．

したがって，税をかけることによる経済厚生の減少分，つまり**厚生損失**は，税を

7）労働需要曲線は，労働の限界生産力（1単位労働を追加したときの生産の増分）を示します．したがって，固定費がなければ，労働需要曲線の下の面積である四角形 OL_0EB は，L_0 だけ雇ったときの総生産量を表しています．これだけの生産をして，労働者に支払う分は OL_0EW_0 なので，利潤（あるいは，資本など労働以外の生産要素（インプット）がある場合には，資本などの取り分）が BEW_0 となるのです．

掛ける前の経済的厚生（三角形 AEB）から，税をかけた後の経済的厚生（四角形 ADFB）を引いた，三角形 DEF となります．厚生損失を示す三角形 DEF の面積は，税率 $DF(=W_1W_2)$ の 2 乗に比例しますから，税率が大きくなるほど，比例以上に急激に大きくなっていきます（図 3）．

COLUMN 2

政府債務が持続可能かどうかの検証

政府債務の持続可能性を検証するための方法を紹介しましょう[8]．今期の債務残高のうち，プライマリー・バランスがプラス（黒字）であればその分は償還を行い，残りは金利をつけて翌期の債務に繰り越すとします．プライマリー・バランスがマイナス（赤字）の場合は，新規に国債を発行します．つまり，t 期の期初の国債残高を D_t，t 期のプライマリー・バランスを S_t，t 期から $t+1$ 期にかけての金利を R_{t+1}，$t+1$ 期の期初の債務残高を D_{t+1} で表すと，

$$(5) \quad D_{t+1} = (D_t - S_t) \cdot (1 + R_{t+1})$$

となります．これを名目 GDP に対する比率で表すために，(5)式の両辺を $t+1$ 期の GDP（GDP_{t+1}）で割ると，

$$(6) \quad \frac{D_{t+1}}{GDP_{t+1}} = \left(\frac{D_t}{GDP_t} - \frac{S_t}{GDP_t} \right) \cdot (1 + R_{t+1}) \left(\frac{GDP_t}{GDP_{t+1}} \right)$$

となります．ここで，$t+1$ 期の名目 GDP 成長率を n_{t+1} とすると，$\frac{GDP_t}{GDP_{t+1}} = \frac{1}{1+n_{t+1}} \approx 1 - n_{t+1}$ なので（≈ は，ほぼ等しいことを示す記号です），債務残高とプライマリー・バランスの対 GDP 比をそれぞれ d, s と小文字で表すと，(6)式は，

$$(7) \quad d_{t+1} = (d_t - s_t) \cdot (1 + R_{t+1}) \cdot (1 - n_{t+1}) \approx (d_t - s_t) \cdot (1 + R_{t+1} - n_{t+1})$$

と書き直すことができます．(7)式の最後は，$R_{t+1} \cdot n_{t+1}$ が極めて小さい数なので，ゼロに近似しています．

仮に，期初の債務残高に応じてプライマリー・バランスを決めるような財政運営がなされているとすると，この財政運営ルールは，b を定数として，

$$(8) \quad s_t = b \cdot d_t$$

---

[8] ここでの説明は，Bohn, H. (1998), "The behavior of U. S. public debt and deficits," *Quarterly Journal of Economics* 113(3), 949-963. を簡略化したものです．

のように書くことができます．たとえば，b がプラスの場合は，債務残高が大きいほど，プライマリー・バランスを増やすような政策運営を表します．(8)式を(7)式の右辺に代入すると，

(9) $\quad d_{t+1} \approx (1-b) \cdot (1 + R_{t+1} - n_{t+1}) \cdot d_t$

と表すことができます．

したがって，名目金利の平均値を R，名目 GDP 成長率の平均値を n とすると，債務残高の対 GDP 比率は，平均的には毎年 $(1-b) \cdot (1 + R - n)$ 倍になることがわかります．この係数が平均的に 1 以下であれば，債務残高の対 GDP 比は一定以下にとどまりますが，この係数が平均的に 1 を超えれば，債務残高の対 GDP 比が際限なく大きくなっていきます．先進国では，満期が 1 年以内の国債（安全資産）の金利は，平均的にみて，経済成長率を下回るのが通例です（$R<n$）[9]．こうした状況では，$0<b\leq1$ であれば，$(1-b) \cdot (1 + R - n)$ は 1 以下になるので，$0<b\leq1$ であることが，持続可能性の十分条件となります．

図 4 に見るように，1981 年から 2013 年の財政運営は，平均的には，期初の債務残高が大きいほどプライマリー・バランスを減らす傾向がありました．つまり b はマイナスで，$1-b>1$ です．したがって，持続可能性の十分条件が満たされていないことがわかります．

ただし，プライマリー・バランスは，一時的に政府支出が増加したときや，景気が悪化したときには減少する可能性がありますので，実際の政策運営は，(8)式よりも複雑です[10]．

また，政府が新しい財政政策ルールに基づいて政策運営をする場合に，そのルールが持続可能性を満たすかどうかは，過去のデータからは判断できません．その場合は，経済理論モデルに基づいたシミュレーションが必要となります．最近では，少子高齢化が進む日本の財政を維持可能にするために，どのような経済改革が必要で，望ましいのかを明らかにするため，こうしたシミュレーションが活発に行われています．そうした研究の多くは，維持可能性を満たすためには，年金改革，増税，女性の労働参加の促進策などの抜本的な改革が必要であることを指摘しています[11]．

---

9) これは必ずしも，動学的非効率性（資本蓄積が過大な状態．第 3 章 COLUMN 2 参照）を意味しません．不確実性を考慮すると，動学的に効率的であっても，安全資産の名目金利が名目 GDP 成長率を下回ることがあります．

10) たとえば，タックス・スムージングの議論は，一時的に政府支出が増える場合は，公債発行を増やし，プライマリー・バランスを減らすことが望ましいことを明らかにしています．

| COLUMN 3 |

今回は違う？

　ラインハート氏とロゴフ氏は，Reinhart, C.M. and Rogoff, K.S. (2009), *This time is different: Eight Centuries of Financially Folly*, Princeton University Press（村井章子訳『国家は破綻する―金融危機の800年―』日経BP社，2011年）のなかで，約800年間における世界の金融危機（銀行危機および対外債務・国内債務の債務危機）を観察し，金融危機は頻繁に起きており，それらには多くの共通点があるにもかかわらず，人々は危機が差し迫っていても「今回は違う」と口にし，危機を繰り返してしまうことを強調しています．

　実際，公的債務の危機（デフォルトあるいは債務再編）はどれぐらい頻繁に起きているのでしょうか？　図6と図7は，それぞれ公的対外債務と公的国内債務について債務危機に陥った国の比率（図6は1800年～2008年，図7は1900～2008年）の推移を示したものです．これによると，それぞれ波があるものの，多い時期には，対外債務については世界の半分近い国が，国内債務については世界の1割近い国が，債務危機に陥っていることがわかります．

　もちろん，政府債務の対GDP比が高まれば常に危機に陥るわけではありません．ラインハート氏とスブランシア氏[12]によれば，これまで高債務国は，①経済成長，②実質的な財政調整/緊縮計画，③デフォルトあるいは債務再建，④突然で予期しないインフレの上昇，および，⑤一定のインフレを伴う**金融抑圧**の五つの手段を組み合わせることによって，債務比率を低下させてきました．このうち，「危機」と呼べるのは，③高インフレと④デフォルト・債務再建です．⑤金融抑圧というのは，金利規制，資本移動規制などの規制や公的機関による国債保有等によって名目金利を低く抑え，マイルドなインフレと組み合わせることで，実質金利をマイナスにし，実質的な政府債務の価値を低下させる方法です．彼女たちによれば，金融抑圧は，多くの先進国で，第二次大戦後の**ブレトン・ウッズ体制**期において，大戦期に積みあがった債務を削減する重要な手段でした．金融抑圧は，人為的に金利を低く抑える政策であり，実質的には，金融資産に対する課税です．

　岩本氏[13]は，19世紀以降，中央政府の債務対GDP比が60％を超えた「高債務」

---

11) 例えば，İmrohoroğlu1, S., Kitao, S. and Yamada, T. (2016), "Achieving Fiscal Balance in Japan," *International Economic Review* 57(1), 117-154を参照してください．

12) Reinhart, C.M. and Sbrancia, M.B. (2011), "The Liquidation of Government Debt," *NBER Working Paper* 16893.

13) 岩本康志 (2013)「政府累積債務の帰結―危機か，再建か？」mimeo. http://www.iwamoto.e.u-tokyo.ac.jp/Docs/2013/SeifuRuisekiSaimunoKiketsuRevised.pdf

図6 ●公的対外債務のデフォルトまたは債務再編中の国の比率（1800年-2008年，加重なし）

（注）世界66か国のうち，該当年に独立国だった国が対象．
（出典）カーメン・M・ラインハート，ケネス・S・ロゴフ（2011）『国家は破綻する―金融危機の800年―』日経BP社，図5.1抜粋．

図7 ●公的国内債務のデフォルトまたは債務再編中の国の比率（5年移動平均）（1900年-2008年）

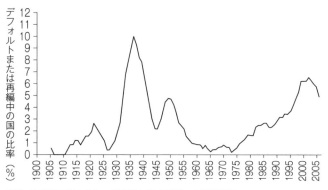

（注）世界66か国のうち，該当年に独立国だった国が対象．
（出典）カーメン・M・ラインハート，ケネス・S・ロゴフ（2011）『国家は破綻する―金融危機の800年―』日経BP社，図7.5抜粋．

国が，その後「破綻」した（デフォルト・債務再建，あるいは高インフレを経験した）か，「再建」した（政府債務（対GDP比）が60％を下回り，かつピークより20％ポイント以上，下回った）かを分析しました．その結果，先進20か国の37事例のうち，破綻は13事例（35％），再建は24事例（65％）となっています．

図8 ● 日本の政府債務（対GDP比）の推移

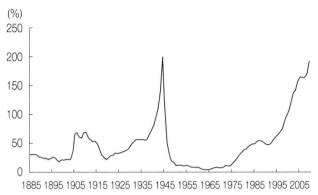

（出典）岩本康志氏ブログ2009年8月11日
http://blogs.yahoo.co.jp/iwamotoseminar/30210307.html

　現在，日本の中央政府の債務残高の対GDP比は，200％を超えています．歴史的にみると，これは，第二次世界大戦時に匹敵する水準です（図8）．第二次世界大戦後は，高インフレによって，政府債務残高の対GDP比を急速に低下させました．現在の日本の政府債務は，実現可能でできるだけ厚生損失の小さい手段を用いて，着実に削減していくべきでしょう．さまざまな手段の厚生損失を比較するうえで，COLUMN 2で紹介したような，経済理論に基づくシミュレーション分析は有効です．「今回は違う」と問題に目をつぶり，対応を先送りしてしまうと，いずれ危機に陥る危険があることを歴史は教えています．

●練習問題

問1　ある政府は，現在100兆円の国債残高を抱えていますが，今後4年間で国債残高をゼロにする目標を掲げています．毎年の政府支出額（金利払いを除く）が50兆円の場合，毎年の税収をいくらにすればよいですか．次のそれぞれの場合について答えなさい．
(1)　金利がゼロ％の場合．
(2)　金利が5％の場合．

問2　今年，10年に1度の大地震が起こったため，道路，橋，住宅などの復旧に，政府は10兆円を支出しました．今後10年間かけてタックス・スムージングを行う場合，今年から10年後までの国債発行額と増税額はいくらになりますか．なお，金利はゼロ％だと仮定します．

問3　現在の名目GDPは500兆円ですが，今後，毎年名目GDPが4％で成長する経済があります．現在，政府は600兆円の国債残高を抱えており，今後，毎年名目GDPの10％に相当する政府支出額（金利払いを除く）が予定されています．国債の名目GDP比率を現在の1.2の水準に留めるためには，税収の対名目GDP比率を何％にすべきですか．なお，名目金利は5％だとします．

問4　政府債務残高の対名目GDP比率が2に達する国で，実質GDP成長率が2％から0.5％に低下し，不況に突入しました．このとき，不況対策として，減税や公共投資拡大などの財政政策を講じるべきか，それとも，財政再建を優先すべきか．それぞれの立場の根拠を明らかにしたうえで，あなたの考え方を述べなさい．

練習問題・略解

第 1 章

問 1 $(1+0.08)^{10}/(1+0.01)^{10} = 1.954$，約 2 倍

問 2 (1)正しい，(2)誤り，(3)誤り，(4)誤り

問 3 解答例
(賛成派) 環境保護，所得格差，物質的豊かさよりも精神的豊かさ，など．
(反対派) 失業の防止，年金の安定，世界経済への貢献，所得格差の解消など．

問 4 解答例
中国のGDP成長率の鈍化によって原油価格が低下し，日本のガソリン価格が低下する．

第 2 章

問 1 賃金，金利，配当

問 2 GDP 8億円，消費 15億円

問 3 50%

問 4 6%

第 3 章

問 1 資本の限界生産力は，労働など他のインプットを一定に保ちつつ，資本を1単位増やしたときの生産の増加量．資本の限界生産力逓減は，資本が増えるにつれて，資本の限界生産力が減少すること．

問 2 920

問 3 1人もしくは2人

問 4 1.1%

第 4 章

問 1
メリット：途上国の人々や低所得者層など，より多くの人々が，現在すでに開発されている治療薬を買うことができる．

デメリット：製薬会社の新薬開発インセンティブが減退し，新薬の開発が進まない．

問2　付加価値をウェイトに用いた加重平均値を求める．
(1)　$(2 \times 1 + 1 \times 1)/(1+1) = 1.5$
(2)　$(2 \times 1.06 + 1 \times 1)/(1.06 + 1) = 1.515$
(3)　$(1.515/1.5 - 1) \times 100 = 1.0\%$

問3　0％（今年の全要素生産性は，$(2 \times 1.03 + 1 \times 1.03)/(1.03 + 1.03) = 1.5$ より）
　　X国では，全要素生産性の高いA産業の付加価値が，全要素生産性の低いB産業の付加価値よりも伸びたが，Y国では，二つの産業の付加価値の伸び率が同じであった．このため，平均的な全要素生産性はX国のほうが高く伸びた．

問4　個人的な利益と社会の便益を一致させる制度・政策を社会的基盤と呼ぶ．具体的には，所有権の保護，政治的安定性，自由貿易など．

問5　省略（LDCのリストは，
http://unctad.org/en/Pages/ALDC/Least%20Developed%20Countries/UN-list-of-Least-Developed-Countries.aspx 参照）

第5章

問1　(1)流動性，(2)リスク分散，(3)情報生産，(4)情報生産，(5)流動性

問2　インサイダー取引が認められれば，内部情報を保有している者（インサイダー）が株式の売買によって利益を得ることができる．このため，内部情報を保有していない者（アウトサイダー）は，損失を被る．このことを予想するアウトサイダーは，株式市場に参加しない．このため，企業は株式発行による資金調達ができなくなる．こうした事態を防ぐために，インサイダー取引は禁止されている．

問3
(1)15兆円
(2)民間貯蓄　135兆円，政府貯蓄　マイナス20兆円
(3)民間貯蓄＋政府貯蓄＝115兆円，投資＋純輸出＝115兆円

問4
(1)資金需要は増加する．資金供給は減少する．
(2)利子率は上昇する．図は省略（資金需要曲線が右側にシフトし，資金供給曲線が左側にシフトするため，均衡利子率は上昇する．）

第6章

問1　(1)1兆円，(2)10兆円

問2　(1) 0.83, (2) 550兆円, (3) 10％
問3　戦時中に，政府が国債を発行して戦費を調達するが，その後，中央銀行が国債を購入してベースマネーを大量に供給するため，マネーサプライが増加し，インフレが生じる．
問4　減ると予想される．ICカードにチャージしても金利はつかないが，銀行預金にチャージすると金利がつくので，金利が高くなるほど，ICカードへのチャージは減らして銀行預金を増やそうとするため．

第7章

問1　25兆円
問2　8％増価
問3　名目為替レートは5％増価．実質為替レートは変化なし．
問4　3％
問5　図は省略（財政赤字の増大は，国内の貸付資金市場において，資金供給曲線を左側にシフトさせるため，均衡実質利子率は上昇する．この結果，均衡対外純投資は減少するので，外国為替市場において，自国通貨の供給が減少する．つまり，自国通貨の供給曲線が左側にシフトする．このため，均衡実質為替レートが増価し，純輸出等は減少する．）

第8章

問1
(1) どちらの政策も，今年と来年の家計消費には影響しない．政策Aは今年の家計貯蓄を10万円増やし，政策Bは今年の家計貯蓄を20万円増やす．
(2) 2年後以降，一人当たり20万円の増税が行われると予想される．政策Cも，家計消費には影響しない．政策Cは今年と来年の家計貯蓄をそれぞれ10万円ずつ増やす．
(3) 今年の貯蓄は，政策Aの場合10万円，政策Bの場合20万円．
問2　（一時的所得からの消費がゼロだと仮定すると）$1000 - 800 \times 0.8 = 360$万円
問3　1台もしくは2台
問4　1より高い．資本の限界収益が高いにもかかわらず，借入制約のために投資できないでいる状態．

第9章

問1　(1) 供給ショック, (2) 需要ショック, (3) 供給ショック（ただし，交易条件の悪

化に伴う需要ショックも生じる），(4)供給ショック
問2　（解答例）
(1)労働投入の減少に伴って，生産が減少する．労働供給の減少は資本の限界生産力を低下させるので，投資が減少し，資本ストックが減少していく．このため，生産はさらに減少する．
(2)中国向けに輸出している企業の収益が増加するので，そこで働く人々の賃金が増える．彼らが消費を増やせば，小売業や消費財産業の収益が増加して，さらに消費が増える．ただし，こうした需要の拡大は，やがて物価の上昇をもたらし，歯止めがかかる．
(3)輸入穀物を原料とする食品などの価格が上昇し，消費が低迷すると，食品産業などの生産も減少する．
(4)労働投入の減少に伴って，生産が減少する．これは，労働力人口の減少と同様の波及経路をもたらす．
問3　省略
問4　リンゴの需要曲線や供給曲線は，ミカンの価格が一定だという前提のもとで描かれている．たとえば，ミカンの価格が上昇すれば，リンゴの需要は増加し，リンゴの供給は減少する（需要曲線は右にシフトし，供給曲線は左にシフトする）．同様に，ミカンの需要曲線も，リンゴの価格が一定だという前提のもとで描かれている．したがって，リンゴとミカンの需要曲線や供給曲線を単純に足し合わせて総需要や総供給を求めることはできない．

第10章

問1　（図は省略）
　短期的影響：政府支出増加に伴う消費の増加（乗数効果）と，実質金利の上昇による投資の減少効果（クラウディング・アウト効果），さらに開放経済の場合は，実質為替レート増価による純輸出の減少効果があるが，乗数効果がクラウディング効果等を上回り，総需要は増加する（総需要曲線は右にシフトする）．この結果，総需要と総供給が一致する均衡では，物価は上昇し，生産は増加している（総需要増加の一部は，物価の上昇によって相殺される）．
　長期的影響：物価の上昇は，期待物価の上昇をもたらし，総供給曲線を上にシフトさせる．この結果，物価はさらに上昇し，生産は元の水準にまで戻る．
問2
　（根拠）供給ショックのうち，特に技術革新は自然産出量を増加させ，長期的に効果が持続すると考えられる．これに対して，需要ショックは短期的には生産

を変動させるものの,自然産出量は変わらないので,物価の変動によって長期的には効果が消滅する.

(限界)原油価格の一時的な上昇など,一時的な供給ショックを需要ショックと誤って識別してしまう可能性がある.

問3 (1)60%, (2)5%

問4 (図は省略)期待インフレ率の上昇によって,短期総供給曲線が上にシフトしていった.

第11章

問1 $10/(0.03-0.02)=1000$円

問2 貯蓄率の高い経済では,定常状態における資本の水準が大きいため,資本の限界生産力が小さくなる.このため,金利が低くなり,金利<GDP成長率の条件が満たされやすくなる.

問3 省略

問4

(1) GDPギャップが0%,インフレ率2%のとき,名目金利が5%となるので,
$5 = a + 1.5 \times 2 + 0.5 \times 0$ より, $a = 2$%

(2) GDPギャップが0%のときのインフレ率をx%とおくと,名目金利は$(3+x)$%となるので,
$3 + x = 2.5 + 1.5x + 0.5 \times 0$ より, $x = 1$%

問5 (賛成)資産価格やリスク・プレミアムの変動は景気変動の振幅を大きくし,金融システムを不安定にするので,資産価格やリスク・プレミアムを安定させるよう,金融政策を運営すべき.

(反対)資産価格は将来にわたる様々な期待を反映して大きく変動するので,バブルかどうかの判断は困難であり,資産価格やリスク・プレミアムの安定を求めると,物価や生産の安定という政策目標が達成できない可能性がある.

第12章

問1

(1) $(100 + 50 \times 4) \div 4 = 75$兆円

(2) 毎年のプライマリー・バランスをxとおくと,
$x + x/(1+0.05) + x/(1+0.05)^2 + x/(1+0.05)^3 = 100$
より, $x = 26.9$兆円.したがって,必要な税収は$26.9 + 50 = 76.9$兆円.

問2 増税額は,毎年1兆円.国債発行額は,今年10兆円,そのあとゼロ(毎年,

1兆円ずつ償還する）．

問3 今後の国債残高の対名目GDP比を1.2に抑えるのに必要なプライマリー・バランスの対名目GDP比をsとおくと，COLUMN2の(7)式より，$1.2=(1.2-s)\cdot(1+0.05-0.04)$．これより，$s=0.012$．つまり，対名目GDP比1.2%のプライマリー・バランスの黒字が必要である．これに政府支出（金利払い除く）の対名目GDP比10%を足して，税収の対名目GDP比は，11.2%にする必要がある．

問4 解答例
（積極的に財政政策を講じるべきという立場）
　実質GDPが自然産出量を下回っている分は，社会的な損失であり，減税や財政支出で埋めることによって，社会的な厚生は高まる．実質GDP成長率が高まれば，税収も伸びるので，財政再建に寄与する．

（財政再建を優先すべきという立場）
　現状は，大幅なマイナス成長に陥っている大不況のような状態ではない．ここで，財政赤字を増やせば，いずれ，大幅な増税や歳出カットが不可避で，国民生活は現状よりも大きな打撃を受ける．また，財政政策は，円高を招くので，実質GDPの押し上げ効果は小さい．

　さらに進んだ議論のためには，不況に陥った原因が何か，（総需要ショックか，総供給ショックか），仮に需要ショックの場合，金融緩和策と財政政策のどちらが望ましいのかといった論点に加え，「自然産出量はどの程度の成長率か，自然産出量に戻すためにはどの程度のプライマリー・バランスのマイナス幅が必要で，それが政府債務残高の対名目GDP比をどの程度増やし，財政破たんの確率をどの程度高めるのか」など定量的な分析が必要．

索　引

あ　行

IS-LM 分析　214
IS 曲線　202
IT（情報通信技術）
　——革命　4
　——技術　65
一物一価　148
一括税　171, 281
一般政府　277
インサイダー取引　97
インセンティブ　44
インフレ（ーション）　8, 127, 288
　超高率の——　75
失われた20年　4, 83, 247
M2　120
MP 曲線　203
LM 曲線　215
円高　145
円安　145
黄金律　54
欧州債務危機　288
横断性条件　285
オークンの法則　198, 236
オーバーシュート　154
置き換え費用　185

か　行

海外からの所得（純受取）　27, 144
外貨準備　157
外部効果　66

開放マクロ経済学　11
格付け　97
可処分所得　169
価値尺度　116
価値保蔵手段　116
カバーなし金利平価条件　152
株式　91
　——の時価総額　186
株式市場　91
貨幣　115, 119
　——供給　128
　——需要　128
　——乗数　125
　——数量説　127
借入制約　178, 251, 267
借り手　91
為替介入　157
為替レート　11
間接税　20
完全失業者　231
完全失業率　232
管理フロート制　157
企業価値　185
技術　39
　——移転　67
　——進歩率　88
　——知識　65, 84
基礎的財政収支（プライマリー・バランス）　278
期待　13, 33
期待恒常所得　176

303

期待物価　207
逆選択　96, 188, 251, 266
キャピタル・ゲイン　35
キャピタル・ロス　35
求職意欲喪失者　232
給料　19
教育訓練投資　181
供給　12
供給ショック　198
銀行　93
　──危機　99
均衡財政　282
金融緩和　137
金融危機　99
金融政策　10, 247, 270
金融引き締め　136
金融抑圧　293
金利　18, 92
靴底コスト　255
クラウディング・アウト　224
　──効果　107, 253
クラウド・イン効果　253
クレディブル　264
グローバリゼーション　11
グローバル・インバランス　162
計画経済　75
景気循環　6, 194
景気変動　6
経済成長　3
経済的厚生　290
経常収支　144
ケインジアン　284
決済　115
　──手段　119

減価　145, 288
限界収入　218
限界生産力の逓減　71
限界費用　209
減価償却費　20
減価償却率　41
研究開発　65
　──投資　181
交易条件　228
公開市場操作　133
好況　5
公共財　24
恒常所得　172
　──仮説　172
厚生損失　290
構造的失業　238
硬直的価格　209
公定歩合　133
高度成長　4
購買力平価仮説　148
効用　175
効率性の上昇率　46
効率賃金仮説　238
コール市場　135
ゴールデン・ルール　54
コールレート　10, 34, 135
国債　13, 92
　──の引き受け　118
国内総生産　19, 21
国民総所得（GNI）　26
固定（為替）相場制　157
固定金利の利付債　92
固定資本減耗率　41, 179
コマーシャル・ペーパー　122

索　引

コミット（メント）　244, 262, 271

さ　行

債券市場　92
在庫投資　180
最後の貸し手　100
財政赤字　8
財政政策　9
裁定取引　148
債務不履行　93, 187, 287
サブプライム・ローン危機　111, 164
残余請求権　113
GDP　19, 21
　——ギャップ　261
　——デフレータ　6, 26
時間当たり労働生産性　38
時間を通じた非整合性　265
資金供給　106
資金需要　106
資源の制約　13
市場経済　14, 68, 75
市場との対話　13
自然産出量　203, 205
自然失業率　237
持続可能性　285-286, 291
失業率　8, 232, 236
実質貨幣残高　214
実質為替レート　145
実質金利　33
実質限界費用　211
実質GDP　25
実質賃金　59
実質レンタル料　59
シニョリッジ　118

司法制度　75
資本　38
　——ストック　38
　望ましい——ストック　184
資本移動　142
資本コスト　179, 181, 182
資本所得　47
資本装備率　40
資本弾力性　61
資本逃避　158
資本の限界生産力　42, 181
　——逓減　43, 182
資本分配率　61
社会的基盤　72, 74
社会的な限界収益　287
社債　92
収穫一定　40
収穫逓増　40
就業者　231
住宅投資　180
自由貿易　75
主観的割引率　175
需要　12
　——の価格弾力性　209, 218
需要ショック　198
循環的失業率　236
純資本流出　145
純資本流入　145
純粋期待仮説　272
準備預金　122
純輸出　128
純輸出等　142, 144
証券化　111
証券投資　45

305

乗数効果　224
消費　23
消費者物価指数　30
消費者余剰　290
消費性向　172
情報生産　101
情報の非対称性　96, 187
植民地支配　77
所得効果　175
所得収支　27
所有権の保護　74
人的資本　70
信用経路　270
信用創造　126
信用力　96
信用割当　96
スタグフレーション　229, 259
静学　231
生産者余剰　290
政治体制　77
政治的安定性　75
成長会計　47
設備投資　180
ゼロ金利政策　137
全要素生産性　47
増価　145
総供給曲線　200
　　短期の――　200
　　長期の――　200
総供給ショック
　　好ましい――　227
　　好ましくない――　227
総需要曲線　200
相対価格　255

ソロー　50
　　――経済成長モデル　50, 53, 84
　　――の残差　47

た　行

対外（純）資産　142, 145
対外純投資　145
対外負債　142
大数の法則　95
代替効果　175
タックス・スムージング　283
谷（景気の）　193
短期金利　271
知的所有権制度　65
中央銀行　10, 117
長期金利　271
直接投資　45
貯蓄　45, 170
貯蓄家　91
貯蓄率　5, 174
賃金　17
通貨　117
通貨アタック　158
通貨危機　158
通貨当局　157
通貨発行益　118
定常状態　51
テイラー・ルール　204, 262
手形　122
デフレ（―ション）　6, 32, 129
動学　231
動学的一般均衡理論　244
動学的非効率性　54
動学的非整合性　265

索　引

動機（インセンティブ）　71
投資財　24
投資信託　93
投資
　　──の限界収益　182
　　──の調整コスト　184
　　──の不可逆性　189
トービンのQ　185
トレード・オフ　259
トレンド　193

な　行

内部資金　188
日本銀行　9, 117
ニュー・ケインジアン・フィリップ
　　ス・カーブ　212
ニューケインジアン理論　245
粘着的価格　209

は　行

配当　17
ハイパー・インフレーション　118, 243
ハイパワード・マネー　122
発行市場　92
バブル　4, 249, 251-253
　　──の崩壊　247, 252
バランスシート経路
　　企業・家計の──　268
　　銀行の──　269
比較優位の原則　141
非ケインズ効果　284
非伝統的金融政策　138
一人当たり労働生産性　38

ビルト・イン・スタビライザー　224
非労働力人口　231
貧困の罠　5
ファンダメンタルズ　249, 252
（期待インフレ付きの）フィリップ
　　ス・カーブ　208
フィッシャー方程式　256
フィリップス曲線　239
付加価値　19
不完全競争　208
不完全情報　206
不況　5
負債額　186
双子の危機　159
物的資本　70
物々交換　116
プライマリー・バランス（基礎的財政
　　収支）　278
プラザ合意　157
不良債権　93
ブレトン・ウッズ体制　293
分業　116
ベース・マネー　118, 122
変動（為替）相場制　156
貿易　142
法定準備　134
　　──率　134
ポンジ・ゲーム　285

ま　行

マークアップ比率　209
摩擦的失業　237
マネーサプライ　120
マネーストック　120

マネタリー・ベース　122
満期日　92
無形資産　83
　——投資　190
名目為替レート　145
名目金利　33
名目GDP　25
モラル・ハザード　96, 108, 110, 111, 188, 251, 266

　　　や　行

山（景気の）　193
有形資産　190
有限責任制　96
誘導目標　136
輸出　11, 142
輸出財　24
輸入　11, 23, 142
預金保険　100
予算制約　13, 169
欲求の二重の一致　116
予備的貯蓄　177

　　　ら　行

ライフサイクル仮説　174
ランダム　177
ランダム・ウォーク　177, 264
リアル・ビジネス・サイクル論　206, 244
利益　19

リカードの等価定理　107, 171, 281
リスク　13
　——分散　93
　分散できない——　95
リスク・プレミアム　151
利付債　92
流通市場　92
流通速度　129
流動性　97
　——の罠　257, 264
流動性制約　178
量的緩和政策　126, 137
量的質的緩和　137
ルーカス型総供給曲線　207
レント　73
レント・シーキング　73
労働　38
　——の限界生産力　209
労働市場　8
労働生産性　37
労働弾力性　61
労働分配率　60
労働力人口　232
　——比率　232
労働力率　232

　　　わ　行

割引現在価値　184, 189, 247
割引債　92

●著者紹介

細野 薫（ほその・かおる）

1961年	京都府生まれ
1984年	京都大学経済学部卒業
1990年	ノースウェスタン大学修士（経済学）
2009年	一橋大学博士（経済学）
	経済企画庁（現内閣府），一橋大学経済研究所，名古屋市立大学経済学部，財務省財務総合政策研究所などを経て，
現　在	学習院大学経済学部教授
専　攻	マクロ経済学，金融論
主　著	『金融危機のミクロ経済分析』東京大学出版会，2010年（第53回日経・経済図書文化賞受賞），"Natural Disasters, Damage to Banks, and Firm Investment," *International Economic Review*, forthcoming（共著），"International Transmission of the 2007-2009 Financial Crisis: Evidence from Japan," *Japanese Economic Review*, forthcoming（共著），"Fiscal Sustainability in Japan," *Journal of the Japanese and International Economies* 25(4), 2011（共著），"The Transmission Mechanism of Monetary Policy in Japan: Evidence from Banks' Balance Sheets," *Journal of the Japanese and International Economies* 20, 2006．他多数．

いまこそ学（まな）ぼう　マクロ経済学（けいざいがく）（第2版）

2008年11月30日　第1版第1刷発行
2016年6月10日　第2版第1刷発行

著　者──細野 薫
発行者──串崎 浩
発行所──株式会社日本評論社
　　　　〒170-8474　東京都豊島区南大塚3-12-4　電話　03-3987-8621（販売），8595（編集）
　　　　振替　00100-3-16
印　刷──精文堂印刷株式会社
製　本──株式会社難波製本
装　幀──林 健造
検印省略 Ⓒ K. Hosono, 2008, 2016
Printed in Japan
ISBN978-4-535-55802-1

JCOPY〈(社)出版者著作権管理機構　委託出版物〉

本書の無断複写は著作権法上での例外を除き禁じられています．複写される場合は，そのつど事前に，(社)出版者著作権管理機構（電話03-3513-6969，FAX03-3513-6979，e-mail：info@jcopy.or.jp）の許諾を得てください．また，本書を代行業者等の第三者に依頼してスキャニング等の行為によりデジタル化することは，個人の家庭内の利用であっても，一切認められておりません．

経済学の学習に最適な充実のラインナップ

入門｜経済学 [第4版]
伊藤元重／著　　　　　　（3色刷）3000円

例題で学ぶ 初歩からの経済学
白砂堤津耶・森脇祥太／著　　　　2800円

マクロ経済学 [第2版]
伊藤元重／著　　　　　　（3色刷）2800円

マクロ経済学パーフェクトマスター [第2版]
伊藤元重・下井直毅／著　　（2色刷）1900円

入門｜マクロ経済学 [第5版]
中谷 巌／著　　　　　　（4色刷）2800円

スタディガイド 入門マクロ経済学
大竹文雄／著　　[第5版]（2色刷）1900円

明快マクロ経済学
荏開津典生／著　　　　　（2色刷）2000円

マクロ経済学入門 [第2版]（2色刷）
二神孝一／著 [新エコノミクス・シリーズ]　2200円

ミクロ経済学 [第2版]
伊藤元重／著　　　　　　（4色刷）3000円

ミクロ経済学の力
神取道宏／著　　　　　　（2色刷）3200円

ミクロ経済学パーフェクトマスター
伊藤元重・下井直毅／著　　（2色刷）1900円

明快ミクロ経済学
荏開津典生／著　　　　　（2色刷）2000円

ミクロ経済学入門　　　　（2色刷）
清野一治／著 [新エコノミクス・シリーズ]　2200円

ミクロ経済学 戦略的アプローチ
梶井厚志・松井彰彦／著　　　　　2300円

入門｜価格理論 [第2版]
倉澤資成／著　　　　　　（2色刷）3000円

入門｜ゲーム理論
佐々木宏夫／著　　　　　　　　　2800円

入門｜ゲーム理論と情報の経済学
神戸伸輔／著　　　　　　　　　　2500円

はじめよう 経済学のための情報処理 [第4版]
山下隆之・石橋太郎・伊東暁人 ほか／著　2300円

例題で学ぶ 初歩からの計量経済学 [第2版]
白砂堤津耶／著　　　　　　　　　2800円

[改訂版] 経済学で出る数学
尾山大輔・安田洋祐／編著　　　　2100円

経済学で出る数学 ワークブックでじっくり攻める
白石俊輔／著 尾山大輔・安田洋祐／監修　1500円

例題で学ぶ 初歩からの統計学 [第2版]
白砂堤津耶／著　　　　　　　　　2500円

入門｜経済のための統計学 [第3版]
加納 悟・浅子和美・竹内明香／著　3400円

入門 公共経済学
土居丈朗／著　　　　　　　　　　2800円

実証分析入門
森田 果／著　　　　　　　　　　3000円

最新 日本経済入門 [第5版]
小峰隆夫・村田啓子／著　　　　　2500円

経済論文の作法 [第3版]
小浜裕久・木村福成／著　　　　　1800円

総力ガイド！ これからの経済学
経済セミナー編集部／編 [経済セミナー増刊] 1600円

表示価格は本体価格です。
別途消費税がかかります。

日本評論社　http://www.nippyo.co.jp/